2020
Palabra de Dios™

Lecturas dominicales y reflexiones espirituales

Año A

Carmen Aguinaco

Petra Alexander

Ma. Teresa Montes

Juan Luis Calderón

Jaime Sevilla

LTP

RECURSOS
CATÓLICOS
EN ESPAÑOL

Nihil Obstat
Rev. Sr. Daniel G. Welter, JD
Vicario de Servicios Canónicos
Arquidiócesis de Chicago
27 de febrero de 2019

Imprimatur
Obispo auxiliar Ronald A. Hicks
Vicario General
Arquidiócesis de Chicago
27 de febrero de 2019

Nihil Obstat e *Imprimatur* son declaraciones canónicas de la Iglesia, de que el libro está libre de errores doctrinales y morales. Quienes las extienden no signan el contenido, opiniones o expresiones vertidas en la obra, ni asumen responsabilidad legal alguna asociada con la publicación.

Las lecturas bíblicas corresponden al *Leccionario Mexicano I, II, III*, propiedad de la Conferencia del Episcopado Mexicano © Obra Nacional de la Buena Prensa, A.C., y han sido debidamente aprobadas por el Departamento de Comunicaciones de la Conferencia de Obispos Católicos de los Estados Unidos (11 de enero de 2019).

Carmen Aguinaco (C.A.) ha escrito la introducción y las reflexiones de Adviento y Tiempo de Navidad; Petra Alexander (P.A.) las del Tiempo Ordinario en invierno y algunas de junio y julio; Ma. Teresa Montes (M.T. M.) las de La Ascensión del Señor y algunas de agosto y septiembre; Jaime Sevilla (J.S.) las de la Inmaculada Concepción, Ntra. Sra. de Guadalupe, la Asunción de María y las de Todos los Santos y Todos los Fieles Difuntos; Juan Luis Calderón (J.L.C.) las de Cuaresma, Triduo Pascual, Tiempo Pascual y Domingos del Tiempo Ordinario de octubre y noviembre.

En la portada, William Hernandez (Portland, Oregon) le da colores a la visión de Ezequiel en el valle de los huesos secos (Ez 37: 1–14). Con ella, el profeta anunciaba a un pueblo exiliado y desmadejado que el Espíritu de Dios volvería a darle vida y organización. Este anuncio fue sembrando la creencia en la resurrección de los muertos en el tiempo escatológico, cuya primicia es Cristo Jesús.

Palabra de Dios™ 2020: Lecturas dominicales y reflexiones espirituales © 2019 Arquidiócesis de Chicago: Liturgy Training Publications, 3949 South Racine Avenue, Chicago, IL 60609; 800-933-1800, fax: 800-933-7094, email: orders@ltp.org. Visítanos en: www.LTP.org. Todos los derechos reservados.

Editor: Ricardo López
Corrector: Kris Fankhouser
Cuidado de la edición: Michael A. Dodd
Diseño de portada: Anna Manhart
Ilustración: William Hernandez
Diseño de interiores: Kari Nicholls
Diagramación: Luis Leal
Ilustraciones: Kathy Ann Sullivan

Impreso en los Estados Unidos de América

ISBN 978-1-61671-468-0

PD20

CALENDARIO E ÍNDICE

TRIDUO PASCUAL

PASCUA

TIEMPO ORDINARIO EN VERANO Y OTOÑO

CÓMO USAR *PALABRA DE DIOS*™

Palabra de Dios™ *2020: lecturas dominicales y reflexiones espirituales* es un recurso para reavivar la experiencia del reinado de Dios a lo largo del año litúrgico y al ritmo de la Iglesia Católica. Este recurso impulsa a encontrar a Dios, Padre, Hijo y Espíritu Santo, en su Palabra, las Sagradas Escrituras (las lecturas de cada domingo), en un marco celebrativo (fiestas, tiempos litúrgicos, ejemplos de santos, doctrina social y magisterio) y en reflexión personal y comunitaria. Dios está muy vivo en cada uno de nosotros y en la comunidad reunida.

Estos materiales quieren llegar a grupos y comunidades que buscan la fuerza común del estudio y la oración, a grupos que estudian la Palabra, oran con ella, la celebran y la asimilan en proyectos que transforman. En otras palabras, son como semillitas germinando y dando frutos, y esos frutos se multiplican en más semillas. Este año, los latinos en los Estados Unidos continuamos el proceso consultivo y evangelizador del V Encuentro Nacional de Pastoral Hispana que tiene por foco el llamado a ser discípulos misioneros, muy a tono con el Evangelio de san Marcos.

El V Encuentro Nacional propiciado por nuestros obispos coincide con el Año de la Juventud. Ellos han expresado sus preocupaciones por la segunda y tercera generaciones de creyentes latinos, cuya fe requiere de estímulos fervorosos y de un impulso renovador de vida. Más que nunca, necesitamos acompañar a las nuevas generaciones, no tanto para predicarles el Evangelio sino para dar un testimonio genuino de Cristo Jesús. Esta es una necesidad de primer orden porque nuestra fe operante es lo más valioso que tenemos en la Iglesia para el mundo. Un encuentro sincero con la Palabra nos llevará a encender el espíritu de nuestros jóvenes y adolescentes con la antorcha de la Palabra de Dios, para que esta alumbre sus pasos y los inspire en sus proyectos de transformar el mundo.

Palabra de Dios™, material de guía y apoyo

Para sacar el mayor provecho posible de *Palabra de Dios*™, es necesario conocerlo bien. Identifica sus partes principales desde el índice que se orienta con el calendario litúrgico de este año. Hay una breve introducción, para tomar el hilo principal de los domingos, que nos lo dará san Mateo, pues es el año A. Vienen enseguida las oraciones que puedes usar cada día; empléalas como apoyo para tu comunicación personal, familiar o grupal con Dios. Hazte un hábito de rezar con esas plegarias, para empapar tu espíritu con las Escrituras. Pero hay más.

A cada tiempo litúrgico introducen una página con una ilustración y otra con un salmo para expresar el espíritu de la temporada. Hay que vibrar con el espíritu propio de cada tiempo. Fíjate ahora en las páginas pares; contienen las lecturas bíblicas dominicales, incluido el Salmo responsorial. Léelas y reléelas. Puedes tomar el salmo e incorporarlo en tu oración diaria junto con las lecturas semanales, sobre todo cuando se trata de una fiesta o de una solemnidad litúrgica; válete de las referencias bíblicas de los recuadros. Del trato asiduo con las Escrituras crecerá tu espiritualidad, día con día hasta formarse hábito.

En las páginas impares hay tres componentes básicos. El más amplio consiste en una reflexión o meditación sobre algún motivo de las Escrituras o de la fecha litúrgica. En la sección de *Viviendo nuestra fe* se profundiza en la meditación, con frecuencia remitiendo a las enseñanzas del Magisterio de la Iglesia. Sigue *Para reflexionar*, que consiste en tres preguntas que invitan a entrar en el propio mundo y a acoger nuestra realidad para transformarla. Luego vienen las referencias bíblicas en las LECTURAS SEMANALES con referencias de las que hablamos antes.

Dialogar con la Palabra

Ni textear, ni encontrarse en Internet, suple al diálogo personal, mirar al rostro. Sin los ojos del otro, sin su presencia palpitante, viva, la persona se nos escapa. Y es que cada persona es un misterio que se nos presenta y da en sus palabras, sus gestos, sus tonos, su mirada. Todo eso refleja su experiencia, donde el Creador ha dejado su huella. Nunca olvidemos, pues, estar atentos, reverentes, a las palabras, los gestos y los signos de la otra persona. Esta actitud nos capacitará para dialogar, no para imponer ni adoctrinar.

Meditar la vida con la Palabra

En la relación entre Palabra y vida no se sabe qué es primero. De lo que sí estamos seguros es de que Dios toma la iniciativa en todo. Él comenzó a dejarnos sentir su presencia de algún modo y a darle cierta dirección a nuestra vida. Nosotros, quizá, ni cuenta nos dábamos. Pero saber que él ha estado allí es fundamental; es la semilla de la fe. Nos corresponde indagar por su presencia y su palabra, esas luces y alegrías de nuestra existencia. Dios está allí, con nosotros.

Palabra de Dios™ nos ayuda a escuchar y dialogar con esa Presencia en las lecturas, las oraciones y en el compartir en grupo, porque esto nos lleva a un mar de posibilidades y de realidades que ya nos rodea en cada día, cada cosa, cada persona. Buscamos meditar con la palabra la vida diaria.

Convocados y reunidos por la Palabra

Estar con los demás es fuerza y necesidad que no podemos evitar, ni desperdiciar, sino asumir, administrar y hacer fructificar. Cristo nos convoca, y al estar con él, nos vuelve sacramento para el mundo. Cristo nos participa su propia vocación y misión; nos hace discípulos, Iglesia.

Organizar la reunión

Facilitar la reunión es un ministerio de liderazgo y servicio. Preparar y organizar una reunión eclesial implica la conciencia de aportar al desarrollo y crecimiento de las personas y de la comunidad. Todos podemos organizar y coordinar. Sugerimos que, a ser posible, se forme un equipo coordinador. Reunirnos por una hora cada semana es gracia y responsabilidad. Esto nos puede servir:

1. *Convocar a las personas y preparar el lugar.* Es necesario contactar a los miembros del grupo y ofrecer la oportunidad de ingreso a personas nuevas. Formen nuevos grupos, en lugares diferentes. No tengan miedo. Ocúpense del lugar, que sea acogedor y que propicie un ambiente *de fe y de comunidad*.

2. *Fomentar participación con las tareas.* Distribuyan tareas para que el grupo crezca en participación.

Sin presionar, soliciten a diferentes miembros tareas como la bienvenida, oración, hacer las lecturas, etc.

3. *La reunión.* Antes de la oración inicial, den la bienvenida a las personas nuevas, y luego den seguimiento a un par de puntos de la reunión anterior. Pasen a las lecturas y sean especialmente reverentes con el evangelio.

La reflexión espiritual puede ser leída en voz alta o comentarla si es que se leyó en casa. Lo más importante es que la palabra fluya en la reunión, que brote el diálogo o compartir. Las tres preguntas son una guía y no tienen que contestarlas todas, ni todos. Pueden elegir una para la reflexión en silencio y dos para compartir, por ejemplo.

4. *Evaluar.* Antes de la oración final, conviene sacar algo valioso e importante de lo visto y vivido en la reunión de hoy.

5. *Oración final y anticipo de la siguiente reunión.* La oración es de acción de gracias pero también expresen el compromiso a vivir la Palabra recibida. Por último, hagan los avisos pertinentes para la próxima reunión.

Recursos para profundizar

Francisco, *Christus vivit. Exhortación apostólica postinodal*, Ciudad del Vaticano, 2019.

Francisco, *Gaudete et exsultate*, Ciudad del Vaticano, 2018.

Francisco, *Laudato Si'*, Ciudad del Vaticano, 2015.

A. Castaño, *Evangelio de Marcos. Evangelio de Mateo*, EVD, 2010.

S. Carillo Alday, *El Evangelio según san Mateo*, EVD, 2009.

R. Duarte Castillo, *San Mateo*, Paulinas, 1989.

J. H. Neyrey, *Honor y vergüenza. Lectura cultural de Mateo*, Ed. Sígueme, 2005.

X. Pikaza, *Evangelio de Mateo. De Jesús a la Iglesia*, EVD, 2016.

U. Luz, *El evangelio según san Mateo*, 4 vols, Ed. Sígueme, 1996-2005

F. Merlos Arroyo, *Teología Contemporánea del Ministerio Pastoral*, UPM, México, 2012.

Pontificio Consejo por la Justicia y la Paz, *Compendio de la Doctrina Social de la Iglesia*, USCCB, 2006.

USCCB, *Acogiendo al forastero en medio de nosotros, unidad en la diversidad*, 2001.

INTRODUCCIÓN

Para la comunidad hispana, la expresión *Raíces y Alas* puede ser muy significativa. Se trata de mantener el arraigo con la cultura, y al mismo tiempo volar, buscar nuevos horizontes. Todos necesitamos esa raíz que nos une a familia, país, cultura y que nos une con nuestro propio pasado. Pero, si queremos seguir los caminos del Señor, también tendremos que estar a la escucha y con los ojos abiertos a las luces y a la antigua y siempre nueva presencia de Cristo, que nos participa su misión. En este año litúrgico que comenzamos, el año A, este concepto se hace muy relevante, ya que entramos en el año de la mano del Evangelio de san Mateo, cuya figura es muy representativa de la relación entre tradición-cultura y caminos nuevos.

Mateo es judío-cristiano y escribe su evangelio posiblemente fuera de Palestina, en Antioquía, donde por primera vez los seguidores de Jesús recibieron el nombre de cristianos. Es el lugar, también, de apertura a la misión universal. En Antioquía de Siria se vivieron momentos de tensión entre los diversos grupos y tendencias judíos, y de ellos con la naciente comunidad cristiana. Por eso, vemos una y otra vez que Mateo enfatiza el entronque esencial entre la tradición judía y la doctrina cristiana. Reflejando las costumbres y posiciones de ambos grupos, Mateo responde también a los conflictos que enfrentaba la comunidad cristiana con el judaísmo de su época y especialmente con los fariseos. Al hacer esto, no se aleja de la polémica, pero trata de establecer la continuidad entre las Escrituras hebreas y el mensaje cristiano.

Mateo desea dejar bien claro que Jesús es el cumplimiento de las promesas de la salvación anunciadas en las Sagradas Escrituras. Así, el Antiguo y el Nuevo Testamento entran en diálogo, para mostrar que Jesús puede ser reconocido como Mesías. Pero para Mateo es importante recalcar el cumplimiento sobrado de la esperanza mesiánica en Cristo. Es la vida de Jesús la que permite ver el cumplimiento de todo lo que se pensaba y se creía que sería el Mesías. Mateo ofrece también la interpretación que da Jesús a las doctrinas y leyes del Antiguo Testamento, no para derogarlas, sino para llenarlas de un nuevo y auténtico significado.

Mateo elabora su evangelio a partir del material que se le había entregado y que tiene muchos puntos comunes con los otros dos evangelistas "sinópticos", es decir, con la misma visión de los evangelios de Marcos y Lucas. Muchos de los relatos aparecen también en los otros evangelios, pero tienen un énfasis diferente por la audiencia a la que van dirigidos. En Mateo se encuentra una constante referencia a las Sagradas Escrituras.

El evangelio de Mateo constituye una gran narrativa que abarca desde el nacimiento de Jesús a su resurrección. Pero en medio de la narrativa, también se integran los grandes discursos de Jesús. Tiene una gran lógica interna, que se refleja, según los estudiosos de la Biblia, en una organización que se puede considerar desde esta perspectiva.

En su escrito se distinguen seis grandes partes: un prólogo cristológico que se presenta en la genealogía de Jesús que se remonta hasta Abraham y demuestra su descendencia de la casa de David, como se había prometido. Al Jesús recién nacido lo reconocen ángeles, pastores y reyes, y lo temen los poderes de la tierra, que se vuelcan en su contra y lo persiguen.

En una segunda parte hay una llamada a la conversión, que nos viene por medio de la figura de Juan, precursor de Cristo y último profeta de la Nueva Alianza. La conversión es requisito esencial para reconocer la novedad del mensaje de salvación del Cristo. El bautismo de Jesús por mano de Juan confirma y refleja el reconocimiento de la superioridad de Jesús y del Bautismo que viene a ofrecer. La primera predicación de Jesús es también una llamada a la conversión. La concretización de tal conversión viene dada por la gran tercera parte del Evangelio de Mateo, en el Sermón de la montaña, donde se ofrece un nuevo modo de concebir la vida y los caminos de Dios y donde Jesús asegura que no ha venido "a abolir las enseñanzas de la ley y los profetas… sino a llevarlas hasta sus últimas consecuencias". Continúa Jesús ofreciendo los nuevos caminos de la vida de sus seguidores, en temas tan concretos como el adulterio y el divorcio, la venganza, el amor a los enemigos, la limosna, la oración, haciendo continuamente comparaciones y contrastes ("han escuchado… pero yo les digo…"), con lo que la gente fiel judía ha escuchado y practicado, y el paso más adelante, más exigente al que invita Jesús.

La nueva doctrina —que es prolongación de la Ley y los Profetas— que presenta Jesús se hace clara y concreta en la siguiente sección en la que, por medio de obras, milagros y parábolas, va explicitando lo que significa el Reino de Dios. Es la buena noticia de salvación que trae Jesús en acción mediante las obras de Cristo, que pasó haciendo el bien y mediante los ejemplos concretos y sencillos de la vida diaria que se nos ofrecen mediante las parábolas. En esta parte

se dan también dos como "apartados" que tienen como fin reforzar la convicción del mesianismo de Jesús, en el testimonio de Juan, la presentación de la figura de Cristo como signo de contradicción, la afirmación de Jesús como el Servidor de Dios que se da en el recuerdo a Isaías (12:15–21), la discusión sobre el origen del poder de Jesús, la explicación del signo de Jonás (12:38–42), y la escena en que Jesús habla sobre su "verdadera familia" como constituida por aquellos que escuchan la Palabra de Dios y la cumplen. La segunda subsección está compuesta de las parábolas.

En la quinta parte de esta organización del Evangelio de Mateo, el punto culminante viene con la confesión de fe de Pedro (16:13–20), que ya representa un anuncio de la entrega de las llaves de la Iglesia y la declaración de Pedro como "piedra" ("Y yo te digo: tú eres Pedro y sobre esta piedra edificaré mi Iglesia").

Se pasa, ya en la sexta parte, a la preparación del camino hacia la pasión y resurrección, con los repetidos anuncios del propio Jesús sobre su camino hacia Jerusalén y la necesidad de que el Hijo del hombre sufra. Sigue la escena de la transfiguración en el monte Tabor, que es una nueva confirmación de la identidad de Cristo como Mesías. En esta sección se incluye también el gran discurso escatológico, es decir, de los acontecimientos futuros y del gran banquete del Reino y el juicio final y toda la narrativa de la pasión y resurrección del Señor. También incluido aquí, pero con una enorme proyección universal está el envío de los discípulos a todas las naciones, que comprende un mandato de "salida" y una promesa de permanencia. De nuevo, raíces y alas.

Este pasaje final ofrece claves para entender la teología del evangelio de Mateo. No describe una despedida de Jesús a sus discípulos, sino que pone de manifiesto el plan del Reino de Dios, y la cita final afirma todo lo que Mateo ha querido expresar a lo largo de los 28 capítulos de su Evangelio, desde la primera cita, "Todo esto sucedió para que se cumpliera lo que el Señor había dicho por el profeta…", hasta la última instrucción, "Yo estoy siempre con ustedes hasta el fin del mundo" (28:20).

Se conoce a Mateo como evangelista de la Iglesia, pues en su evangelio se dan pautas y claves para la guía de la Iglesia, las decisiones de los pastores del pueblo y el cumplimiento de la misión. Así, arraigados en la tradición, la cultura y la fe de nuestros padres, podemos volar para la misión universal de la Iglesia que es el compromiso asumido por cada cristiano en su bautismo. (C.A.)

NOMBRES DE LOS LIBROS
BÍBLICOS Y SUS ABREVIATURAS

Abdías	Abd	Judas	Jds
Ageo	Ag	Judit	Jdt
Amós	Am	Jueces	Jue
Apocalipsis	Ap		
		Lamentaciones	Lam
Baruc	Bar	Levítico	Lev
		Lucas	Lc
Cantar de los cantares	Cant		
Colosenses	Col	1 Macabeos	1 Mac
1 Corintios	1 Cor	2 Macabeos	2 Mac
2 Corintios	2 Cor	Malaquías	Mal
1 Crónicas	1 Cro	Marcos	Mc
2 Crónicas	2 Cro	Mateo	Mt
		Miqueas	Miq
Daniel	Dan		
Deuteronomio	Dt	Nahún	Nah
		Nehemías	Neh
Eclesiastés o Qohélet	Ecl o Qoh	Números	Nm
Sirácida o Eclesiástico	Sir o Eclo		
Efesios	Ef	Oseas	Os
Esdras	Esd		
Ester	Est	1 Pedro	1 Pe
Éxodo	Ex	2 Pedro	2 Pe
Ezequiel	Ez	Proverbios	Prov
Filemón	Flm	1 Reyes	1 Re
Filipenses	Flp	2 Reyes	2 Re
		Romanos	Rom
Gálatas	Gal	Rut	Rut
Génesis	Gen		
		Sabiduría	Sab
Habacuc	Hab	Salmos	Sal
Hebreos	Heb	1 Samuel	1 Sam
Hechos de los Apóstoles	Hch	2 Samuel	2 Sam
		Santiago	Sant
Isaías	Is	Sofonías	Sof
Jeremías	Jer	1 Tesalonicenses	1 Tes
Job	Job	2 Tesalonicenses	2 Tes
Joel	Jl	1 Timoteo	1 Tim
Jonás	Jon	2 Timoteo	2 Tim
Josué	Jos	Tito	Tit
Juan	Jn	Tobías	Tob
1 Juan	1 Jn		
2 Juan	2 Jn	Zacarías	Zac
3 Juan	3 Jn		

ORACIÓN DE LA NOCHE

La noche es tiempo de vigilia y de descanso. Es símbolo de nuestro paso al eterno descanso y de nuestra esperanza de entrar al cielo. La oración de la noche puede hacerse de rodillas en Cuaresma y de pie durante la Pascua.

Salmo 130

Mi corazón, Señor, no es engreído
    ni mis ojos soberbios.
No he pretendido cosas grandiosas ni tenido
    aspiraciones desmedidas.

Al contrario, tranquila y en silencio
    he mantenido mi alma
    como un niño en los brazos de su madre.
Como un niño que acaba de mamar,
    así está mi alma en mí.

Espera, Israel, en el Señor
    desde ahora y por siempre.

El Cántico de Simeón

Señor, ahora, ya puedes dejar
    que tu servidor muera en paz,
    como le has dicho.
Porque mis ojos
    han visto a tu Salvador
    que tú preparaste
    para presentarlo a todas las naciones.
Luz para iluminar a todos los pueblos
    y gloria de tu pueblo, Israel.

Oración nocturna a la Santísima Virgen María

Tradicionalmente, la última oración del día la dirigimos a la Santísima Virgen María.

Durante el Tiempo Ordinario:

Dios te salve, Reina y Madre de misericordia,
    vida, dulzura y esperanza nuestra,
    Dios te salve.

A ti llamamos los desterrados hijos de Eva,
    a ti suspiramos, gimiendo y llorando,
    en este valle de lágrimas.

Ea, pues, Señora, abogada nuestra,
    vuelve a nosotros tus ojos misericordiosos,
    y después de este destierro muéstranos a Jesús,
    fruto bendito de tu vientre.

¡Oh clemente, oh piadosa,
    oh dulce Virgen María!

Durante el Tiempo Pascual:

Reina del cielo, alégrate, aleluya,
    porque Cristo,
a quien llevaste en tu seno, aleluya,
    ha resucitado, según su palabra, aleluya.
Ruega al Señor por nosotros, aleluya.
Goza y alégrate, Virgen María, aleluya.
Porque verdaderamente,
    ha resucitado el Señor, aleluya.

ORACIÓN DE LA MAÑANA

Los cristianos nos levantamos alabando y dando gracias a Dios. El nuevo día es el principio del resto de nuestra vida. Contemplamos "con gozo el clarear del nuevo día" (Liturgia de las Horas).

Podemos recitar un salmo mientras nos aseamos y preparamos para el trabajo del día. Levantarnos es un símbolo de nuestra Pascua de Resurrección.

Señor, abre mis labios,
    y mi boca proclamará tu alabanza.

La señal de la cruz

Por la señal de la Santa Cruz,
    de nuestros enemigos líbranos,
    Señor, Dios nuestro.
En el nombre del Padre, y del Hijo
    y del Espíritu Santo. Amén.

Salmo 63

Señor, tú eres mi Dios, a ti te busco,
mi alma tiene sed de ti,
en pos de ti mi carne desfallece
cual tierra seca, sedienta, sin agua.

Yo quiero contemplarte en el santuario
para admirar tu gloria y tu poder.

Pues es mejor tu amor que la existencia,
tu alabanza mis labios contarán;
podré así bendecirte mientras viva
y levantar mis manos en tu Nombre.

Como de carne sabrosa me hartaré,
te elogiaré con labios jubilosos.

Cuando estoy acostado pienso en ti,
y durante la noche en ti medito,
pues tú fuiste un refugio para mí
y me alegré a la sombra de tus alas;
mi alma se estrecha a ti con fuerte abrazo
encontrando su apoyo en tu derecha…

El rey se sentirá feliz en Dios;
cuantos juran por él se gloriarán,
mas la boca del hombre mentiroso,
en silencio, cerrada quedará.

El Cántico de Zacarías (el Benedictus)

Bendito sea el Señor, Dios de Israel,
porque ha visitado y redimido a su pueblo,
suscitándonos una fuerza de salvación
en la casa de David, su siervo,
según lo había predicho desde antiguo
por boca de sus santos profetas.

Es la salvación que nos libra de nuestros enemigos
y de la mano de todos los que nos odian;
ha realizado así la misericordia que tuvo con
nuestros padres,
recordando su santa alianza
y el juramento que juró a nuestro padre
Abraham.

Para concedernos que, libres de temor,
arrancados de la mano de los enemigos,
le sirvamos con santidad y justicia,
en su presencia, todos nuestros días.

Y a ti, niño, te llamarán profeta del Altísimo,
porque irás delante del Señor
a preparar sus caminos,
anunciando a su pueblo la salvación,
el perdón de sus pecados.

Por la entrañable misericordia de nuestro Dios,
nos visitará el sol que nace de lo alto,
para iluminar a los que viven en tiniebla
y en sombra de muerte,
para guiar nuestros pasos
por el camino de la paz.

ORACIÓN DE LA TARDE

Comienza la oración con el siguiente versículo:
Dios mío, ven en mi auxilio. Apresúrate, Señor, a socorrerme.

El Cántico de la Santísima Virgen María (el Magnificat)

Proclama mi alma la grandeza del Señor,
se alegra mi espíritu en Dios mi salvador;
porque ha mirado la humillación de su esclava.

Desde ahora me felicitarán todas las generaciones,
porque el Poderoso ha hecho obras grandes
por mí:
su nombre es santo
y su misericordia llega a sus fieles
de generación en generación.

Él hace proezas con su brazo:
dispersa a los soberbios de corazón,
derriba del trono a los poderosos
y enaltece a los humildes,
a los hambrientos los colma de bienes
y a los ricos los despide vacíos.

Auxilia a Israel, su siervo,
acordándose de su misericordia
—como lo había prometido a nuestros padres—
en favor de Abraham y su descendencia
por siempre.

Intercesión y Padrenuestro

Aquí se añade una oración o una forma de intercesión por la misión de la Iglesia, el mundo,
nuestra parroquia, nuestros prójimos, nuestra familia, nuestros amigos y nosotros mismos.

Adviento

Salmo 23

Del Señor es la tierra y lo que contiene,
    el universo y los que en él habitan;
    pues él lo edificó sobre los mares,
    él fue quien lo asentó sobre los ríos.

¿Quién subirá hasta el monte del Señor,
    quién entrará en su recinto santo?

El que tiene manos inocentes
    y puro el corazón,
    el que no pone su alma en cosas vanas
    ni jura con engaños.

La bendición divina él logrará
    y justicia de Dios, su salvador.
Aquí vienen los que lo buscan,
    para ver tu rostro; ¡Dios de Jacob!

Oh puertas, levanten sus dinteles,
    que se agranden las puertas eternas
        para que pase el rey de la gloria.

Digan: ¿Quién es el rey de la gloria?
El Señor, el fuerte, el poderoso,
    el Señor, valiente en el combate.

Oh puertas, levanten sus dinteles,
    que se eleven las puertas eternas
        para que pase el rey de la gloria.

¿Quién podrá ser el rey de la gloria?
El Señor, Dios de los ejércitos,
    él es único rey de la gloria.

1 de diciembre de 2019   I Domingo de Adviento

Primera lectura

Isaías 2:1–5

Visión de Isaías, hijo de Amós, acerca de Judá
y Jerusalén:

En días futuros, el monte de la casa del Señor /
será elevado en la cima de los montes, / encumbrado
sobre las montañas / y hacia él confluirán todas
las naciones.

Acudirán pueblos numerosos, que dirán: /
"Vengan, subamos al monte del Señor, / a la casa del
Dios de Jacob, / para que él nos instruya en sus
caminos / y podamos marchar por sus sendas. /
Porque de Sión saldrá la ley, / de Jerusalén, la palabra
del Señor".

Él será el árbitro de las naciones / y el juez de
pueblos numerosos. / De las espadas forjarán arados /
y de las lanzas, podaderas; / ya no alzará la espada
pueblo contra pueblo, / ya no se adiestrarán para
la guerra.

¡Casa de Jacob, en marcha! / Caminemos a la luz
del Señor.

Salmo responsorial

Salmo 121:1–2, 4–5, 6–7, 8–9

**R. Qué alegría cuando me dijeron: "Vamos a la
casa del Señor".**

Qué alegría cuando me dijeron: "Vamos a la
casa del Señor". Ya están pisando nuestros pies
tus umbrales, Jerusalén. **R.**

Allá suben las tribus, las tribus del Señor. Según
la costumbre de Israel, a celebrar el nombre del
Señor. En ella están los tribunales de justicia en
el palacio de David. **R.**

Deseen la paz a Jerusalén: "Vivan seguros los
que te aman, haya paz dentro de tus muros,
seguridad en tus palacios". **R.**

Por mis hermanos y compañeros voy a decir:
"La paz contigo". Por la casa del Señor nuestro
Dios, te deseo todo bien. **R.**

Segunda lectura

Romanos 13:11–14

Hermanos: Tomen en cuenta el momento en que
vivimos. Ya es hora de que se despierten del sueño,
porque ahora nuestra salvación está más cerca que
cuando empezamos a creer. La noche está avanzada
y se acerca el día. Desechemos, pues, las obras de las
tinieblas y revistámonos con las armas de la luz.

Comportémonos honestamente, como se hace
en pleno día. Nada de comilonas ni borracheras, nada
de lujurias ni desenfrenos, nada de pleitos ni envidias.
Revístanse más bien, de nuestro Señor Jesucristo
y que el cuidado de su cuerpo no dé ocasión a los
malos deseos.

Evangelio

Mateo 24:37–44

En aquel tiempo, Jesús dijo a sus discípulos: "Así
como sucedió en tiempos de Noé, así también sucederá cuando venga el Hijo del hombre. Antes del
diluvio, la gente comía, bebía y se casaba, hasta el
día en que Noé entró en el arca. Y cuando menos
lo esperaban, sobrevino el diluvio y se llevó a todos.
Lo mismo sucederá cuando venga el Hijo del hombre.
Entonces, de dos hombres que estén en el campo, uno
será llevado y el otro será dejado; de dos mujeres que
estén juntas moliendo trigo, una será tomada y la
otra dejada.

Velen, pues, y estén preparados, porque no saben
qué día va a venir su Señor. Tengan por cierto que
si un padre de familia supiera a qué hora va a venir
el ladrón, estaría vigilando y no dejaría que se le
metiera por un boquete en su casa. También ustedes
estén preparados, porque a la hora que menos lo
piensen, vendrá el Hijo del hombre".

En el ir y venir, nos encontramos

¿VAMOS NOSOTROS o viene él? Sí, ya sabemos que la vida es un continuo caminar. La mayoría de nosotros llegamos de otros lugares, y probablemente vayamos hacia otro lugar también. "Nuestras vidas son los ríos", decía Jorge Manrique, un poeta español. Todo camino lleva implícita una esperanza de algo mejor, algo más grande, algo más definitivo. Las lecturas de hoy parecen afirmarlo: "Todas las naciones afluirán… (a la montaña del Señor)". ¿Y cuál es la esperanza? Una y otra vez parece ser la paz. "De sus espadas, forjarán podaderas", sigue Isaías. El Salmo lo confirma: "Por amor de mis hermanos y compañeros, voy a decir: 'La paz contigo'". Pero esa paz y esa esperanza tienen un precio. Es un precio amable y atractivo, pero del que a veces parece que queremos alejarnos: para esa paz que anhelamos tenemos primero que caminar en la luz, por los senderos de Dios. ¿Qué significa caminar en la luz y rechazar las tinieblas? Fácilmente podríamos recordar las obras de las tinieblas: la mentira es tiniebla, porque hunde más y más en una maraña de temor a ser descubiertos, rompe la comunicación, impide la confianza mutua. Caminar en la luz, por el contrario, es caminar en la verdad.

La segunda lectura y el evangelio de hoy nos presentan un camino distinto: no es el nuestro, sino el de Dios que viene a nosotros y conviene que nos preparemos. Se nos dice que nos preparemos con las obras de la luz. La noche ya se acaba. Las obras de la luz, dice Pablo, son de nuevo la verdad, el orden, el alejamiento de todo lo que luego nos puede llevar a mentir y a tratar de escondernos: el juego, la bebida, la infidelidad, la falta de honradez en nuestros tratos. Todo eso son obras de la oscuridad. Ahí coinciden los caminos: si caminamos en la luz, el Señor, que es la Luz, que llega a la hora menos pensada, nos encontrará dispuestos a su entrada. El Señor viene con la paz. La oscuridad es lo contrario a la paz porque produce inquietud, temor, desconfianza, desasosiego. La verdad da la paz de la limpieza, la confianza, la enorme libertad de no tener que andar escondidos. Vamos hacia Dios en la luz y él viene con su luz que es paz y alegría y esperanza. Tan sencillo como eso, y qué diferencia puede haber en vidas que a menudo se refugian en una oscuridad nerviosa e intranquila. (C.A.) ∎

VIVIENDO NUESTRA FE

El V Encuentro que se celebró el año pasado a nivel nacional centraba su estructura en el no. 24 de *Evangelii Gaudium*, donde el papa Francisco invita a mirar a los distintos momentos del encuentro con Cristo del discípulo misionero: *primerear, escuchar, involucrarse, invitar, dar frutos*. Pero no son solo fases de un encuentro que tiene lugar en el tiempo y tiene una conclusión; son el ciclo de toda la vida de la misión del cristiano y su encuentro con Cristo. Camino inacabado de ida y vuelta, una y otra, y otra vez.

PARA REFLEXIONAR

1. ¿Qué personas de mi alrededor irradian paz y luz? ¿Cómo son sus obras?

2. ¿Qué verdades he tratado de comunicar, que, aunque me ha sido difícil, luego he experimentado libertad y paz?

3. ¿Qué significa para mi comunidad o grupo de fe estar preparado para la llegada del Señor?

LECTURAS SEMANALES
diciembre 2–7

L Is 4:2–6; Mt 8:5–11

M Is 11:1–10; Lc 10:21–24

M Is 25:6–10a; Mt 15:29–37

J Is 26:1–6; Mt 7:21, 24–27

V Is 29:17–24; Mt 9:27–31

S Is 30:19–21, 23–26; Mt 9:35—10:1, 5a, 6–8

Primera lectura

Isaías 11:1–10

En aquel día brotará un renuevo del tronco de Jesé, / un vástago florecerá de su raíz. / Sobre él se posará el espíritu del Señor, / espíritu de sabiduría e inteligencia, / espíritu de consejo y fortaleza, / espíritu de piedad y temor de Dios.

No juzgará por apariencias, / ni sentenciará de oídas; / defenderá con justicia al desamparado / y con equidad dará sentencia al pobre; / herirá al violento con el látigo de su boca, / con el soplo de sus labios matará al impío. / Será la justicia su ceñidor, / la fidelidad apretará su cintura.

Habitará el lobo con el cordero, / la pantera se echará con el cabrito, / el novillo y el león pacerán juntos / y un muchachito los apacentará. / La vaca pastará con la osa / y sus crías vivirán juntas. / El león comerá paja con el buey.

El niño jugará sobre el agujero de la víbora; / la creatura meterá la mano en el escondrijo de la serpiente. / No hará daño ni estrago por todo mi monte santo, / porque así como las aguas colman el mar, / así está lleno el país de la ciencia del Señor. / Aquel día la raíz de Jesé se alzará / como bandera de los pueblos, / la buscarán todas las naciones / y será gloriosa su morada.

Salmo responsorial

Salmo 71:1–2, 7–8, 12–13, 17

R. Que en sus días florezca la justicia, y la paz abunde eternamente.

Dios mío, confía tu juicio al rey, tu justicia al hijo de reyes: para que rija a tu pueblo con justicia, a tus humildes con rectitud. **R.**

Que en sus días florezca la justicia y la paz hasta que falte la luna; que domine de mar a mar, del Gran Río al confín de la tierra. **R.**

Porque él librará al pobre que clamaba, al afligido que no tenía protector; él se apiadará del pobre y del indigente, y salvará la vida de los pobres. **R.**

Que su nombre sea eterno y su fama dure como el sol; que él sea la bendición de todos los pueblos y lo proclamen dichoso todas las razas de la tierra. **R.**

Segunda lectura

Romanos 15:4–9

Hermanos: Todo lo que en el pasado ha sido escrito en los libros santos, se escribió para instrucción nuestra, a fin de que, por la paciencia y el consuelo que dan las Escrituras, mantengamos la esperanza.

Que Dios, fuente de toda paciencia y consuelo, les conceda a ustedes vivir en perfecta armonía unos con otros, conforme al espíritu de Cristo Jesús, para que, con un solo corazón y una sola voz alaben a Dios, Padre de nuestro Señor Jesucristo.

Por lo tanto, acójanse los unos a los otros como Cristo los acogió a ustedes, para gloria de Dios. Quiero decir con esto, que Cristo se puso al servicio del pueblo judío, para demostrar la fidelidad de Dios, cumpliendo las promesas hechas a los patriarcas y que por su misericordia los paganos alaban a Dios, según aquello que dice la Escritura: *Por eso te alabaré y cantaré himnos a tu nombre.*

Evangelio

Mateo 3:1–12

En aquel tiempo, comenzó Juan el Bautista a predicar en el desierto de Judea, diciendo: "Arrepiéntanse, porque el Reino de los cielos está cerca". Juan es aquel ya de quien el profeta Isaías hablaba, cuando dijo: Una voz clama en el desierto: *Preparen el camino del Señor, enderecen sus senderos.*

Juan usaba una túnica de pelo de camello, ceñida con un cinturón de cuero, y se alimentaba de saltamontes y de miel silvestre. Acudían a oírlo los habitantes de Jerusalén, de toda Judea y de toda la región cercana al Jordán; confesaban sus pecados y él los bautizaba en el río.

Al ver que muchos fariseos y saduceos iban a que los bautizara, les dijo: "Raza de víboras, ¿quién les ha dicho que podrán escapar al castigo que les aguarda? Hagan ver con obras su arrepentimiento y no se hagan ilusiones pensando que tienen por padre a Abraham, porque yo les aseguro que hasta de estas piedras puede Dios sacar hijos de Abraham. Ya el hacha está puesta a la raíz de los árboles, y todo árbol que no dé fruto, será cortado y arrojado al fuego.

Yo los bautizo con agua, en señal de que ustedes se han arrepentido; pero el que viene después de mí, es más fuerte que yo, y yo ni siquiera soy digno de quitarle las sandalias. Él los bautizará en el Espíritu Santo y su fuego. Él tiene el bieldo en su mano para separar el trigo de la paja. Guardará el trigo en su granero y quemará la paja en un fuego que no se extingue".

Meterse en la piel de Cristo

CUANDO ERA NIÑA, a veces me preguntaba cómo sería ser otra persona, sentir lo que sentía alguna otra persona. Todavía me lo pregunto. Es muy difícil entrar en la piel de otro, simpatizar (es decir, "sentir con"). Sin embargo, hoy la segunda lectura nos anima a tener los mismos sentimientos de Cristo. Pero ¿podemos hacer realidad esto? Quizá nos puedan ayudar las otras lecturas, que nos dan pistas, aunque con palabras casi incomprensibles. Vamos a ver.

Empecemos, para ir entrando, por una de las pistas más "fáciles": extender hospitalidad. Diríamos que para un hispano es algo muy familiar, pues al fin y al cabo, nos encantan las visitas y dejamos todo por atender a quien llega a nuestra puerta; donde comen dos, comen tres, se dice (¡y veinte!). Lo que se hace un poco más difícil es cuando no es solo la comida, sino también la cama, y el tiempo de escucha, y de atención, la exigencia de "simpatizar" con la visita. Las cosas se complican todavía más, si llegamos a las líneas esas de que el lobo y el cordero habiten y duerman juntos. Porque las visitas no siempre son de las personas con las que mejor nos llevamos. Extender la hospitalidad al lobo no parece ser tan agradable y amable como nos imaginamos la virtud de la hospitalidad.

"En aquellos días…". Son los días de la visión del profeta, sucederán todas estas cosas que nos parecen tan difíciles. Sucederán fácilmente, porque el primer y más importante invitado es a la vez el anfitrión: Cristo mismo que en primer lugar "simpatiza" con nosotros. Se hace hombre como nosotros porque quiere tener la experiencia de los sentimientos humanos, para que nosotros podamos simpatizar con él y tener los suyos. Nos recibe como suyos (incluso sabiendo que a veces somos lobos frente al Cordero, que es él mismo), se hace como nosotros y nos pide que lo recibamos. Seguimos preguntándonos cómo. Pero, como dice Juan, para eso se nos bautiza en el Espíritu: espíritu de sabiduría, de fortaleza, de consejo, de entendimiento, de piedad. ¡Los sentimientos de Cristo! Después de todo, no es tan difícil. Solo tenemos que extenderle hospitalidad y dejar que él nos la extienda. "Simpatizar" con Cristo se puede reducir a esa extensión de hospitalidad recíproca a todos. Como él simpatiza con nosotros. (C.A.) ∎

VIVIENDO NUESTRA FE

Hablar de hospitalidad es pensar en los inmigrantes. Todos somos inmigrantes, tanto si llegamos hace mucho tiempo, como si fue ayer. En *Ecclesia in America* (no. 65), el papa Juan Pablo II exhorta a la hospitalidad de la Iglesia: "Con respecto a los inmigrantes, es necesaria una actitud hospitalaria y acogedora, que los aliente a integrarse en la vida eclesial, salvaguardando siempre su libertad y su peculiar identidad cultural". Esta hospitalidad se convierte en la justicia de Dios, que abre sus puertas a todos sus hijos por igual y llega a todos sus hijos por igual. Es a esta justicia a la que se nos llama como Iglesia.

PARA REFLEXIONAR

1. ¿Hay personas con las que nos cueste más simpatizar?

2. ¿En algún momento me he dado cuenta de la inmensa bondad de Cristo, que quiere simpatizar conmigo?

3. ¿De qué maneras podría en esta semana extender hospitalidad (no solo de mi propia casa, sino de profunda simpatía) a otros?

LECTURAS SEMANALES
diciembre 9–14

L Inmaculada Concepción de la Virgen María

M Is 40:1–11; Mt 18:12–14

M Is 40:25–31; Mt 11:28–30

J *Bienaventurada Virgen María de Guadalupe*

V Is 48:17–19; Mt 11:16–19

S Sir 48:1–4, 9–11; Mt 17:9a, 10–13

Primera lectura

Génesis 3:9–15, 20

Después de que el hombre y la mujer comieron del fruto del árbol prohibido, el Señor Dios llamó al hombre y le preguntó: "¿Dónde estás?" Este le respondió: "Oí tus pasos en el jardín; y tuve miedo, porque estoy desnudo, y me escondí". Entonces le dijo Dios: "¿Y quien te ha dicho que estabas desnudo? Has comido acaso del árbol del que te prohibí comer?" Respondió Adán: "La mujer que me diste por compañera me ofreció del fruto del árbol y comí". El Señor Dios dijo a la mujer: "¿Por qué has hecho esto?" Repuso la mujer: "La serpiente me engañó y comí".

Entonces dijo el Señor Dios a la serpiente: / "Porque has hecho esto, / serás maldita entre todos los animales / y entre todos las bestias salvajes. / Te arrastrarás sobre tu vientre y comerás polvo / todos los días de tu vida. / Pondré enemistad entre ti y la mujer, / entre tu descendencia y la suya; / y su descendencia te aplastará la cabeza, / mientras tú tratarás de morder su talón".

El hombre le puso a su mujer el nombre de "Eva", porque ella fue la madre de todos los vivientes.

Salmo responsorial

Salmo 97:1, 2–3ab, 3cd–4

R. Canten al Señor un cántico nuevo, porque ha hecho maravillas.

Canten al Señor un cántico nuevo, porque ha hecho maravillas. Su diestra le ha dado la victoria, su santo brazo. **R.**

El Señor da a conocer su victoria; revela a las naciones su justicia: se acordó de su misericordia y su fidelidad en favor de la casa de Israel. **R.**

Los confines de la tierra han contemplado la victoria de nuestro Dios. Aclamen al Señor, tierra entera, griten, vitoreen, toquen. **R.**

Segunda lectura

Efesios 1:3–6, 11–12

Bendito sea Dios, Padre de nuestro Señor Jesucristo, / que nos ha bendecido en él / con toda clase de bienes espirituales y celestiales. / Él nos eligió en Cristo, antes de crear el mundo, / para que fuéramos santos / e irreprochables a sus ojos, por el amor, / y determinó, porque así lo quiso, / que, por medio de Jesucristo, fuéramos sus hijos, / para que alabemos y glorifiquemos la gracia / con que nos ha favorecido por medio de su Hijo amado.

Con Cristo somos herederos también nosotros. Para esto estabámos destinados, por decisión del que lo hace todo según su voluntad: para que fuéramos una alabanza continua de su gloria, nosotros, los que ya antes esperábamos en Cristo.

Evangelio

Lucas 1:26–38

En aquel tiempo, el ángel Gabriel fue enviado por Dios a una ciudad de Galilea, llamada Nazaret, a una virgen desposada con un varón de la estirpe de David, llamado José. La virgen se llamaba María.

Entró el ángel a donde ella estaba y le dijo: "Alégrate, llena de gracia, el Señor está contigo". Al oír estas palabras, ella se preocupó mucho y se preguntaba qué querría decir semejante saludo.

El ángel le dijo: "No temas, María, porque has hallado gracia ante Dios. Vas a concebir y a dar a luz un hijo y le pondrás por nombre Jesús. El será grande y será llamado Hijo del Altísimo; el Señor Dios le datrá el trono de David, su padre, y él reinara sobre la casa de Jacob por los siglos y su reinado no tendrá fin".

María le dijo entonces al ángel: "¿Cómo podrá ser esto, puesto que yo permanezco virgen?" El ángel le contesto: "El Espíritu Santo descenderá sobre ti y el poder del Altísimo te cubrirá con su sombra. Por eso, el Santo, que va a nacer de ti, será llamado Hijo de Dios. Ahí tienes a tu parienta Isabel, que a pesar de su vejez, ha concebido un hijo y ya va en el sexto mes la que llamaban estéril, porque no hay nada imposible para Dios". María contestó: "Yo soy la esclava del Señor, cúmplase en mí lo que me has dicho". Y el ángel se retiró de su presencia.

Inmaculada Concepción de María

ANTES DE DICTAR sentencia a Adán y Eva por su transgresión, Dios sentencia a la serpiente que había inducido a Eva y decreta enemistad perpetua entre ambas y sus respectivas descendencias. Dios asegura que la descendencia de Eva aplastará la cabeza de la descendencia de la serpiente, cuando la de esta le muerda el talón. Así, Dios asegura la victoria de los vivientes, los hijos de Eva, sobre el mal y sus expresiones.

Estas líneas del libro del Génesis subrayan la enorme diferencia que habrá entre ambas descendencias. Uno de los descendientes de Eva, el Mesías, será quien aplaste definitivamente el poder del mal. Para eso requería no haber sido debilitado por el propio mal o pecado, que es lo más opuesto a Dios y su gracia. Se necesitaba un descendiente sin pecado, completamente puro. Este ideal de pureza, los cristianos de los primeros siglos lo vieron cumplido en la doncella de Nazaret, la Santísima Virgen María, a quien el ángel Gabriel declara "llena de gracia". A ella no la tocó el pecado, porque de su vientre habría de nacer el Mesías, el mismo Hijo de Dios.

Celebrar la solemnidad de la Inmaculada Concepción de María, es hacer fiesta por el amor y la misericordia de Dios para con nuestra naturaleza humana; pues la Virgen María es el primer ser humano en donde el Creador hace resplandecer de modo especialísimo su gracia, pues la santificó desde su concepción, por los méritos de Cristo, su Hijo. El papa Pío IX nos lo enseña en su bula sobre el dogma de la Inmaculada Concepción de María: "La bienaventurada Virgen María fue preservada inmune de toda la mancha de pecado original en el primer instante de su concepción por singular gracia y privilegio de Dios omnipotente, en atención a los méritos de Jesucristo, Salvador del género humano" (Papa Pío IX, *Ineffabilis Deus*, en DS, no. 2803).

Hoy nos corresponde alabarla y alegrarnos porque por ella recibimos al autor de la vida, pero también estamos llamados a imitarla en la lucha contra el pecado y las fuerzas del mal. No con nuestros propios medios o instrumentos, sino solo con la fuerza de la gracia divina. Gracias a la fe en Cristo Jesús somos descendencia de la nueva Eva. Cierto, el mal nos muerde y nos hiere, pero no nos destruye, porque el nuevo vigor del Resucitado aplasta la cabeza del mal.

Contemplemos y admiremos la bella imagen de la Inmaculada Concepción de María, que nos llama a la victoria de la vida verdadera. (J.S.) ∎

VIVIENDO NUESTRA FE

La ruptura de la humanidad con Dios, dramatizada en el relato del pecado de nuestros primeros padres (ver Génesis 3), es la causa original de otras rupturas en las relaciones humanas, como anota el *Compendio de la doctrina social de la Iglesia* (CDSI). Esa ruptura representa el origen de cuanta situación atenta "contra la dignidad de la persona humana, contra la justicia y contra la solidaridad" (CDSI, no. 27).

PARA REFLEXIONAR

1. ¿Cómo se transmite esta celebración mariana en su familia y barrio?

2. ¿Qué apoyos tiene usted para vencer las tentaciones de pecar?

3. ¿Dónde nota usted los estragos del mal en su comunidad? ¿Qué hacen para vencerlo?

12 de diciembre de 2019

Primera lectura
Zacarías 2:14–17

"Canta de gozo y regocíjate, Jerusalén,
pues vengo a vivir en medio de ti, dice el Señor.
Muchas naciones se unirán al Señor en aquel día;
ellas también serán mi pueblo
y yo habitaré en medio de ti
y sabrás que el Señor de los ejércitos
me ha enviado a ti.
El Señor tomará nuevamente a Judá
como su propiedad personal en la tierra santa
y Jerusalén volverá a ser la ciudad elegida".

¡Que todos guarden silencio ante el Señor,
pues él se levanta ya de su santa morada!

O bien:
Apocalipsis 11:19; 12:1–6, 10ab

Se abrió el templo de Dios en el cielo y dentro de él se
vio el arca de la alianza. Apareció entonces en el cielo
una figura prodigiosa: una mujer envuelta por el sol,
con la luna bajo sus pies y con una corona de doce
estrellas en la cabeza. Estaba encinta y a punto de
dar a luz y gemía con los dolores del parto.

Pero apareció también en el cielo otra figura:
un enorme dragón, color de fuego, con siete cabezas
y diez cuernos, y una corona en cada una de sus siete
cabezas. Con su cola barrió la tercera parte de las
estrellas del cielo y las arrojó sobre la tierra. Después
se detuvo delante de la mujer que iba a dar a luz,
para devorar a su hijo, en cuanto éste naciera. La mujer
dio a luz un hijo varón, destinado a gobernar todas
las naciones con cetro de hierro; y su hijo fue llevado
hasta Dios y hasta su trono. Y la mujer huyó al desierto,
a un lugar preparado por Dios.

Entonces oí en el cielo una voz poderosa, que
decía: "Ha sonado la hora de la victoria de nuestro
Dios, de su dominio y de su reinado, y del poder
de su Mesías".

Salmo responsorial
Judit 13:18bcde, 19

R. Tú eres el orgullo de nuestra raza.

El Altísimo te ha bendecido, hija, más que a
todas las mujeres de la tierra. Bendito el Señor,
creador del cielo y tierra. **R.**

Que hoy ha glorificado tu nombre de tal modo,
que tu alabanza estará siempre en la boca de
todos los que se acuerden de esta obra poderosa
de Dios. **R.**

Evangelio
Lucas 1:39–47

En aquellos días, María se encaminó presurosa a un
pueblo de las montañas de Judea, y entrando en la
casa de Zacarías, saludó a Isabel. En cuanto ésta oyó
el saludo de María, la creatura saltó en su seno.

Entonces Isabel quedó llena del Espíritu Santo,
y levantando la voz, exclamó: "¡Bendita tú entre las
mujeres y bendito el fruto de tu vientre! ¿Quién soy yo,
para que la madre de mi Señor venga a verme? Apenas
llegó tu saludo a mis oídos, el niño saltó de gozo en mi
seno. Dichosa tú, que has creído, porque se cumplirá
cuanto te fue anunciado de parte del Señor".

Entonces dijo María: "Mi alma glorifica al
Señor / *y mi espíritu se llena de júbilo en Dios,
mi salvador*".

O bien: *Lucas 1:26–38.*

Evangelio para toda la Iglesia

EL PADRE Sean Weeks, de la Iglesia de San Pío X en Portland, Oregón, durante la fiesta de Guadalupe nos invitaba a la reflexión diciéndonos que "Guadalupe es el mejor ícono para vivir y reflexionar, durante el tiempo del Adviento, en comunidad, como Iglesia". Tiene mucha razón, ya que la historia cuenta que Guadalupe se aparece conversando con Juan Diego, en el cerrito del Tepeyac, donde se le da a conocer como "la madre del verdadero Dios por quien se vive", y que nos trae a su Hijo para beneficio de toda la humanidad, no solo de una nación.

En la Señora del Tepeyac, encontramos la misma bendición de Dios que envió a Belén de Judá. Es la bendición de una madre tierna y amorosa que nos trae a los pueblos de América, al Redentor prometido para hacerlo "Emmanuel", Dios con nosotros y como nosotros. La Morenita del Tepeyac se identifica por los rasgos culturales, la simbología y modos de enseñar que solamente aquel pueblo indígena era capaz de percibir, contemplar, practicar y transmitir a los suyos. Ella es de ese pueblo, y por eso la reconocen sin titubear los nativos. Sí, eso es lo que Guadalupe significa. Ella es la nueva evangelizadora para los pueblos de estas tierras. Ella ofrece un Cristo universal y hasta cósmico, habría que decir, en el que los trazos de lengua, color, raza, género y lugar son asumidos para trascenderlos en casa familiar y en comunidad fraternal. Guadalupe nos remite a Jesús vivo y presente en la naturaleza de este pueblo, y de todos los pueblos. En su relato y en su imagen, Guadalupe expresa el Evangelio del Señor Jesús que viene a las Américas, para vitalizar a la Iglesia universal.

El papa Francisco nos brinda unas frases que recogen la profundidad de la aparición Guadalupana, cuando dice: "Yo pienso que a México el diablo lo castiga con mucha bronca… el diablo no le perdona a México que ella [la Virgen de Guadalupe] haya mostrado ahí a su hijo, interpretación mía. México es privilegiado en el martirio, por haber reconocido, defendido a su madre" (*Papa Francisco* en entrevista a Televisa en 2015).

Podríamos traer las palabras del autor sagrado y referirlas a Guadalupe, como la aclama la liturgia de hoy: "Tú eres la exaltación de Jerusalén, tú el gran orgullo de Israel, tú la suprema gloria de nuestra raza" (Judit 15:9). Ella es una mujer de nuestro pueblo, para todos los pueblos. (J.S.) ∎

VIVIENDO NUESTRA FE

En un día como hoy, vale la pena refrendar la figura femenina en relación con el trabajo, la familia y el cuidado familiar. La Iglesia pide que las tareas del cuidado familiar, comenzando por las maternales y porque están dedicadas a servir con calidad a la vida, sean socialmente reconocida y valoradas, "incluso mediante una retribución económica al menos semejante a la de otras labores" (CDSI, no. 251).

PARA REFLEXIONAR

1. ¿A quiénes conoce usted que pueda decir que son auténticas evangelizadoras? ¿Por qué?

2. ¿Cómo se identifica usted con el relato de Guadalupe? ¿Qué valores le reta a vivir?

3. ¿De qué maneras valora y promueve su comunidad de fe el trabajo de las mujeres?

15 de diciembre de 2019 III Domingo de Adviento

Primera lectura

Isaías 35:1–6a, 10

Esto dice el Señor: / "Regocíjate, yermo sediento. / Que se alegre el desierto y se cubra de flores, / que florezca como un campo de lirios, / que se alegre y dé gritos de júbilo, / porque le será dada la gloria del Líbano, / el esplendor del Carmelo y del Sarón.

Ellos verán la gloria del Señor, / el esplendor de nuestro Dios. / Fortalezcan las manos cansadas, / afiancen las rodillas vacilantes. / Digan a los de corazón apocado: / '¡Ánimo! No teman. / He aquí que su Dios, / vengador y justiciero, / viene ya para salvarlos'.

Se iluminarán entonces los ojos de los ciegos, / y los oídos de los sordos se abrirán. / Saltará como un ciervo el cojo, / y la lengua del mudo cantará. / Volverán a casa los rescatados por el Señor, / vendrán a Sión con cánticos de júbilo, / coronados de perpetua alegría; / serán su escolta el gozo y la dicha, / porque la pena y la aflicción habrán terminado".

Salmo responsorial

Salmo 145:6c–7, 8–9a, 9bc–10

R. Ven, Señor, a salvarnos.

El Señor mantiene su fidelidad perpetuamente, hace justicia a los oprimidos, da pan a los hambrientos. El Señor liberta a los cautivos. **R.**

El Señor abre los ojos al ciego, el Señor endereza a los que ya se doblan, el Señor ama a los justos, el Señor guarda a los peregrinos. **R.**

Sustenta al huérfano y a la viuda y trastorna el camino de los malvados. El Señor reina eternamente; tu Dios, Sión, de edad en edad. **R.**

Segunda lectura

Santiago 5:7–10

Hermanos: Sean pacientes hasta la venida del Señor. Vean cómo el labrador, con la esperanza de los frutos preciosos de la tierra, aguarda pacientemente las lluvias tempraneras y las tardías. Aguarden también ustedes con paciencia y mantengan firme el ánimo, porque la venida del Señor está cerca.

No murmuren, hermanos, los unos de los otros, para que el día del juicio no sean condenados. Miren que el juez ya está a la puerta. Tomen como ejemplo de paciencia en el sufrimiento a los profetas, los cuales hablaron en nombre del Señor.

Evangelio

Mateo 11:2–11

En aquel tiempo, Juan se encontraba en la cárcel, y habiendo oído hablar de las obras de Cristo, le mandó preguntar por medio de dos discípulos: "¿Eres tú el que ha de venir o tenemos que esperar a otro?"

Jesús les respondió: "Vayan a contar a Juan lo que están viendo y oyendo: los ciegos ven, los cojos andan, los leprosos quedan limpios de la lepra, los sordos oyen, los muertos resucitan y a los pobres se les anuncia el Evangelio. Dichoso aquel que no se sienta defraudado por mí".

Cuando se fueron los discípulos, Jesús se puso a hablar a la gente acerca de Juan: "¿Qué fueron ustedes a ver en el desierto? ¿Una caña sacudida por el viento? No. Pues entonces, ¿qué fueron a ver? ¿A un hombre lujosamente vestido? No, ya que los que visten con lujo habitan en los palacios. ¿A qué fueron, pues? ¿A ver a un profeta? Sí, yo se lo aseguro; y a uno que es todavía más que profeta. Porque de él está escrito: *He aquí que yo envío a mi mensajero para que vaya delante de ti y te prepare el camino.* Yo les aseguro que no ha surgido entre los hijos de una mujer ninguno más grande que Juan el Bautista. Sin embargo, el más pequeño en el Reino de los cielos, es todavía más grande que él".

No esperamos otra lluvia

EN MEDIO de una misa al aire libre, en un verano caliente, de pronto empezó a llover torrencialmente. Muchas de las personas que ahí estaban, sorprendentemente se alegraron mucho. "Es que hemos estado en el desierto y ¡cuánto hubiéramos anhelado esto!" Es como un símbolo de que esos opuestos, que siempre parecen irreconciliables, puede que no lo sean tanto. Tiniebla y luz. Agua y sequía. Debilidad y fuerza. Temor y valentía. Desierto y agua. Cojera y carrera. Sordera y escucha. Algo similar nos ocurre con las lecturas de hoy.

Los anuncios de los profetas suenan a locura: ¡Que se alegre el desierto y la tierra reseca! Hablan imposibles, y sin embargo sabemos bien cómo se cumplen en nuestra propia vida. Como cuando andamos en tinieblas y de pronto viene la luz de mano de un acontecimiento de alegría, o de un reconocimiento de que no estamos solos, o de una buena obra que alguien hace por nosotros. Parece que no vamos a tener el valor de enfrentarnos a una situación difícil en el trabajo, o al dolor enorme de perder a un ser querido, y de pronto vemos que, no sabemos de dónde, nos llega la fuerza y el valor. Sentimos que somos débiles y que ya no tenemos fuerza para luchar en un país extraño que a veces nos resulta hostil y duro, y día a día, vemos que vamos saliendo adelante. El profeta dice que es posible, y el Salmo nos asegura que Dios siempre hace justicia y "endereza a los encorvados", a quienes otros han obligado a veces a doblegarse, o a quienes el peso de la vida les hace sentir doblados. Pero Santiago dice: "Tengan paciencia". Tengan paciencia, porque en todos esos signos pequeños vemos que hay una semilla de esperanza.

El evangelio es aún más contundente: no tienen que esperar a otro; vayan y digan lo que han visto: los cojos caminan, los sordos oyen. La esperanza ha florecido. Sabemos bien, dentro de nosotros mismos, cuántas veces, con el favor de Dios, hemos sido nosotros los que estábamos cojos y pudimos caminar, los que no oíamos las llamadas de las personas de nuestro alrededor, y de pronto pudimos escucharlas. No fue por nosotros mismos ni por nuestra propia fuerza que ocurrió esto: es que ya no tenemos que esperar a otro: el Dios que hace llover en el desierto, que permite que los ciegos vean y los cojos caminen, está con nosotros, en nuestras cegueras y sorderas, en nuestra debilidad y en nuestra sequedad. No esperamos a otro. (C.A.) ■

VIVIENDO NUESTRA FE

La Constitución *Gaudium et Spes* del Concilio Vaticano II abre con unas palabras que nos impulsan a ser solidarios con la humanidad entera: "Los gozos y las esperanzas, las tristezas y las angustias de los hombres de nuestro tiempo, sobre todo de los pobres y de cuantos sufren, son a la vez gozos y esperanzas, tristezas y angustias de los discípulos de Cristo. Nada hay verdaderamente humano que no encuentre eco en su corazón" (no. 1). Ningún fiel cristiano puede evadir esta solidaridad de ser discípulo en nuestra propia casa.

PARA REFLEXIONAR

1. ¿En qué momentos he sentido el agua de Dios en mi alma sedienta en momentos de mi vida en que parecía que no había solución?

2. ¿Cómo puedo fortalecer los brazos de los demás —en mi familia y en mi trabajo— cuando veo que se sienten débiles?

3. ¿Qué situaciones de injusticia tengo que presentar al Señor para que llueva su justicia y mueva los corazones?

LECTURAS SEMANALES
diciembre 16–21

L Nm 24:2–7, 15-17a; Mt 21:23–27

M Gn 49:2, 8–10; Mt 1:1–17

M Jer 23:5–8; Mt 1:18–25

J Jue 13:2–7, 24–25a; Lc 1:5–25

V Is 7:10–14; Lc 1:26–38

S Sab 2:8–14 o Sof 3:14–18a; Lc 1:39–45

22 de diciembre de 2019   IV Domingo de Adviento

Primera lectura
Isaías 7:10–14

En aquellos tiempos, el Señor le habló a Ajaz diciendo: "Pide al Señor, tu Dios, una señal de abajo, en lo profundo o de arriba, en lo alto". Contestó Ajaz: "No la pediré. No tentaré al Señor".

Entonces dijo Isaías: "Oye, pues, casa de David: ¿No satisfechos con cansar a los hombres, quieren cansar también a mi Dios? Pues bien, el Señor mismo les dará por eso una señal: He aquí que la virgen concebirá y dará a luz un hijo y le pondrán el nombre de Emmanuel, que quiere decir Dios-con-nosotros".

Salmo responsorial
Salmo 23:1–2, 3–4a, 5–6

R. Va a entrar el Señor: Él es el Rey de la Gloria.

Del Señor es la tierra y cuanto la llena, el orbe y todos sus habitantes: él la fundó sobre los mares, él la afianzó sobre los ríos. **R.**

¿Quién puede subir al monte del Señor? ¿Quién puede estar en el recinto Sacro? El hombre de manos inocentes y puro de corazón. **R.**

Ése recibirá la bendición del Señor, le hará justicia el Dios de salvación. Éste es el grupo que busca al Señor, que viene a tu presencia, Dios de Jacob. **R.**

Segunda lectura
Romanos 1:1–7

Yo, Pablo, siervo de Cristo Jesús, he sido llamado por Dios para ser apóstol y elegido por él para proclamar su evangelio. Ese evangelio, que, anunciado de antemano por los profetas en las Sagradas Escrituras, se refiere a su Hijo, Jesucristo, nuestro Señor, que nació, en cuanto a su condición de hombre, del linaje de David, y en cuanto a su condición de espíritu santificador, se manifestó con todo su poder como Hijo de Dios, a partir de su resurrección de entre los muertos.

Por medio de Jesucristo, Dios me concedió la gracia del apostolado, a fin de llevar a los pueblos paganos a la aceptación de la fe, para gloria de su nombre. Entre ellos, también se cuentan ustedes, llamados a pertenecer a Cristo Jesús.

A todos ustedes, los que viven en Roma, a quienes Dios ama y ha llamado a la santidad, les deseo la gracia y la paz de Dios, nuestro Padre, y de Jesucristo, el Señor.

Evangelio
Mateo 1:18–24

Cristo vino al mundo de la siguiente manera: Estando María, su madre, desposada con José, y antes de que vivieran juntos, sucedió que ella, por obra del Espíritu Santo, estaba esperando un hijo. José, su esposo, que era hombre justo, no queriendo ponerla en evidencia, pensó dejarla en secreto.

Mientras pensaba en estas cosas, un ángel del Señor le dijo en sueños: "José, hijo de David, no dudes en recibir en tu casa a María, tu esposa, porque ella ha concebido por obra del Espíritu Santo. Dará a luz un hijo y tú le pondrás el nombre de Jesús, porque él salvará a su pueblo de sus pecados".

Todo esto sucedió para que se cumpliera lo que había dicho el Señor por boca del profeta Isaías: *He aquí que la virgen concebirá y dará a luz un hijo, a quien pondrán el nombre de Emmanuel, que quiere decir Dios-con-nosotros.*

Cuando José despertó de aquel sueño, hizo lo que le había mandado el ángel del Señor y recibió a su esposa.

Dame una señal

MUCHAS VECES pedimos señales a Dios. "Dame una señal de lo que quieres que ocurra… o de lo que va a pasar… o de lo que debo hacer con mi vida… o de que existes…", podríamos decir. Pero, en otras ocasiones, parece como que no queremos ninguna señal, porque podría querer decir que tenemos que hacer algo, y eso nos asusta, o nos saca de nuestra comodidad, o incluso de nuestra autosuficiencia de pensar que lo que hacemos, lo hacemos por nosotros mismos, y no por la gracia de Dios.

Se nos advierte tanto contra la autosuficiencia como contra el temor. Ambos extremos son maneras de negar el poder de Dios cuando llama, cuando da un signo. A Ajaz se le previene contra la autosuficiencia ("no tentaré a Dios"). Porque en este caso, Dios quiere dar el signo. A José contra el temor: "No temas, porque lo que María ha concebido es obra del Espíritu Santo". En ambos casos, el signo que se le da a quienes no lo han pedido, uno por autosuficiencia y otro por temor, es el mismo: "la virgen concebirá y dará a luz". Un signo extraordinario, inimaginable, que se convierte en fuerza y gracia poderosísima: a Ajaz como promesa y prenda de su profecía; a José como seguridad de que va por el camino recto. Se da antes de comenzar la misión.

Lo mismo sucede con todos nosotros que recibimos la promesa de la redención que nos viene por el Cristo, porque él es la garantía de que Dios está con nosotros. En todos nuestros trabajos de bondad y de anuncio del Evangelio, en nuestras obras que, como las del justo José, son de justicia y rectitud, se nos asegura, es obra de la gracia y no de nosotros mismos. Lo que hacemos en la vida es una misión propia, como la de Ajaz y la de José, que es solo gracia recibida junto con la misión. Quizá no tengamos que pedir señales, pero sí ver las señales que nos envía Dios junto con su gracia para obrar el bien, sabiendo que todo bien que obremos será por la fuerza de Dios, y no por nuestro propio mérito. Es la gracia de Dios la que supera tanto nuestra autosuficiencia como nuestros temores. La gracia es la señal de Dios. (C.A.) ■

VIVIENDO NUESTRA FE

El papa Benedicto XVI, el 7 de diciembre de 2005, al comentar el Salmo 137, decía: "Dios escoge estar con los débiles, con las víctimas…". Siempre que nuestras acciones estén encaminadas al bien de otros (como las del justo José), podemos tener la seguridad de que Dios está con nosotros y nos da su gracia. Nos dio el signo en María y nos lo asegura constantemente. Al elegirnos, nos convierte en signos de su gracia.

PARA REFLEXIONAR

1. ¿Cuáles son los temores más frecuentes y poderosos de nuestro medio?

2. ¿En qué momentos de nuestra vida hemos sentido temor? ¿Qué nos produce temor en este momento? ¿Cómo podemos abatirlo?

3. ¿Cómo somos para otros "signo" o certeza de que Dios está con nosotros?

LECTURAS SEMANALES
diciembre 23–28

L Mal 3:1–4, 23–24; Lc 1:57–66

M 2 Sm 7:1–5, 8b-12, 14a, 16; Lc 1:67–79

M *Natividad del Señor*

J Hechos 6:8–10; 7:54–59; Mt 10:17–22

V 1 Jn 1:1–4; Jn 20:1a, 2–8

S 1 Jn 1:5 — 2:2; Mt 2:13–18

21

Navidad

Salmo 97

Entonen al Señor un canto nuevo,
    pues obró maravillas.
Suya fue la salvación,
    obra de su mano, victoria del Santo.

El Señor trajo la salvación,
    y reconocieron los pueblos
        que él es Santo.

Renovó su amor y lealtad a Israel.
    Han visto los extremos de la tierra
        la salvación de nuestro Dios.

¡Aclama al Señor, tierra entera,
    con gritos de alegría!

Canten salmos al Señor tocando el arpa;
    aclámenlo con cantos y música.

Aclamen con trompetas y con cuernos
    al Señor nuestro rey.

Oígase el clamor del mar
    y de toda su gente;
    de la tierra y sus pobladores.

Aplaudan juntos los ríos,
    y alégrense los montes.

Delante del Señor,
    que ya viene
    a juzgar la tierra.
Juzgará con justicia al universo,
    y según el derecho a las naciones.

25 de diciembre de 2019

Primera lectura

Isaías 52:7–10

¡Qué hermoso es ver correr sobre los montes / al mensajero que anuncia la paz, / al mensajero que trae la buena nueva, / que pregona la salvación, / que dice a Sión: "Tu Dios es rey"! /

Escucha: Tus centinelas alzan la voz / y todos a una gritan alborozados,/ porque ven con sus propios ojos al Señor, / que retorna a Sión.

Prorrumpan en gritos de alegría, / ruinas de Jerusalén, / porque el Señor rescata a su pueblo, / consuela a Jerusalén. / Descubre el Señor su santo brazo/ a la vista de todas las naciones. / Verá la tierra entera la salvación que viene de nuestro Dios.

Salmo responsorial

Salmo 98 (97): 1. 2–3ab. 3cd–4. 5–6.

R. Los confines de la tierra han contemplado la victoria de nuestro Dios.

Canten al Señor un cántico nuevo, / porque ha hecho maravillas. / Su diestra le ha dado la victoria, / su santo brazo. **R.**

El Señor da a conocer su victoria; / revela a las naciones su justicia: / se acordó de su misericordia y su fidelidad / en favor de la casa de Israel. **R.**

Los confines de la tierra han contemplado / la victoria de nuestro Dios. / Aclamen al Señor, tierra entera, / griten, vitoreen, toquen. **R.**

Toquen la cítara para el Señor, / suenen los instrumentos: / con clarines y al son de trompetas / aclamen al rey y Señor. **R.**

Segunda lectura

Hebreos 1:1–6

En distintas ocasiones y de muchas maneras habló Dios en el pasado a nuestros padres, por boca de los profetas. Ahora, en estos tiempos, nos ha hablado por medio de su Hijo, a quien constituyó heredero de todas las cosas y por medio del cual hizo el universo.

El Hijo es el resplandor de la gloria de Dios, la imagen fiel de su ser y el sostén de todas las cosas con su palabra poderosa. Él mismo, después de efectuar la purificación de los pecados, se sentó a la diestra de la majestad de Dios, en las alturas, tanto más encumbrado sobre los ángeles, cuanto más excelso es el nombre que, como herencia, le corresponde.

Porque ¿a cuál de los ángeles le dijo Dios: *Tú eres mi Hijo; yo te he engendrado hoy?* ¿O de qué ángel dijo Dios: *Yo seré para él un padre y él será para mí un hijo?* Además, en otro pasaje, cuando introduce en el mundo a su primogénito, dice: *Adórenlo todos los ángeles de Dios.*

Evangelio

Juan 1:1–18

En el principio ya existía aquel que es la Palabra, / y aquel que es la Palabra estaba con Dios y era Dios. / Ya en el principio él estaba con Dios. / Todas las cosas vinieron a la existencia por él / y sin él nada empezó de cuanto existe. / Él era la vida, y la vida era la luz de los hombres. / La luz brilla en las tinieblas / y las tinieblas no la recibieron.

Hubo un hombre enviado por Dios, que se llamaba Juan. / Este vino como testigo, para dar testimonio de la luz, / para que todos creyeran por medio de él. / Él no era la luz, sino testigo de la luz.

Aquel que es la Palabra era la luz verdadera, / que ilumina a todo hombre que viene a este mundo. / En el mundo estaba; / el mundo había sido hecho por él / y, sin embargo, el mundo no lo conoció. / Vino a los suyos y los suyos no lo recibieron; / pero a todos los que lo recibieron / les concedió poder llegar a ser hijos de Dios, / a los que creen en su nombre, / los cuales no nacieron de la sangre, / ni del deseo de la carne, ni por voluntad del hombre, / sino que nacieron de Dios.

Y aquel que es la Palabra se hizo hombre / y habitó entre nosotros. / Hemos visto su gloria, / gloria que le corresponde como a Unigénito del Padre, / lleno de gracia y de verdad.

Juan el Bautista dio testimonio de él, clamando: / "A éste me refería cuando dije: / 'El que viene después de mí, tiene precedencia sobre mí, / porque ya existía antes que yo' ".

De su plenitud hemos recibido todos gracia sobre gracia. / Porque la ley fue dada por medio de Moisés, / mientras que la gracia y la verdad vinieron por Jesucristo. A Dios nadie lo ha visto jamás. / El Hijo unigénito, que está en el seno del Padre, / es quien lo ha revelado.

Abreviado: Juan 1: 1–5, 9–14

Hemos visto una gran luz

MUCHOS NIÑOS tienen miedo a la noche, porque cualquier peligro, cualquier monstruo podría estar escondido en la oscuridad. Pero siempre amanece, y cuando nos hacemos adultos, ya sabemos que no hay monstruos escondidos en la oscuridad. ¿O lo sabemos? Porque si estamos tan seguros, parece que hay algo equivocado en la primera lectura de hoy: el pueblo que caminaba en tinieblas. Ningún pueblo camina materialmente en tinieblas. Siempre amanece. Pero sabemos que se nos habla de otro tipo de tinieblas, y no nos es muy difícil imaginarnos cuáles pueden ser esas tinieblas: opresión, temor, guerra, injusticia, y la propia noche de la esclavitud interior que muchas veces podemos llevar dentro. Para muchos de nosotros, la oscuridad es muy real, porque nos rodea totalmente. Todos lo sabemos: la mentira es oscuridad; la injusticia es oscuridad, el dolor es oscuridad, el miedo a lo desconocido es oscuridad, la enfermedad y la muerte son oscuridad. Muchos de los acontecimientos de nuestro mundo parecen ser oscuridad.

En estos días, sin embargo, hay luces por todas partes: las que adornan las calles, los escaparates, los árboles de Navidad. Pero esas luces tan brillantes no iluminan las oscuridades interiores, se quedan en espectáculo que no anida en las personas. Por otra parte, las lecturas de hoy nos hablan de una fuerza mucho mayor: el pueblo que andaba en tinieblas ha visto una gran luz. Una gran luz que es mucho mayor que las luces de las calles, que son solo un recuerdo de ella; una gran luz que es la majestad y el esplendor de Dios. Una gran luz que es la fuente de la salvación. Solamente la salvación de Dios nos puede sacar de la oscuridad de la mentira a nuestro alrededor, de la injusticia, de la opresión. Es al ver la luz de la promesa de la venida de Dios, que llegó una primera Navidad, pero llega cada día a nuestras vidas, cuando podemos sacudir las cadenas de la mentira propia y obrar el bien. Es en ese momento en que podemos también reconocer lo que es verdad y lo que es mentira en nuestra sociedad, en la política, en el mundo. Al ver esa verdad y poder romper nuestras propias cadenas, podemos ayudar a otros a liberarse también de lo que los oprime. La luz no es algo externo, sino algo que llega a cada corazón con la esperanza del amor de Dios, y, desde el interior, puede llegar a los demás. Los pastores que cuidaban sus ovejas en la oscuridad de la noche de Belén y en la oscuridad de su mundo que los tenía mal considerados y empobrecidos, vieron la luz de la verdad y acudieron a Belén a adorar a Jesús, nacido en la oscuridad de un establo, a Jesús, la luz del mundo y el único capaz de romper nuestras cadenas de oscuridad y muerte. (C.A.) ■

VIVIENDO NUESTRA FE

Hay personas que irradian luz, porque sus palabras están en consonancia con sus acciones. Son personas alegres y llenas de paz, que vuelven todo amable. A ellas se refiere el papa Francisco cuando dice: "Esa es muchas veces la santidad 'de la puerta de al lado', de aquellos que viven cerca de nosotros y son un reflejo de la presencia de Dios" (*Gaudete et Exsultet*, no. 7). Son personas de "Navidad", porque su luz guía a otras.

PARA REFLEXIONAR

1. Identifique las situaciones de tinieblas en los medios donde se desenvuelve.

2. ¿Qué oscuridades experimenta usted personalmente? ¿Se ha sentido usted como prisionero de una mentira, propia o de su ambiente o lugar social?

3. ¿Qué luces lleva su familia, grupo de fe o parroquia a lugares o situaciones oscuros?

---

25 de diciembre de 2019
Natividad del Señor
Misa de la vigilia: *Is 62:1–5;
Hechos 13:16–17, 22–25;
Mt 1:1–25 o 1:18–25*
Misa de la noche: *Is 9:1–6;
Tit 2:11–14; Lc 2:1–14*
Misa de aurora: *Is 62:11–12;
Tit 3:4–7; Lc 2:15–20*

Primera lectura

Eclesiástico 3:2–6, 12–14

El Señor honra al padre en los hijos / y respalda la autoridad de la madre sobre la prole. / El que honra a su padre queda limpio de pecado; / y acumula tesoros, el que respeta a su madre.

Quien honra a su padre, / encontrará alegría en sus hijos / y su oración será escuchada; / el que enaltece a su padre, tendrá larga vida / y el que obedece al Señor, es consuelo de su madre.

Hijo, cuida de tu padre en la vejez / y en su vida no le causes tristeza; / aunque chochee, ten paciencia con él / y no lo menosprecies por estar tú en pleno vigor. / El bien hecho al padre no quedará en el olvido / y se tomará a cuenta de tus pecados.

Salmo responsorial

Salmo 127:1–2, 3, 4–5

R. ¡Dichoso el que teme al Señor, y sigue sus caminos!

¡Dichoso el que teme al Señor, y sigue sus caminos! Comerás del fruto de tu trabajo, serás dichoso, te irá bien. **R.**

Tu mujer, como parra fecunda, en medio de tu casa; tus hijos, como renuevos de olivo, alrededor de tu mesa. **R.**

Ésta es la bendición del hombre que teme al Señor. Que el Señor te bendiga desde Sión, que veas la prosperidad de Jerusalén, todos los días de tu vida. **R.**

Segunda lectura

Colosenses 3:12–21

Hermanos: Puesto que Dios los ha elegido a ustedes, los ha consagrado a él y les ha dado su amor, sean compasivos, magnánimos, humildes, afables y pacientes. Sopórtense mutuamente y perdónense cuando tengan quejas contra otro, como el Señor los ha perdonado a ustedes. Y sobre todas estas virtudes, tengan amor, que es el vínculo de la perfecta unión.

Que en sus corazones reine la paz de Cristo, esa paz a la que han sido llamados, como miembros de un solo cuerpo. Finalmente, sean agradecidos.

Que la palabra de Cristo habite en ustedes con toda su riqueza. Enséñense y aconséjense unos a otros lo mejor que sepan. Con el corazón lleno de gratitud, alaben a Dios con salmos, himnos y cánticos espirituales; y todo lo que digan y todo lo que hagan, háganlo en el nombre del Señor Jesús, dándole gracias a Dios Padre, por medio de Cristo.

Mujeres, respeten la autoridad de sus maridos, como lo quiere el Señor. Maridos, amen a sus esposas y no sean rudos con ellas. Hijos, obedezcan en todo a sus padres, porque eso es agradable al Señor. Padres, no exijan demasiado a sus hijos, para que no se depriman.

O bien: Colosenses 3:12 –17

Evangelio

Mateo 2:13–15, 19–23

Después de que los magos partieron de Belén, el ángel del Señor se le apareció en sueños a José y le dijo: "Levántate, toma al niño y a su madre, y huye a Egipto. Quédate allá hasta que yo te avise, porque Herodes va a buscar al niño para matarlo".

José se levantó y esa misma noche tomó al niño y a su madre y partió para Egipto, donde permaneció hasta la muerte de Herodes. Así se cumplió lo que dijo el Señor por medio del profeta: *De Egipto llamé a mi hijo*.

Después de muerto Herodes, el ángel del Señor se le apareció en sueños a José y le dijo: "Levántate, toma al niño y a su madre y regresa a la tierra de Israel, porque ya murieron los que intentaban quitarle la vida al niño".

Se levantó José, tomó al niño y a su madre y regresó a tierra de Israel. Pero, habiendo oído decir que Arquelao reinaba en Judea en lugar de su padre, Herodes, tuvo miedo de ir allá, y advertido en sueños, se retiró a Galilea y se fue a vivir en una población llamada Nazaret. Así se cumplió lo que habían dicho los profetas: *Se le llamará nazareno*.

Más difícil de lo que parece

HEMOS IDEALIZADO la familia y el gran valor que tiene en nuestra cultura hispana. Por eso nos alarmamos ante las amenazas que enfrenta la familia en estos momentos: ruptura, divorcio, separación forzada, hijos que se alejan, desempleo, problemáticas sexuales complejas, estrés, enfermedad. Todo esto en un mundo que cambia y afecta los modos de ser familia. Nuestra familia está lejos de ser la ideal.

La lectura de Colosenses habla del ideal de la familia perfecta: sentimientos de compasión, mansedumbre, paciencia, que, incluso en familias cristianas, buenas y sólidas, no se dejan ver. Porque, si transformamos esas afirmaciones en preguntas para nosotros mismos, posiblemente nuestras respuestas sean más difíciles. ¿En qué momentos nuestros juicios severos han impedido la compasión? ¿Cuándo la respuesta rápida e irritada ha oscurecido la mansedumbre que podamos tener? ¿Hemos permitido el orgullo y la intolerancia al grado de hacer imposible el perdón? ¿Cómo agradecemos los pequeños y grandes gestos de amor que nos ofrecen los demás? Tendremos que reconocer que ese ideal de familia perfecta no es lo fácil que parece.

Por si poco fuera, la lectura del evangelio nos lo pone más difícil todavía, rayando en lo heroico, aunque esto es algo más cercano a nosotros: salir a lo desconocido, dejar nuestra tierra en condiciones peligrosas y difíciles para poder sobrevivir. Es lo que hizo José para proteger a su familia, y es lo que muchos de nosotros hemos hecho. Son decisiones y acciones de mucho sacrificio y gran generosidad personales. Esto ha sido casi heroico, y nos debe haber marcado como para tener las actitudes y sentimientos que pide la primera lectura. Sin embargo, como sabemos bien, son precisamente esos momentos de la vida diaria familiar, tan exigentes de compasión, paciencia, mansedumbre y perdón, los que nos resultan casi heroicos de mantener. Es todo cuestión de conciencia. Hay que reconocer que cada miembro de la familia requiere atención especial y total es lo primero. Hay que entregarnos con paciencia, generosidad y compasión a cada uno de ellos. Nos lo pide la Palabra de Dios. Solo escuchando la voz de Dios, como José, podremos salvar a nuestra familia. Las amenazas externas y las internas, no pan a crecer si estamos atentos a cada uno de los miembros de nuestra casa y los fortalecemos con nuestro cariño y cuidados. Esta es nuestra tarea. (C.A.) ■

VIVIENDO NUESTRA FE

La familia es la primera célula de la Iglesia. Citando el discurso de Nazaret (1964) del papa Pablo VI, el papa Francisco dice en *Amoris Laetitiae*: "La alianza de amor y fidelidad, de la cual vive la Sagrada Familia de Nazaret, ilumina el principio que da forma a cada familia, y la hace capaz de afrontar mejor las vicisitudes de la vida y de la historia. Sobre esta base, cada familia, a pesar de su debilidad, puede llegar a ser una luz en la oscuridad del mundo" (AL, 66). Esa es la vocación de nuestra familia.

PARA REFLEXIONAR

1. ¿Cuáles son los fundamentos de una buena familia?

2. ¿Qué cualidades aprecia usted más en su propia familia?

3. ¿Quién identifica y apoya a las familias en necesidad en su comunidad parroquial?

1 de enero de 2020 Santa María, Madre de Dios

Primera lectura

Números 6:22–27

En aquel tiempo, el Señor habló a Moisés y le dijo: / "Di a Aarón y a sus hijos: / 'De esta manera bendecirán a los israelitas: / El Señor te bendiga y te proteja, / haga resplandecer su rostro sobre ti y te conceda su favor. / Que el Señor te mire con benevolencia / y te conceda la paz'.

Así invocarán mi nombre sobre los israelitas / y yo los bendeciré".

Salmo responsorial

Salmo 66:2–3, 5, 6 y 8

R. El Señor tenga piedad y nos bendiga.

El Señor tenga piedad y nos bendiga, ilumine su rostro sobre nosotros: conozca la tierra tus caminos, todos los pueblos tu salvación. **R.**

Que canten de alegría las naciones, porque riges la tierra con justicia, riges los pueblos con rectitud y gobiernas las naciones de la tierra. **R.**

¡Oh Dios, que te alaben los pueblos, que todos los pueblos te alaben! Que Dios nos bendiga; que le teman hasta los confines del orbe. **R.**

Segunda lectura

Gálatas 4:4–7

Hermanos: Al llegar la plenitud de los tiempos, envió Dios a su Hijo, nacido de una mujer, nacido bajo la ley, para rescatar a los que estábamos bajo la ley, a fin de hacernos hijos suyos.

Puesto que ya son ustedes hijos, Dios envió a sus corazones el Espíritu de su Hijo, que clama "¡Abbá!", es decir, ¡Padre! Así que ya no eres siervo, sino hijo; y siendo hijo, eres también heredero por voluntad de Dios.

Evangelio

Lucas 2:16–21

En aquel tiempo, los pastores fueron a toda prisa hacia Belén y encontraron a María, a José y al niño, recostado en el pesebre. Después de verlo, contaron lo que se les había dicho de aquel niño, y cuantos los oían quedaban maravillados. María, por su parte, guardaba todas estas cosas y las meditaba en su corazón.

Los pastores se volvieron a sus campos, alabando y glorificando a Dios por todo cuanto habían visto y oído, según lo que se les había anunciado.

Cumplidos los ocho días, circuncidaron al niño y le pusieron el nombre de Jesús, aquel mismo que había dicho el ángel, antes de que el niño fuera concebido.

Guardar la mirada de Dios en el corazón

NO HAY MAYOR honor humano que ser la Madre de Dios. En ningún momento, sin embargo, encontramos a María enorgulleciéndose de quién es, ni haciendo valer su condición. El evangelio del día apunta que ella guardaba todas las cosas en su corazón. Pero ¿qué era lo que guardaba, en realidad? Ella guardaba la mirada de Dios.

Ya en el relato de la visitación a su pariente Isabel, María exulta diciendo que Dios "ha mirado la humillación de su esclava". Hoy, las lecturas nos hablan de la mirada de Dios. Nos dicen que, si Dios mira, si ilumina su rostro sobre nosotros, nos da la paz. Es la mayor bendición que podemos soñar. Que la mirada de Dios descanse sobre nosotros nos obliga a pensar, de un lado, cómo nos mira Dios, que es muy distinto a cómo mira el mundo. A María el mundo posiblemente la miraba como una muchachilla pobre e irrelevante. Dios, en cambio, la miró como a su madre. ¿Cómo pensamos que somos mirados nosotros?

El mundo posiblemente nos mira como gente corriente, trabajadora, inmigrante; algunos incluso nos mirarán mal, o con recelo y aprensión. ¿Cómo nos mira Dios? Como a sus amados hijos, sobre los que ilumina su rostro para bendecirlos con la paz. No es una paz de ausencia de conflictos, sino de la más profunda e inconmovible confianza en que la presencia del Señor y su luz nos acompaña. Si somos conscientes de que somos hijos adoptivos de Dios, hijos del más gran rey, podríamos envanecernos de nuestra condición. Pero, como María, el secreto de la paz y la alegría es "guardar estas cosas en el corazón", es decir, reconocer con reverencia la bendición de Dios sobre nosotros; agradecer la enorme dignidad que se nos ha dado con esa mirada de Dios que va mucho más allá de lo que nos ofrece el mundo, y extender esta misma paz a otros, a quienes Dios también mira con su luz y su amor, aunque el mundo los mire como gente de poca importancia o incluso inferior. Extender paz a nuestro alrededor es mirar como Dios mira a todos. Guardar estas cosas en el corazón es reconocer la gracia y responder en alegría, pero también en humildad. (C.A.) ■

VIVIENDO NUESTRA FE

Dios nos mira a todos igual. La enorme dignidad de ser sus hijos nos obliga a reconocer idéntica dignidad a toda persona humana. Esto compromete a defender con idéntica fuerza nuestros derechos y los de los demás. Buscamos la mirada de Dios en cada ser humano. "La dignidad humana viene dada por Dios y es absoluta", dicen los obispos de la Coordinadora de las Conferencias Episcopales en apoyo de la Iglesia en Tierra Santa (15 de enero de 2015). Eso significa extender la paz de la mirada de Dios a todos, sin discriminación alguna.

PARA REFLEXIONAR

1. ¿Qué situaciones lastiman la dignidad humana de las personas?

2. ¿Se ha parado a pensar lo que Dios piensa de usted? ¿Cuándo se siente mirado por Dios?

3. ¿En qué iniciativas podemos participar para promover la dignidad de todas las personas en el trabajo, en la familia y en el vecindario?

Primera lectura

Isaías 60:1–6

Levántate y resplandece, Jerusalén, / porque ha llegado tu luz / y la gloria del Señor alborea sobre ti. / Mira: las tinieblas cubren la tierra / y espesa niebla envuelve a los pueblos; / pero sobre ti resplandece el Señor / y en ti se manifiesta su gloria. / Caminarán los pueblos a tu luz / y los reyes, al resplandor de tu aurora.

Levanta los ojos y mira alrededor: / todos se reúnen y vienen a ti; / tus hijos llegan de lejos, a tus hijas las traen en brazos. / Entonces verás esto radiante de alegría; / tu corazón se alegrará, y se ensanchará, / cuando se vuelquen sobre ti los tesoros del mar / y te traigan las riquezas de los pueblos. / Te inundará una multitud de camellos y dromedarios, / procedentes de Madián y de Efá. / Vendrán todos los de Sabá / trayendo incienso y oro / y proclamando las alabanzas del Señor.

Salmo responsorial

Salmo 71:1–2, 7–8, 10–11, 12–13

R. Se postrarán ante ti, Señor, todos los pueblos de la tierra.

Dios mío, confía tu juicio al rey, tu justicia al hijo de reyes: para que rija a tu pueblo con justicia, a tus humildes con rectitud. **R.**

Que en sus días florezca la justicia y la paz hasta que falte la luna; que domine de mar a mar, del Gran Río al confín de la tierra. **R.**

Que los reyes de Tarsis y de las islas le paguen tributo; que los reyes de Sabá y de Arabia le ofrezcan sus dones, que se postren ante él todos los reyes, y que todos los pueblos le sirvan. **R.**

Porque él librará al pobre que clamaba, al afligido que no tenía protector; él se apiadará del pobre y del indigente, y salvará la vida de los pobres. **R.**

Segunda lectura

Efesios 3:2–3a, 5–6

Hermanos: Han oído hablar de la distribución de la gracia de Dios, que se me ha confiado en favor de ustedes. Por revelación se me dio a conocer este misterio, que no había sido manifestado a los hombres en otros tiempos, pero que ha sido revelado ahora por el Espíritu a sus santos apóstoles y profetas: es decir, que por el Evangelio, también los paganos son coherederos de la misma herencia, miembros del mismo cuerpo y partícipes de la misma promesa en Jesucristo.

Evangelio

Mateo 2:1–12

Jesús nació en Belén de Judá, en tiempos del rey Herodes. Unos magos de Oriente llegaron entonces a Jerusalén y preguntaron: "¿Dónde está el rey de los judíos que acaba de nacer? Porque vimos surgir su estrella y hemos venido a adorarlo".

Al enterarse de esto, el rey Herodes se sobresaltó y toda Jerusalén con él. Convocó entonces a los sumos sacerdotes y a los escribas del pueblo y les preguntó dónde tenía que nacer el Mesías. Ellos le contestaron: "En Belén de Judá, porque así lo ha escrito el profeta: *Y tú, Belén, tierra de Judá, no eres en manera alguna la menor entre las ciudades ilustres de Judá, pues de ti saldrá un jefe, que será el pastor de mi pueblo, Israel*".

Entonces Herodes llamó en secreto a los magos, para que le precisaran el tiempo en que se les había aparecido la estrella y los mandó a Belén, diciéndoles: "Vayan a averiguar cuidadosamente qué hay de ese niño, y cuando lo encuentren, avísenme para que yo también vaya a adorarlo".

Después de oír al rey, los magos se pusieron en camino, y de pronto la estrella que habían visto surgir, comenzó a guiarlos, hasta que se detuvo encima de donde estaba el niño. Al ver de nuevo la estrella, se llenaron de inmensa alegría. Entraron en la casa y vieron al niño con María, su madre, y postrándose, lo adoraron. Después, abriendo sus cofres, le ofrecieron regalos: oro, incienso y mirra. Advertidos durante el sueño de que no volvieran a Herodes, regresaron a su tierra por otro camino.

De todos los países

AQUELLOS DE NOSOTROS que crecimos en países como Puerto Rico, o España, recordamos bien la emoción que sentíamos de niños esperando el "Día de Reyes". Era un día de regalos, procesiones y gran celebración. Ciertamente, la emoción propia de este día está más que justificada: es la manifestación de Dios a todo el mundo. No solo a unos cuantos elegidos, sino a gente de toda raza y nación. "Todos tus hijos llegan de lejos". Esa bella imagen encierra una promesa de largo alcance. Para quienes venimos de otros países, no debe haber nada más conmovedor que escuchar la promesa de volvernos a reunir en un único reino, una única tierra, donde todos celebramos y festejamos la misma luz.

Pero hay algo más en la Epifanía que celebramos: la llamada o vocación. La estrella que guía a los Reyes hasta el lugar donde está Jesús es la misma estrella que nos guía a nosotros en nuestro camino de vocación. Los Magos buscaban al Mesías. ¿Qué buscamos nosotros? Ellos no buscaban riquezas, que, evidentemente, ya poseían; no buscaban prestigio, que evidentemente, ya tenían. Buscaban la verdad de Dios. Buscaban a aquel a quien debían rendir homenaje por sobre todas las cosas. Lo buscaban dejando atrás su propia comodidad y sin importarles la dificultad o lo largo del camino. ¿Cómo buscamos a Dios? ¿Cómo salimos de nosotros mismos, de nuestra propia comodidad, de nuestra propia búsqueda de cosas materiales, para buscar la verdad de Dios? ¿Cómo respondemos a su llamada?

Los Magos ofrecen a Jesús el oro de su reconocimiento porque él es Rey; nosotros no tenemos seguramente oro material, pero nuestro oro será reconocer que nada es más importante que él, nuestro único Rey y Señor. Ellos ofrecen el incienso para reconocer que es Dios; nosotros debemos reconocer que a veces hacemos de las cosas pequeños dioses, pequeños ídolos, pero que queremos ofrecer el incienso al único Dios. Ellos ofrecen la mirra del dolor humano, del dolor del mundo, y podemos hacer lo mismo. Más allá de los regalos que nos traían los Reyes cuando éramos niños, miramos ese regalo de Dios en nuestra vida, todas y cada una de las personas con las que convivimos, y, agradecidos, nos ofrecemos nosotros mismos en servicio reverente. (C.A.) ■

VIVIENDO NUESTRA FE

Escuchamos críticas sobre el exceso de regalo y gastos por la Navidad. El *Catecismo de la Iglesia Católica* (no. 2223) recomienda a los padres "enseñar a sus hijos a subordinar las dimensiones materiales e instintivas a las interiores y espirituales". Es necesario reconsiderar el sentido de los regalos para que reflejen lo que Dios, en su Encarnación, nos viene a traer.

PARA LA REFLEXIÓN

1. ¿Qué tipo de regalos son superfluos y cuáles significativos?

2. ¿Qué regalo significativo (mis cosas, mi tiempo, mi atención) hago a los demás?

3. ¿Qué hacemos en mi familia o grupo de fe, para alentar los regalos espirituales?

LECTURAS SEMANALES
enero 6–11

L 1 Jn 3:22 — 4:6; Mt 4:12–17, 23–25

M 1 Jn 4:7–10; Mc 6:34–44

M 1 Jn 4:11–18; Mc 6:45–52

J 1 Jn 4:19 — 5:4; Lc 4:14–22a

V 1 Jn 5:5–13; Mc 1:7–11

S 1 Jn 5:14–21; Jn 2:1–11

12 de enero de 2020   Bautismo del Señor

Primera lectura

Isaías 42:1–4, 6–7

Esto dice el Señor: / "Miren a mi siervo, a quien sostengo, / a mi elegido, en quien tengo mis complacencias. / En él he puesto mi espíritu / para que haga brillar la justicia sobre las naciones.

No gritará, no clamará, no hará oír su voz por las calles; / no romperá la caña resquebrajada, / ni apagará la mecha que aún humea. / Promoverá con firmeza la justicia, / no titubeará ni se doblegará / hasta haber establecido el derecho sobre la tierra / y hasta que las islas escuchen su enseñanza.

Yo, el Señor, / fiel a mi designio de salvación, / te llamé, te tomé de la mano, te he formado / y te he constituido alianza de un pueblo, / luz de las naciones, / para que abras los ojos de los ciegos, / saques a los cautivos de la prisión / y de la mazmorra a los que habitan en tinieblas".

Salmo responsorial

Salmo 28:1a y 2, 3ac–4, 3b y 9c–10

R. El Señor bendice a su pueblo con la paz.

Hijos de Dios, aclamen al Señor, aclamen la gloria del nombre del Señor, póstrense ante el Señor en el atrio sagrado. **R.**

La voz del Señor sobre las aguas, el Señor sobre las aguas torrenciales. La voz del Señor es potente, la voz del Señor es magnífica. **R.**

El Dios de la gloria ha tronado. En su templo, un grito unánime: ¡Gloria! El Señor se sienta por encima del aguacero, el Señor se sienta como rey eterno. **R.**

Segunda lectura

Hechos 10:34–38

En aquellos días, Pedro se dirigió a Cornelio y a los que estaban en su casa, con estas palabras: "Ahora caigo en la cuenta de que Dios no hace distinción de personas, sino que acepta al que lo teme y practica la justicia, sea de la nación que fuere. Él envió su palabra a los hijos de Israel, para anunciarles la paz por medio de Jesucristo, Señor de todos.

Ya saben ustedes lo sucedido en toda Judea, que tuvo principio en Galilea, después del bautismo predicado por Juan: cómo Dios ungió con el poder del Espíritu Santo a Jesús de Nazaret y cómo éste pasó haciendo el bien, sanando a todos los oprimidos por el diablo, porque Dios estaba con él".

Evangelio

Mateo 3:13–17

En aquel tiempo, Jesús llegó de Galilea al río Jordán y le pidió a Juan que lo bautizara. Pero Juan se resistía, diciendo: "Yo soy quien debe ser bautizado por ti, ¿y tú vienes a que yo te bautice?" Jesús le respondió: "Haz ahora lo que te digo, porque es necesario que así cumplamos todo lo que Dios quiere". Entonces Juan accedió a bautizarlo.

Al salir Jesús del agua, una vez bautizado, se le abrieron los cielos y vio al Espíritu de Dios, que descendía sobre él en forma de paloma y oyó una voz que decía, desde el cielo: "Éste es mi Hijo muy amado, en quien tengo mis complacencias".

Enviados a servir

CON MUCHA ALEGRÍA celebramos siempre los bautizos de nuestros niños, lo mismo que el de los catecúmenos en la Vigilia Pascual. Es su entrada en la comunidad de fe que es la Iglesia. La fiesta que hacemos celebra la liberación que nos da Cristo nuestro Señor. Pero celebrar el Bautismo del Señor puede resultarnos un poco sorprendente: si Cristo mismo es la salvación, ¡él no necesita el Bautismo! Y esto es lo que ya reconocía Juan. Sin embargo, el Bautismo del Señor ofrece una poderosa reflexión sobre la misión de Cristo, su Unción, es decir, el reconocimiento de que es el Mesías, el Ungido de Dios, pero al mismo tiempo, nos lleva a reflexionar sobre nuestra propia misión bautismal.

En la lectura tomada del libro de Isaías, se presenta al Siervo de Dios, el ungido por el Espíritu y se hace una especie de listado de sus funciones: liberar a los cautivos, dar buenas noticias a los pobres, consolar a los afligidos. Es el pasaje que más tarde repetirá Jesús en la sinagoga de Cafarnaúm, para plantear el programa que Jesús llevará a cabo como el Ungido de Dios. Justamente, esto se confirmó al final del bautismo en las palabras: "Éste es mi hijo amado; escúchenlo".

Lo que hemos dicho, nos representa un gran desafío, porque en nuestro propio Bautismo, se nos dice que somos los siervos elegidos del Señor. Por lo mismo, nos corresponden las mismas tareas anejas a la unción: anunciar la buena noticia del amor de Dios, liberar a quienes están oprimidos por las situaciones de la vida, consolar a los que sufren y abrir los ojos a quienes andan en la tiniebla de la mentira y la confusión. Al contemplar al Señor, que llega para ser bautizado, recordamos nuestro propio Bautismo y el hecho de que, cristianos, aceptamos la misión de Cristo. Esto no es algo que se pueda tomar a la ligera. Aunque es algo muy serio y exigente, escuchamos al mismo tiempo el eco de las palabras referidas a Cristo: "Éste es mi hijo amado". En ese eco nos reconocemos y nos vamos modelando a lo que nos llama: somos los hijos amados de Dios, y, por lo tanto, compartimos en esa misma misión.

La misión es muy superior a nuestra fuerza y capacidad. Sin embargo, no estamos solos ni es por nuestro solo esfuerzo que la llevamos a cabo, sino con la gracia y la fuerza de Cristo que tomó todo lo nuestro y nos dio todo lo suyo. Así son los hijos que Dios ama. (P.A.) ∎

VIVIENDO NUESTRA FE

Del Bautismo, el catecismo nos recuerda que "es un nacimiento a la vida nueva en Cristo… por la cual la persona es hecha hija adoptiva del Padre, miembro de Cristo, templo del Espíritu Santo" (*Catecismo de la Iglesia Católica*, nos. 1277, 1279). Esto tiene sentido solo en una comunidad de fe. La elección y la misión de la unción es hacer reconocible quiénes somos por lo que hacemos en la comunidad.

PARA REFLEXIONAR

1. ¿Cuál es la mayor dignidad que nuestra sociedad otorga a sus miembros?

2. ¿Cómo revive usted la gracia y la fuerza del Bautismo?

3. ¿Dónde percibe usted que hay necesidad de proclamar la buena noticia?

LECTURAS SEMANALES
enero 13-18

L 1 Sm 1:1–8; Mc 1:14–20

M 1 Sm 1:9–20; Mc 1:21–28

M 1 Sm 3:1–10, 19–20; Mc 1:29–39

J 1 Sm 4:1–11; Mc 1:40–45

V 1 Sm 8:4–7, 10–22a; Mc 2:1–12

S 1 Sm 9:1–4, 17–19; 10:1a; Mc 2:13–17

Tiempo Ordinario
en invierno

Salmo 147
12–20

¡Glorifica al Señor, Jerusalén,
    y a Dios ríndele honores, oh Sión!

Él afirma las trancas de tus puertas,
    y bendice a tus hijos en tu casa.
Él mantiene la paz en tus fronteras,
    te da del mejor trigo en abundancia.

Él envía a la tierra su mensaje:
    y su palabra corre velozmente.

Él nos manda la nieve como lana
    y derrama la escarcha cual ceniza.

Como migajas de pan lanza el granizo,
    se congelan las aguas con su frío.
Envía su palabra y se derriten,
    sopla su viento y se echan a correr.

A Jacob le mostró su pensamiento,
    sus mandatos y juicios a Israel.
No ha hecho cosa igual con ningún pueblo,
    ni les ha confiado a otros sus proyectos.

19 de enero de 2020   II Domingo Ordinario

Primera lectura
Isaías 49:3, 5–6

El Señor me dijo: / "Tú eres mi siervo, Israel; / en ti manifestaré mi gloria".

Ahora habla el Señor, / el que me formó desde el seno materno, / para que fuera su servidor, / para hacer que Jacob volviera a él / y congregar a Israel en torno suyo / —tanto así me honró el Señor / y mi Dios fue mi fuerza—. / Ahora, pues, dice el Señor: / "Es poco que seas mi siervo / sólo para restablecer a las tribus de Jacob / y reunir a los sobrevivientes de Israel; / te voy a convertir en luz de las naciones, / para que mi salvación llegue / hasta los últimos rincones de la tierra".

Salmo responsorial
Salmo 39:2 y 4ab, 7–8a, 8b–9, 10

R. Aquí estoy, Señor, para hacer tu voluntad.

Yo esperaba con ansia al Señor: él se inclinó y escuchó mi grito; me puso en la boca un cántico nuevo, un himno a nuestro Dios. **R.**

Tú no quieres sacrificios ni ofrendas, y, en cambio, me abriste el oído; no pides sacrificio expiatorio, entonces yo digo: "Aquí estoy". **R.**

Como está escrito en mi libro: "para hacer tu voluntad". Dios mío, lo quiero, y llevo tu ley en las entrañas. **R.**

He proclamado tu salvación ante la gran asamblea; no he cerrado los labios, Señor, tú lo sabes. **R.**

Segunda lectura
1 Corintios 1:1–3

Yo, Pablo, apóstol de Jesucristo por voluntad de Dios, y Sóstenes, mi colaborador, saludamos a la comunidad cristiana que está en Corinto. A todos ustedes, a quienes Dios santificó en Cristo Jesús y que son su pueblo santo, así como a todos aquellos que en cualquier lugar invocan el nombre de Cristo Jesús, Señor nuestro y Señor de ellos, les deseo la gracia y la paz de parte de Dios, nuestro Padre, y de Cristo Jesús, el Señor.

Evangelio
Juan 1:29–34

En aquel tiempo, vio Juan el Bautista a Jesús, que venía hacia él, y exclamó: "Éste es el Cordero de Dios, el que quita el pecado del mundo. Éste es aquel de quien yo he dicho: 'El que viene después de mí, tiene precedencia sobre mí, porque ya existía antes que yo'. Yo no lo conocía, pero he venido a bautizar con agua, para que él sea dado a conocer a Israel".

Entonces Juan dio este testimonio: "Vi al Espíritu descender del cielo en forma de paloma y posarse sobre él. Yo no lo conocía, pero el que me envió a bautizar con agua me dijo: 'Aquél sobre quien veas que baja y se posa el Espíritu Santo, ése es el que ha de bautizar con el Espíritu Santo'. Pues bien, yo lo vi y doy testimonio de que éste es el Hijo de Dios".

---

25 de enero de 2020
Conversión de san Pablo
Hch 22:3–16 o 9:1–22; Mc 16:15–18

Tú eres el Cordero, ¡ten piedad!

LOS ESTUDIOS BÍBLICOS pueden identificar tensiones en las primeras comunidades cristianas entre los seguidores de Jesús y los de Juan Bautista, entre otras. Sin duda que Juan Bautista anunció el mensaje inspirado por el Espíritu con gran fervor, y el impacto que provocaron tanto su personalidad como sus palabras resonó en numerosos corazones. Los Hechos de los Apóstoles relatan (19:2) que había personas que solo habían recibido el mensaje y el bautismo de Juan, pero todavía no habían oído de Jesús. El evangelio de san Juan ofrece una aclaración: Juan hizo una excelente introducción de Jesús, porque lo identificó como alguien superior a él, señaló su misión salvífica y dio su testimonio de él.

Juan Bautista tuvo especial importancia en los orígenes del movimiento de Jesús. Jesús mismo dedica a su pariente alabanzas que no dirigió a nadie más. Por su cuenta, sin embargo, el evangelio de hoy, es claro en presentarnos a Jesús como el "Cordero de Dios". Este título resume y concretiza lo anunciado de él en el Antiguo Testamento. Jesús es cordero en su paralelismo con la Pascua, señala la misión que tiene que ver con la liberación más profunda de los humanos, y refiere al Apocalipsis, a las profecías de la victoria definitiva del Cordero instaurando los tiempos nuevos.

En el mundo sobreabunda el pecado. Hay pecado en su superficie y en lo profundo. En nuestro mundo hay pecado grave y leve. La lectura de hoy nos dice que Juan se entregó de lleno a preparar el camino, con oración sincera, con austeridad, dando un mensaje de que solo basta la fuerza de Dios. Juan conocía sus límites y que el pueblo necesita a otro, para poder ser salvado; no basta con dejar en las aguas del Jordán sus pecados confesados públicamente. El Espíritu habrá de derramar su fuego purificador y renovador que nunca cesa.

El mensaje de Juan tiene tonos de mensaje apocalíptico: si no hay un cambio en el mundo habrá consecuencias fatales. Jesús nos trajo una buena noticia, anunciada por los profetas y que nos rescata de la perdición final. Él "quita el pecado del mundo", como recordamos en cada Eucaristía, y lo invocamos para que nos alcance compasión y paz de Dios. (P.A.) ∎

VIVIENDO NUESTRA FE

El *Compendio de la doctrina social de la Iglesia* (CDSI, no. 63) nos anima a recibir el Evangelio como un mensaje que libera y conduce al ser humano a su plenitud. El Evangelio es eficaz en los corazones donde llega, y se traduce en proyectos de justicia, de paz, de amor y libertad. Todas las instituciones y esfuerzos humanos, incluida la Iglesia, no deben buscar, sino que esa plenitud sea alcanzada por cada ser humano.

PARA REFLEXIONAR

1. ¿Qué dificultades representa a nuestros contemporáneos presentar a Jesús como Cordero de Dios?

2. ¿Qué significa para usted que Jesús es el Cordero de Dios que quita el pecado del mundo?

3. ¿Cómo aporta nuestro grupo los dones del Espíritu Santo a nuestro mundo?

LECTURAS SEMANALES
enero 20–25

L 1 Sam 15:16–23; Mc 2:18–22

M 1 Sam 16:1–13; Mc 2:23–28

M 1 Sam 17:32–33, 37, 40–51; Mc 3:1–6

J 1 Sam 18:6–9; 19:1–7; Mc 3:7–12

V 1 Sam 24:3–21; Mc 3:13–19

S *Conversión de san Pablo*

26 de enero de 2020 III Domingo Ordinario

Primera lectura

Isaías 8:23 — 9:3

En otro tiempo el Señor humilló al país de Zabulón y al país de Neftalí; pero en el futuro llenará de gloria el camino del mar, más allá del Jordán, en la región de los paganos.

El pueblo que caminaba en tinieblas / vio una gran luz; / sobre los que vivían en tierra de sombras, / una luz resplandeció.

Engrandeciste a tu pueblo / e hiciste grande su alegría. / Se gozan en tu presencia como gozan al cosechar, / como se alegran al repartirse el botín.

Porque tú quebrantaste su pesado yugo, / la barra que oprimía sus hombros / y el cetro de su tirano, / como en el día de Madián.

Salmo responsorial

Salmo 26:1, 4, 13–14

R. El Señor es mi luz y mi salvación.

El Señor es mi luz y mi salvación, ¿a quién temeré? El Señor es la defensa de mi vida, ¿quién me hará temblar? **R.**

Una cosa pido al Señor, eso buscaré: habitar en la casa del Señor por los días de mi vida; gozar de la dulzura del Señor contemplando su templo. **R.**

Espero gozar de la dicha del Señor en el país de la vida. Espera en el Señor, sé valiente, ten ánimo, espera en el Señor. **R.**

Segunda lectura

1 Corintios 1:10–13, 17

Hermanos: Los exhorto, en nombre de nuestro Señor Jesucristo, a que todos vivan en concordia y no haya divisiones entre ustedes, a que estén perfectamente unidos en un mismo sentir y en un mismo pensar.

Me he enterado, hermanos, por algunos servidores de Cloe, de que hay discordia entre ustedes. Les digo esto, porque cada uno de ustedes ha tomado partido, diciendo: "Yo soy de Pablo", "Yo soy de Apolo", "Yo soy de Pedro", "Yo soy de Cristo". ¿Acaso Cristo está dividido? ¿Es que Pablo fue crucificado por ustedes? ¿O han sido bautizados ustedes en nombre de Pablo?

Por lo demás, no me envió Cristo a bautizar, sino a predicar el evangelio, y eso, no con sabiduría de palabras, para no hacer ineficaz la cruz de Cristo.

Evangelio

Mateo 4:12–23

Al enterarse Jesús de que Juan había sido arrestado, se retiró a Galilea, y dejando el pueblo de Nazaret, se fue a vivir a Cafarnaúm, junto al lago, en territorio de Zabulón y Neftalí, para que así se cumpliera lo que había anunciado el profeta Isaías:

Tierra de Zabulón y Neftalí, camino del mar, al otro lado del Jordán, Galilea de los paganos. El pueblo que caminaba en tinieblas vio una gran luz. Sobre los que vivían en tierra de sombras una luz resplandeció.

Desde entonces comenzó Jesús a predicar, diciendo: "Conviértanse, porque ya está cerca el Reino de los cielos".

Una vez que Jesús caminaba por la ribera del mar de Galilea, vio a dos hermanos, Simón, llamado después Pedro, y Andrés, los cuales estaban echando las redes al mar, porque eran pescadores. Jesús les dijo: "Síganme y los haré pescadores de hombres". Ellos inmediatamente dejaron las redes y lo siguieron. Pasando más adelante, vio a otros dos hermanos, Santiago y Juan, hijos de Zebedeo, que estaban con su padre en la barca, remendando las redes, y los llamó también. Ellos, dejando enseguida la barca y a su padre, lo siguieron.

Andaba por toda Galilea, enseñando en las sinagogas y proclamando la buena nueva del Reino de Dios y curando a la gente de toda enfermedad y dolencia.

Forma breve: Mateo 4:12–17

Brille tu palabra en las tinieblas

JESÚS COMIENZA una misión novedosa para su tiempo, y elige las tierras fronterizas llamadas de Zabulón y Neftalí, que corresponden al norte de la Tierra Santa que colinda con los pueblos entonces llamados "paganos". Tierras difíciles, quizá llamaríamos con palabras del papa Francisco: "las periferias". El evangelista Mateo retoma la profecía de Isaías que califica esos territorios como "asentados en la oscuridad". Por eso, la presencia de Jesús les representa la luz. Pero no es una luz exclusiva de Galilea. No. Pensemos que la oscuridad es el resultado del alejamiento de la ley y de la alianza con Dios. Consideremos en el ritmo de las peregrinaciones y en los sacrificios y ritos marcados por el calendario del templo, en los esfuerzos por cumplir las minuciosas regulaciones de pureza en todos los ámbitos de la vida. Todo estaba ordenado y andaba lo mejor que se podía. Por eso, la aparición del profeta Juan levantó un tremendo revuelo, que solo aminoró cuando lo metieron en la cárcel. Entonces sonó la hora de Jesús.

Para su quehacer, Jesús no elige Jerusalén ni otra ciudad importante, ni el templo, sino una zona alejada, donde se instala y comienza a reunir a sus primeros seguidores, allí, en sus lugares de trabajo. Cafarnaúm es pueblo de pescadores y hombres rudos, y el evangelio tiene pocos verbos para describir la prontitud de su reacción al ser invitados. Jesús les dijo: "Síganme". Galilea fue para Jesús esa tierra generosa y cálida. Los primeros cuatro seguidores, igual que el resto de ellos, dejan lo que tienen. ¿Dejaron pocas cosas? Dejaron una barca, unas redes, una familia. Lo dejaron todo. Aquella era su vida y todo lo que tenían. Ellos siguieron a Jesús, porque lo vieron como una luz en aquel horizonte oscuro y sin brillo alguno.

El resumen final de la lectura comprime lo que será el ministerio de Jesús: Anunciar el Reino, animar a todos al cambio de vida, y la sanación de las dolencias y padecimientos. Comprender qué es Reino de Dios nos llevará a releer el evangelio. ¿Qué pasará si Dios viene a reinar, o, si ya ha comenzado su reinado? Allí donde brilla la luz, Dios comienza a reinar. (P.A.) ∎

VIVIENDO NUESTRA FE

La doctrina social de la Iglesia nos orienta para hacer realidad una evangelización transformadora, como la que Jesús y sus primeros discípulos anunciaron con entusiasmo. Jesús sanaba y nuestra evangelización debe tocar también las situaciones concretas. "Entre evangelización y promoción humana, debe haber lazos concretos" (CDSI, no. 66). De la doctrina social católica debe derivar una acción eficaz. La evangelización que cruza fronteras y llega a las periferias humanas, no puede llevar solo palabras, sino con la palabra salud, consuelo y alivio.

PARA REFLEXIONAR

1. ¿Qué o quiénes son las "luces" que inspiran a obrar el bien en nuestro entorno?

2. ¿Se ha sentido usted invitado a seguir a Jesús, como los cuatro primeros discípulos?

3. ¿Qué tipo de evangelización requiere nuestra sociedad actual?

LECTURAS SEMANALES
enero 27– febrero 1

L 2 Sam 5:1–7, 10; Mc 3:22–30

M 2 Sam 6:12b–15, 17–19; Mc 3:31–35

M 2 Sam 7:4–17; Mc 4:1–20

J 2 Sam 7:18–19, 24–29; Mc 4:21–25

V 2 Tim 1:1–8 o Tit 1:1–5; Mc 4:26–34

S 2 Sam 12:1–7a, 10–17; Mc 4:35–41

2 de febrero de 2020 — Presentación del Señor

Primera lectura

Malaquías 3:1–4

Esto dice el Señor: "He aquí que yo envío a mi mensajero. El preparará al camino delante de mí. De improviso entrará en el santuario el Señor, a quien ustedes buscan, el mensajero de la alianza a quien ustedes desean. Miren: Ya va entrando, dice el Señor de los ejércitos.

¿Quién podrá soportar el día de su venida? ¿Quién quedará en pie cuando aparezca? Será como fuego de fundición, como la lejía de los lavanderos. Se sentará como un fundidor que refina la plata; como a la plata y al oro, refinará a los hijos de Leví y así podrán ellos ofrecer, como es debido, las ofrendas al Señor. Entonces agradará al Señor la ofrenda de Judá y de Jerusalén, como en los días pasados, como en los años antiguos".

Salmo responsorial

Salmo 23:7, 8, 9, 10

R. El Señor, Dios de los ejércitos: él es el Rey de la gloria.

¡Portones, alcen los dinteles, que se alcen las antiguas compuertas: va a entrar el Rey de la gloria! **R.**

¿Quién es ese Rey de la gloria? —El Señor, héroe valeroso; el Señor, héroe de la guerra. **R.**

¡Portones, alcen los dinteles, que se alcen las antiguas compuertas: va a entrar el Rey de la gloria! **R.**

¿Quién es ese Rey de la gloria? —El Señor, Dios de los ejércitos: él es el Rey de la gloria. **R.**

Segunda lectura

Hebreos 2:14–18

Hermanos: Todos los hijos de una familia tienen la misma sangre; por eso, Jesús quiso ser de nuestra misma sangre, para destruir con su muerte al diablo, que mediante la muerte, dominaba a los hombres, y para liberar a aquellos que, por temor a la muerte, vivían como esclavos toda su vida.

Pues como bien saben, Jesús no vino a ayudar a los ángeles, sino a los descendientes de Abraham; por eso tuvo que hacerse semejante a sus hermanos en todo, a fin de llegar a ser sumo sacerdote, misericordioso con ellos y fiel en las relaciones que median entre Dios y los hombres, y expiar así los pecados del pueblo. Como él mismo fue probado por medio del sufrimiento, puede ahora ayudar a los que están sometidos a la prueba.

Evangelio

Lucas 2:22–32

Transcurrido el tiempo de la purificación de María, según la ley de Moisés, ella y José llevaron al niño a Jerusalén para presentarlo al Señor, de acuerdo con lo escrito en la ley: *Todo primogénito varón será consagrado al Señor,* y también para ofrecer, como dice la ley, *un par de tórtolas o dos pichones.*

Vivía en Jerusalén un hombre llamado Simeón, varón justo y temeroso de Dios, que aguardaba el consuelo de Israel; en él moraba el Espíritu Santo, el cual le había revelado que no moriría sin haber visto antes al Mesías del Señor. Movido por el Espíritu, fue al templo, y cuando José y María entraban con el niño Jesús para cumplir con lo prescrito por la ley, Simeón lo tomó en brazos y bendijo a Dios, diciendo:

"Señor, ya puedes dejar morir en paz a tu siervo, según lo que me habías prometido, porque mis ojos han visto a tu Salvador, al que has preparado para bien de todos los pueblos; luz que alumbra a las naciones y gloria de tu pueblo, Israel".

Forma larga: Lucas 2:22–40

Conocerte y reconocerte con mis ojos y mi corazón

UNA DE las tradiciones hispanas que constantemente encontramos en las parroquias es la de presentar los niños en las iglesias. Los padres llevan orgullosos a sus hijos y se regocijan al escuchar el ofrecimiento que se recita ante el altar. También a Jesús lo presentaron en el templo cumpliendo la ley y las tradiciones judías. Es casi seguro que sus padres llegarían al templo uniéndose a procesiones, oraciones y llevando también ofrendas para los pobres. María participó del misterio de la vida y al terminar su cuarentena subió al templo para cumplir los ritos purificación ella también.

Con aquella familia que presenta a su primer hijo, se abre una experiencia espiritual para todo el pueblo: dos ancianos reconocen en aquel niño, el esperado de los siglos en Israel. Gritan con gozo el cumplimiento de las profecías. Debió ser una escena sorpresiva para los padres, que quizá esperaban alguna bendición casi silenciosa. Cuando una mamá lleva a su hijo al templo, lo arropa y lo presenta embellecido, generalmente hay comentarios para los bebés sobre su belleza y ternura y las madres sonríen satisfechas. De Jesús escuchamos más que piropos: "Este niño será la luz que alumbre a las naciones y la gloria de Israel". Es un testimonio profético de fe, que alcanza también a María, a la que "una espada atravesará tu corazón". A ella la toca la cruz del Mesías, antes que a nadie.

José calla, como siempre; quizá asombrado ante estas alabanzas proféticas que arranca el Espíritu a los ancianos.

Hoy es la fiesta de la Candelaria. En la Iglesia de Oriente se veía a María como el precioso candelabro que portaba la luz nuevamente encendida por Cristo, que antes había sido apagada por el pecado. En la Oración Colecta, pedimos la purificación de nuestro espíritu para ser presentados ante Dios. (P.A.) ■

VIVIENDO NUESTRA FE

El *Compendio de la doctrina social de la Iglesia* (no. 542s) anima a los laicos o fieles bautizados en la tarea de ser verdadera luz que alumbre como se profetiza de la misión de Jesús. El bautizado es otro Cristo. A partir de los sacramentos contamos con la gracia de transformar nuestros ambientes. Es "don y tarea" llevar a todos los escenarios sociales nuestro testimonio de la verdad del Evangelio.

PARA REFLEXIONAR

1. ¿Cómo se expresa la alegría y esperanza por el nacimiento de un niño?

2. ¿Tiene usted algún signo para recordar la luz de Cristo?

3. ¿Cómo apoyan nuestras comunidades a las parejas que recién han tenido un hijo?

LECTURAS SEMANALES
febrero 3–8

L   2 Sam 15:13–14, 30; 16:5–13; Mc 5:1–20

M   2 Sam 18:9–10, 14b, 24–25a, 30 — 19:3; Mc 5:21–43

M   2 Sam 24:2, 9–17; Mc 6:1–6

J   1 Re 2:1–4, 10–12; Mc 6:7–13

V   Sir 47:2–11; Mc 6:14–29

S   1 Re 3:4–13; Mc 6:30–34

9 de febrero de 2020   V Domingo Ordinario

Primera lectura

Isaías 58:7–10

Esto dice el Señor: / "Comparte tu pan con el hambriento, / abre tu casa al pobre sin techo, / viste al desnudo / y no des la espalda a tu propio hermano.

Entonces surgirá tu luz como la aurora / y cicatrizarán de prisa tus heridas; / te abrirá camino la justicia / y la gloria del Señor cerrará tu marcha.

Entonces clamarás al Señor y él te responderá; / lo llamarás, y él te dirá: 'Aquí estoy'.

Cuando renuncies a oprimir a los demás / y destierres de ti el gesto amenazador / y la palabra ofensiva; / cuando compartas tu pan con el hambriento / y sacies la necesidad del humillado, / brillará tu luz en las tinieblas / y tu oscuridad será como el mediodía".

Salmo responsorial

Salmo 111:4–5, 6–7, 8a y 9

R. El justo brilla en las tinieblas como una luz.

En las tinieblas brilla como una luz el que es justo, clemente y compasivo. Dichoso el que se apiada y presta y administra rectamente sus asuntos. **R.**

El justo jamás vacilará, su recuerdo será perpetuo. No temerá las malas noticias, su corazón está firme en el Señor. **R.**

Su corazón está seguro, sin temor, reparte limosna a los pobres, su caridad es constante, sin falta, y alzará la frente con dignidad. **R.**

Segunda lectura

1 Corintios 2:1–5

Hermanos: Cuando llegué a la ciudad de ustedes para anunciarles el Evangelio, no busqué hacerlo mediante la elocuencia del lenguaje o la sabiduría humana, sino que resolví no hablarles sino de Jesucristo, más aún, de Jesucristo crucificado.

Me presenté ante ustedes débil y temblando de miedo. Cuando les hablé y les prediqué el Evangelio, no quise convencerlos con palabras de hombre sabio; al contrario, los convencí por medio del Espíritu y del poder de Dios, a fin de que la fe de ustedes dependiera del poder de Dios y no de la sabiduría de los hombres.

Evangelio

Mateo 5:13–16

En aquel tiempo, Jesús dijo a sus discípulos: "Ustedes son la sal de la tierra. Si la sal se vuelve insípida, ¿con qué se le devolverá el sabor? Ya no sirve para nada y se tira a la calle para que la pise la gente.

Ustedes son la luz del mundo. No se puede ocultar una ciudad construida en lo alto de un monte; y cuando se enciende una vela, no se esconde debajo de una olla, sino que se pone sobre un candelero, para que alumbre a todos los de la casa.

Que de igual manera brille la luz de ustedes ante los hombres, para que viendo las buenas obras que ustedes hacen, den gloria a su Padre, que está en los cielos".

Ser sal y luz, ser gracia que se comparte

CON DOS imágenes expresa Jesús la tarea y el deber de los discípulos de cara al Reino de Dios: la sal y la luz. Todos conocemos la sal y la luz por ser simples y esenciales en la vida. Jesús instituye a sus discípulos como sal y luz del mundo, no para sí mismos.

Cuando vemos una luz encendida en pleno día, cerca de la ventana luminosa, pensamos: "qué desperdicio, apaguen esa luz". La luz es necesaria en la oscuridad como la sal es necesaria para darle gusto a la comida. La luz tiene inmenso poder contra las tinieblas que parecen invencibles. En los apagones largos, cuando nos preocupa tropezar y perder orientación, la mínima llama de un cerillo nos devuelve la seguridad tremenda de dónde estamos y dónde están las cosas. Por eso, la luz también vino a ser símbolo del poder de la palabra de Dios en medio del mundo. Ella nos da la certeza de conocer la voluntad del Señor, como repite el Salmo: "Lámpara es tu palabra para mis pasos, luz en mi camino…". Pero ya desde el Antiguo Testamento, el desafío era cumplir esos mandatos y no solo el saberlos de memoria. Ponerlos en práctica con todo el corazón y todas las fuerzas.

Para los discípulos, los valores del Reino de Dios no son para su enriquecimiento personal, porque o tienen un fin misionero, o no se han entendido. La sal y la luz se entregan, disuelven, se expanden. Ese disolverse de la sal y la luz podemos entenderla como entrega total y generosa. El papa Francisco una y otra vez insiste en ir al mundo, generosos como sal, entusiastas como luz. Mucha gente malinterpreta este envío, temiendo que la iglesia se quede vacía o que quienes ya están sirviendo y ayudando se vayan dejando los ministerios vacíos, pero la observación del papa Francisco surge justo en la visión de Jesús que la vocación del discípulo no se guarda, porque es para transformar el mundo. Será nuestro obrar el que provoque el cambio en el mundo y eso sí dará gloria a Dios. (P.A.) ■

VIVIENDO NUESTRA FE

La Iglesia es maestra de la verdad del Evangelio y le compete llevarlo a las realidades más diversas del mundo. ¿Quién lo hace? Cada fiel cristiano con su vida entera y en todas sus relaciones, "en modo de no abandonar nada a un ámbito profano y mundano, irrelevante o extraño a la salvación" (ver CDSI, no. 70). Ninguna realidad humana ha de quedar excluida de la verdad de Cristo Jesús.

PARA REFLEXIONAR

1. Piense en las personas generosas de su entorno ¿Qué entregan?

2. ¿Qué o quién le inyecta entusiasmo y afecto a su vida? ¿Por quién se desvive usted?

3. ¿De qué maneras promueve su parroquia la doctrina social de la Iglesia?

LECTURAS SEMANALES
febrero 10–15

L 1 Re 8:1–7, 9–13; Mc 6:53–56

M 1 Re 8:22–23, 27–30; Mc 7:1–13

M 1 Re 10:1–10; Mc 7:14–23

J 1 Re 11:4–13; Mc 7:24–30

V 1 Re 11:29–32; 12:19; Mc 7:31–37

S 1 Re 12:26–32; 13:33–34; Mc 8:1–10

16 de febrero de 2020　VI Domingo Ordinario

Primera lectura

Eclesiástico 15:15–20

Si tú lo quieres, puedes guardar los mandamientos; / permanecer fiel a ellos es cosa tuya. / El Señor ha puesto delante de ti fuego y agua; / extiende la mano a lo que quieras. / Delante del hombre están la muerte y la vida; / le será dado lo que él escoja.

Es infinita la sabiduría del Señor; / es inmenso su poder y él lo ve todo. / Los ojos del Señor ven con agrado / a quienes lo temen; / el Señor conoce a todas las obras del hombre. / A nadie le ha mandado ser impío / y a nadie le ha dado permiso de pecar.

Salmo responsorial

Salmo 118:1–2, 4–5, 17–18, 33–34

R. Dichosos los que caminan en la voluntad del Señor.

Dichoso el que con vida intachable camina en la voluntad del Señor; dichoso el que guardando sus preceptos lo busca de todo corazón. **R.**

Tú promulgas tus decretos para que se observen exactamente; ¡ojalá esté firme mi camino para cumplir tus consignas! **R.**

Haz bien a tu siervo: viviré y cumpliré tus palabras; ábreme los ojos y contemplaré las maravillas de tu voluntad. **R.**

Muéstrame, Señor, el camino de tus leyes y lo seguiré puntualmente; enséñame a cumplir tu voluntad y a guardarla de todo corazón. **R.**

Segunda lectura

I Corintios 2:6–10

Hermanos: Es cierto que a los adultos en la fe les predicamos la sabiduría, pero no la sabiduría de este mundo ni la de aquellos que dominan al mundo, los cuales van a quedar aniquilados. Por el contrario, predicamos una sabiduría divina, misteriosa, que ha permanecido oculta y que fue prevista por Dios desde antes de los siglos, para conducirnos a la gloria. Ninguno de los que dominan este mundo la conoció, porque, de haberla conocido, nunca hubieran crucificado al Señor de la gloria.

Pero lo que nosotros predicamos es, como dice la Escritura, que *lo que Dios ha preparado para los que lo aman, ni el ojo lo ha visto, ni el oído lo ha escuchado, ni la mente del hombre pudo siquiera haberlo imaginado.* A nosotros, en cambio, Dios nos lo ha revelado por el Espíritu que conoce perfectamente todo, hasta lo más profundo de Dios.

Evangelio

Mateo 5:20–22a, 27–28, 33–37

En aquel tiempo, Jesús dijo a sus discípulos: "Les aseguro que si su justicia no es mayor que la de los escribas y fariseos, ciertamente no entrarán ustedes en el Reino de los cielos.

Han oído ustedes que se dijo a los antiguos: *No matarás y el que mate será llevado ante el tribunal.* Pero yo les digo: Todo el que se enoje con su hermano, será llevado también ante el tribunal.

También han oído que se dijo a los antiguos: *No cometerás adulterio.* Pero yo les digo que quien mire con malos deseos a una mujer, ya cometió adulterio con ella en su corazón.

Han oído ustedes que se dijo a los antiguos: *No jurarás en falso y le cumplirás al Señor lo que le hayas prometido con juramento.* Pero yo les digo: No juren de ninguna manera, ni por el cielo, que es el trono de Dios; ni por la tierra, porque es donde él pone los pies; ni por Jerusalén, que es la ciudad del gran Rey.

Tampoco jures por tu cabeza, porque no puedes hacer blanco o negro uno solo de tus cabellos. Digan simplemente sí, cuando es sí; y no, cuando es no. Lo que se diga de más, viene del maligno".

Forma larga: *Mateo 5:17–37*

Amor es ley y mandato

LOS ADOLESCENTES suelen cuestionar las reglas que les ponen los adultos, pues sospechan que les restringen su libertad. Una amiga enfermera tomaba a mal la insistencia de sus padres de que no estuviera fuera de casa por la noche. Esos consejos le parecían pasados de moda y fastidiosos, hasta que, en el hospital le tocó trabajar en el turno nocturno. Entonces se dio cuenta, cuántas personas llegaban heridas o lastimadas a altas horas de la noche, y entendió que aquellas medidas previsoras de sus padres no eran sino formas de verdadero amor hacia ella.

Jesús invita a ser maduros frente a la ley. No podemos caminar hacia el Reino de Dios, llenos de resentimiento contra los mandamientos que Dios nos ha dado, porque eso no nos permitirá conocer su amor ni encontrar la verdadera libertad. Jesús propone ampliar nuestra versión, como hijos de Dios que se orientan hacia el mayor bien, que también es el bien de los demás. Seremos capaces de superar la ofensa que recibimos, de dejar nuestras relaciones por interés, y volver la espalda a responsabilidades de cuidar, proteger y ser fieles como prometimos a otras personas. Aunque el divorcio sea legal y se justifiquen diversas separaciones, el discípulo no dejará a una persona vulnerable y expuesta. La anchura de la ley de Cristo aprieta más el amor verdadero, nos obliga a no abusar nunca, ni tantito. Es negarnos a la ira y facilitar armonía. No podemos estar satisfechos pensando: no he matado a nadie, no he adulterado… Qué bueno que estas acciones no estén en nuestra conciencia, pero hay una escalera que conduce a la cumbre de la libertad verdadera.

Hoy, Jesús nos invita a tener tal sinceridad, que no necesitemos jurar, porque todos saben que cumplimos nuestra palabra, y saben que actuamos en consecuencia. La invitación de Jesús es a retirar de nuestro pensamiento cualquier justificación para evadir la ley de Dios, porque hemos puesto su voluntad por encima de nuestros propios valores y apetencias. Jesús nos invita a ser como él y no dejarnos llevar por las opciones fáciles. Su propuesta es exigente y solicita a cada uno decidirse con toda determinación. Jesús propone que la opción por su Reino de Dios no nos asuste. Que levantemos nuestra mirada a mirar el bien mayor, el bien en orden a Dios y a la plenitud a la que él nos llama continuamente, a una justicia mayor. (P.A.) ∎

VIVIENDO NUESTRA FE

En la Iglesia aprendemos que el Espíritu Santo nos conduce y guía, en lo personal y en lo comunitario, para aplicar oportunamente los principios del amor evangélico a las nuevas soluciones sociales. Nos conduce para que todo esfuerzo se lleve a cabo en miras del bien común. Hacer la experiencia del Reino de Dios no es un recetario ni un mecanismo que produce resultados preestablecidos. Más bien, consiste en discernir, practicar y constatar los valores del Evangelio ante cada situación nueva (ver CDSI, no. 53).

PARA REFLEXIONAR

1. ¿Dónde se puede notar que la ley regula el amor?

2. ¿Alguna vez se ha sentido obligado por el amor? ¿Cómo le hizo sentir?

3. ¿Qué puede hacer con su grupo para mostrar el lado positivo de los reglamentos y leyes?

LECTURAS SEMANALES
febrero 17–22

L Sant 1:1–11; Mc 8:11–13

M Sant 1:12–18; Mc 8:14–21

M Sant 1:19–27; Mc 8:22–26

J Sant 2:1–9; Mc 8:27–33

V Sant 2:14 –24, 26;
Mc 8:34 – 9:1

S 1 Pe 5:1–4; Mt 16:13–19

23 de febrero de 2020   VII Domingo Ordinario

Primera lectura

Levítico 19:1–2, 17–18

En aquellos días, dijo el Señor a Moisés: "Habla a la asamblea de los hijos de Israel y diles: 'Sean santos, porque yo, el Señor, soy santo.

No odies a tu hermano ni en lo secreto de tu corazón. Trata de corregirlo, para que no cargues tú con su pecado. No te vengues ni guardes rencor a los hijos de tu pueblo. Ama a tu prójimo como a ti mismo. Yo soy el Señor' ".

Salmo responsorial

Salmo 102:1–2, 3–4, 8 y 10, 12–13

R. El Señor es compasivo y misericordioso.

Bendice, alma mía, al Señor, y todo mi ser a su santo nombre. Bendice, alma mía, al Señor, y no olvides sus beneficios. **R.**

Él perdona todas tus culpas, y cura todas tus enfermedades; él rescata tu vida de la fosa y te colma de gracia y de ternura. **R.**

El Señor es compasivo y misericordioso, lento a la ira y rico en clemencia. No nos trata como merecen nuestros pecados ni nos paga según nuestras culpas. **R.**

Como dista el oriente del ocaso, así aleja de nosotros nuestros delitos; como un padre siente ternura por sus hijos, siente el Señor ternura por sus fieles. **R.**

Segunda lectura

1 Corintios 3:16–23

Hermanos: ¿No saben ustedes que son el templo de Dios y que el Espíritu de Dios habita en ustedes? Quien destruye el templo de dios, será destruido por Dios, porque el templo de Dios es santo y ustedes son ese templo.

Que nadie se engañe: si alguno de ustedes se tiene a sí mismo por sabio según los criterios de este mundo, que se haga ignorante para llegar a ser verdaderamente sabio. Porque la sabiduría de este mundo es ignorancia de Dios, como dice la Escritura: *Dios hace que los sabios caigan en la trampa de su propia astucia.* También dice: *El Señor conoce los pensamientos de los sabios y los tiene por vanos.*

Así pues, que nadie se gloríe de pertenecer a ningún hombre, ya que todo les pertenece a ustedes: Pablo, Apolo y Pedro, el mundo, la vida y la muerte, lo presente y lo futuro: todo es de ustedes; ustedes son de Cristo, y Cristo es de Dios.

Evangelio

Mateo 5:38–48

En aquel tiempo, Jesús dijo a sus discípulos: "Han oído que se dijo: *Ojo por ojo, diente por diente;* pero yo les digo que no hagan resistencia al hombre malo. Si alguno te golpea en la mejilla derecha, preséntale también la izquierda; al que te quiera demandar en juicio para quitarte la túnica, cédele también el manto. Si alguno te obliga a caminar mil pasos en su servicio, camina con él dos mil. Al que te pide, dale; y al que quiere que le prestes, no le vuelvas la espalda.

Han oído ustedes que se dijo: *Ama a tu prójimo y odia a tu enemigo.* Yo, en cambio, les digo: Amen a sus enemigos, hagan el bien a los que los odian y rueguen por los que los persiguen y calumnian, para que sean hijos de su Padre celestial, que hace salir su sol sobre los buenos y los malos, y manda su lluvia sobre los justos y los injustos.

Porque si ustedes aman a los que los aman, ¿qué recompensa merecen? ¿No hacen eso mismo los publicanos? Y si saludan tan sólo a sus hermanos, ¿qué hacen de extraordinario? ¿No hacen eso mismo los paganos? Ustedes, pues, sean perfectos, como su Padre celestial es perfecto".

El amor es el nuevo sentido

BUSCANDO SACAR el mejor provecho de las lecturas del día, podemos partir de nuestra propia experiencia. ¿Cómo nos sentimos frente a personas que nos han hecho algún mal o nos han lastimado profundamente? Jesús toca uno de los nudos emocionales e intelectuales más complejos, porque la reacción emocional es propia de nuestra naturaleza, casi instintiva y, de no canalizarla adecuadamente, puede dejarnos con resentimiento, rencor o deseos de revancha, y amarrarnos a una pesada cadena de consecuencias negativas. Jesús nos pide más.

Cuando Jesús señala que amamos a los que nos aman, indica que somos buenas personas que respondemos como nos tratan, pero no pasamos de allí. A nivel social, por ejemplo, buscamos una compensación si nos sentimos tratados indebidamente. Las leyes garantizan una compensación de justicia entre los particulares, para prevenir abusos. Así, parece que todo va bien, hasta que visitamos las prisiones y nos damos cuenta de que el sistema carcelario, montado como un gran negocio, está lejos de transformar el corazón humano. ¿Basta con aplicar penas o castigos para solucionar conflictos?

Jesús cambia la óptica; propone ver la justicia desde el corazón de Dios. Si permitimos a nuestro corazón ensancharse en amor saldremos todos ganando. Dios es tan generoso que no violenta a los que lo niegan o los que desobedecen sus leyes, sino que les sigue dando cosas buenas. El Padre, de quien Jesús tiene su profunda experiencia de amor, no tiene lugar para la violencia, porque es todo amor para sus criaturas. Entendámonos. No se trata de ser ingenuos y permitir el abuso perdiendo nuestra dignidad, se trata de cambiar de plataforma de sentido. Posiblemente los ejemplos más elocuentes para nuestro mundo vienen de esferas no cristianas, como cuando Gandhi propone alcanzar la independencia de su país con métodos y reacciones no violentos. O como cuando Martin Luther King o César Chávez, buscan un cambio extraordinario sin violencia. Jesús nos pregunta si el conocimiento que tenemos del Padre nos desafía a hacer como él. Si la calidad de nuestro amor nos desafía a dejar los niveles instintivos y cultivar una conciencia generosa en amor, no en lo obligatorio de la ley. (P.A.) ■

VIVIENDO NUESTRA FE

El catecismo refiere en diferentes ocasiones a este evangelio, e insiste en que las excesivas injusticias y desigualdades que hay en el mundo, tanto en lo social como en lo económico, amenazan siempre la paz y la armonía, y son causa de guerras (ver *Catecismo de la Iglesia Católica*, no. 2317). El *Compendio de la doctrina social de la Iglesia* anota que la guerra *es una aventura sin retorno*, es el fracaso de todo humanismo (no. 497). Jamás la violencia, la venganza y la guerra han solucionado ningún conflicto. La paz es fruto de la justicia y fruto del amor (no. 494).

PARA REFLEXIONAR

1. ¿Conoce a alguna persona rencorosa? ¿Dónde puede usted constatar que se ama a los enemigos?

2. ¿Cómo nota usted que madura en el amor cristiano?

3. ¿Quiénes son vistos como "enemigos" en su grupo o comunidad de fe?

LECTURAS SEMANALES
febrero 24–29

L Sant 3:13–18; Mc 9:14–29

M Sant 4:1–10; Mc 9:30–37

M *Miércoles de Ceniza*

J Dt 30:15–20; Lc 9:22–25

V Is 58:1–9a; Mt 9:14–15

S Is 58:9b–14; Lc 5:27–32

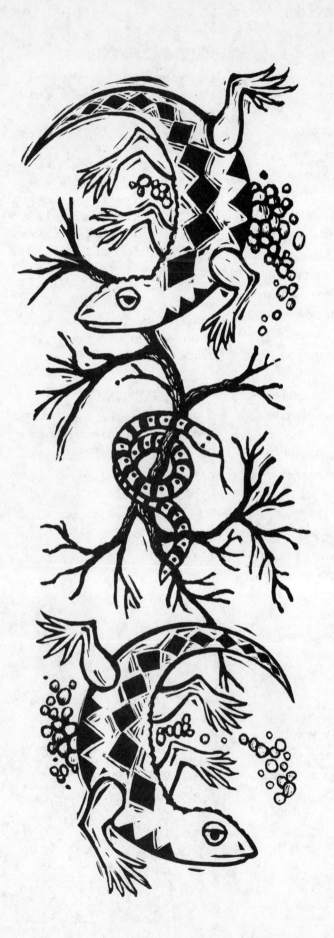

Cuaresma

Salmo 50

7–11, 14–19

Tú ves que malo soy de nacimiento,
    pecador desde el seno de mi madre.
Tú quieres rectitud de corazón,
    enséñame en secreto lo que es sabio.

Rocíame con agua y seré limpio,
    lávame y seré blanco cual la nieve.
Haz que sienta otra vez júbilo y gozo
    y que bailen los huesos que moliste.
Aparta tu semblante de mis faltas,
    borra en mí todo rastro de malicia.

Dame tu salvación que regocija,
    mantén en mí un alma generosa.
Indicaré el camino a los desviados,
    a ti se volverán los descarriados.

De la muerte presérvame, Señor,
    y aclamará mi lengua tu justicia.
Señor, abre mis labios
    y cantará mi boca tu alabanza.

Un sacrificio no te gustaría,
    ni querrás, si te ofrezco, un holocausto.
Un corazón contrito te presento;
    no desdeñes un alma destrozada.

Primera lectura

Joel 2:12–18

Esto dice el Señor: / "Todavía es tiempo. / Vuélvanse a mí de todo corazón, / con ayunos, con lágrimas y llanto; / enluten su corazón y no sus vestidos.

Vuélvanse al Señor Dios nuestro, / porque es compasivo y misericordioso, / lento a la cólera, rico en clemencia, / y se conmueve ante la desgracia.

Quizá se arrepienta, se compadezca de nosotros / y nos deje una bendición, / que haga posibles las ofrendas y libaciones / al Señor, nuestro Dios.

Toquen la trompeta en Sión, promulguen un ayuno, / convoquen la asamblea, reúnan al pueblo, / santifiquen la reunión, junten a los ancianos, / convoquen a los niños, aun a los niños de pecho. / Que el recién casado deje su alcoba / y tálamo la recién casada.

Entre el vestíbulo y el altar lloren los sacerdotes, / ministros del Señor, diciendo: / 'Perdona, Señor, perdona a tu pueblo. / No entregues tu heredad a la burla de las naciones. / Que no digan los paganos: ¿Dónde está el Dios de Israel?' "

Y el Señor se llenó de celo por su tierra / y tuvo piedad de su pueblo.

Salmo responsorial

Salmo 50:3–4, 5–6a, 12–13, 14 y 17

R. Misericordia, Señor, hemos pecado.

Misericordia, Dios mío, por tu bondad; por tu inmensa compasión borra mi culpa. Lava del todo mi delito, limpia mi pecado. **R.**

Pues yo reconozco mi culpa, tengo siempre presente mi pecado. Contra ti, contra ti solo pequé. **R.**

Oh Dios, crea en mí un corazón puro, renuévame por dentro con espíritu firme; no me arrojes lejos de tu rostro, no me quites tu santo espíritu. **R.**

Devuélveme la alegría de tu salvación, afiánzame con espíritu generoso. Señor, me abrirás los labios, y mi boca proclamará tu alabanza. **R.**

Segunda lectura

2 Corintios 5:20—6:2

Hermanos: Somos embajadores de Cristo, y por nuestro medio, es Dios el que los exhorta a ustedes. En nombre de Cristo pedimos que se reconcilien con Dios. Al que nunca cometió pecado, Dios lo hizo "pecado" por nosotros, para que, unidos a él, recibamos la salvación de Dios y nos volvamos justos y santos.

Como colaboradores que somos de Dios, los exhortamos a no echar su gracia en saco roto. Porque el Señor dice: *En el tiempo favorable te escuché y en el día de la salvación te socorrí.* Pues bien, ahora es el tiempo favorable; ahora es el día de la salvación.

Evangelio

Mateo 6:1–6, 16–18

En aquel tiempo, Jesús dijo a sus discípulos: "Tengan cuidado de no practicar sus obras de piedad delante de los hombres para que los vean. De lo contrario, no tendrán recompensa con su Padre celestial.

Por lo tanto, cuando des limosna, no lo anuncies con trompeta, como hacen los hipócritas en las sinagogas y por las calles, para que los alaben los hombres. Yo les aseguro que ya recibieron su recompensa. Tú, en cambio, cuando des limosna, que no sepa tu mano izquierda lo que hace la derecha, para que tu limosna quede en secreto; y tu Padre, que ve lo secreto, te recompensará.

Cuando ustedes hagan oración, no sean como los hipócritas, a quienes les gusta orar de pie en las sinagogas y en las esquinas de las plazas, para que los vea la gente. Yo les aseguro que ya recibieron su recompensa. Tú, en cambio, cuando vayas a orar, entra en tu cuarto, cierra la puerta y ora ante tu Padre, que está allí, en lo secreto; y tu Padre, que ve lo secreto, te recompensará.

Cuando ustedes ayunen, no pongan cara triste, como esos hipócritas que se descuidan la apariencia de su rostro, para que la gente note que están ayunando. Yo les aseguro que ya recibieron su recompensa. Tú, en cambio, cuando ayunes, perfúmate la cabeza y lávate la cara, para que no sepa la gente que estás ayunando, sino tu Padre, que está en lo secreto; y tu Padre, que ve lo secreto, te recompensará".

Cuaresma en el corazón

COMIENZA HOY la Cuaresma, tiempo fuerte, intenso y místico. En la calle, donde todo se banaliza, se hablará de los ayunos y sacrificios, de si eso tiene sentido en el mundo moderno, de si es bueno o perjudicial, etcétera. En realidad, mucho se habla de las *prácticas* cuaresmales, calificándolas simplemente como "sacrificios". Querer analizar la espiritualidad desde fuera es un proceso injusto, pues los criterios para valorar nuestras prácticas no siempre están en sintonía con la realidad. Es como si alguien quiere racionalizar la sazón en la comida de mi madre: ella nunca fue chef de restaurante, pero su comida era la más deliciosa que yo he comido.

La Cuaresma es mucho más que sacrificios. Más bien se parece al entrenamiento de un atleta; esta es la imagen que usó san Pablo en la Primera Carta a los Corintios. "Los que se preparan para competir en un deporte, evitan todo lo que pueda hacerles daño" (1 Corintios 9:25). Por eso, nos cuidamos durante la Cuaresma de ese modo tan peculiar. Al hacer ayuno, por ejemplo, lo que se busca es purificar el espíritu, no solo renunciar a lo que a uno le gusta. Recuerde que "para los puros todas las cosas son puras" (Tito 1:15), mientras que "para los que son impuros y no aceptan la fe, nada hay puro, pues tienen impuras la mente y la conciencia" (Tito 1:15).

Por eso, concentrarse en "hacer cosas" y "decir oraciones" no es suficiente, por muy sacrificadas que sean las cosas y muy piadosas las palabras. Es un asunto de interioridad, de espiritualidad. Muy enfáticamente la Biblia usa la palabra *corazón*. El corazón es el órgano de la vida, el que bombea la sangre e impulsa oxígeno a todo el cuerpo. A nivel emocional representa el amor, los sentimientos, el interior de la persona. Por eso no hay mejor modo de decirlo: "vuélvanse a mí de todo corazón" (Joel 2:12).

La Cuaresma consiste en avanzar día a día, durante cuarenta días, remando cada vez "más adentro" (Lucas 5:4) para descubrir las maravillas de Cristo vivo y resucitado. No es para explorar nuestros propios pecados, sino para darnos cuenta de que si vivimos es por la bondad de Dios y no por lo que hemos hecho. Dios nos mira el corazón, sabe lo que tenemos adentro, y de él esperamos su recompensa: que nos modele como a Jesús, su Hijo, para poderle decir "Padre nuestro". (J.L.C.) ∎

VIVIENDO NUESTRA FE

La Cuaresma nos saca de nuestra "zona de confort", porque tiene la fuerza de la fe que transforma. La fe vivida bien nos lleva "hasta el punto de convertirnos en seres que cuestionan a la sociedad con su vida, personas que molestan", dice el papa Francisco (*Gaudete et Exsultate*, no. 90). La Cuaresma nos prepara para ser valientes al dar testimonio de la fe en Cristo y para construir su Reino de Dios desde la tierra, incluso si a otros les molesta. Los convertidos desean solamente lo mejor para el mundo: traer el amor de Dios.

PARA REFLEXIONAR

1. ¿Quiénes son las personas "convertidas de corazón"?

2. ¿Qué valora usted de las prácticas cuaresmales? ¿Le ha transformado la Cuaresma?

3. ¿Qué le pide esta Cuaresma a nuestro grupo o comunidad de fe?

Primera lectura

Génesis 2:7–9; 3:1–7

Después de haber creado el cielo y la tierra, el Señor Dios tomó polvo del suelo y con él formó al hombre; le sopló en las narices un aliento de vida, y el hombre comenzó a vivir. Después plantó el Señor un jardín al oriente del Edén y allí puso al hombre que había formado. El Señor Dios hizo brotar del suelo toda clase de árboles, de hermoso aspecto y sabrosos frutos, y además, en medio del jardín, el árbol de la vida y el árbol del conocimiento del bien y del mal.

La serpiente, que era el más astuto de los animales del campo que había creado el Señor Dios, dijo a la mujer: "¿Conque Dios les ha prohibido comer de todos los árboles del jardín?"

La mujer respondió: "Podemos comer del fruto de todos los árboles del huerto, pero del árbol que está en el centro del jardín, dijo Dios: 'No comerán de él ni lo tocarán, porque de lo contrario, habrán de morir'".

La serpiente replicó a la mujer: "De ningún modo. No morirán. Bien sabe Dios que el día que coman de los frutos de ese árbol, se les abrirán a ustedes los ojos y serán como Dios, que conoce el bien y el mal".

La mujer vio que el árbol era bueno para comer, agradable a la vista y codiciable, además, para alcanzar la sabiduría. Tomó, pues, de su fruto, comió y le dio a su marido, que estaba junto a ella, el cual también comió. Entonces se les abrieron los ojos a los dos y se dieron cuenta de que estaban desnudos. Entrelazaron unas hojas de higuera y se las ciñeron para cubrirse.

Salmo responsorial

Salmo 50:3–4, 5–6ab, 12–13, 14 y 17

R. Misericordia, Señor, hemos pecado.

Misericordia, Dios mío, por tu bondad, / por tu inmensa compasión borra mi culpa; / lava del todo mi delito, / limpia mi pecado. **R.**

Pues yo reconozco mi culpa, / tengo siempre presente mi pecado: / contra ti, contra ti sólo pequé, / cometí la maldad que aborreces. **R.**

Oh Dios, crea en mí un corazón puro, / renuévame por dentro con espíritu firme; / no me arrojes lejos de tu rostro, / no me quites tu santo espíritu. **R.**

Devuélveme la alegría de tu salvación, / afiánzame con espíritu generoso: / Señor, me abrirás los labios, / y mi boca proclamará tu alabanza. **R.**

Segunda lectura

Romanos 5:12, 17–19

Hermanos:

Así como por un solo hombre entró el pecado en el mundo y por el pecado entró la muerte, así la muerte pasó a todos los hombres, porque todos pecaron.

En efecto, si por el pecado de un solo hombre estableció la muerte su reinado, con mucha mayor razón reinarán en la vida por un solo hombre, Jesucristo, aquellos que reciben la gracia sobreabundante que los hace justos.

En resumen, así como por el pecado de un solo hombre, Adán, vino la condenación para todos, así por la justicia de un solo hombre, Jesucristo, ha venido para todos la justificación que da la vida. Y así como por la desobediencia de uno, todos fueron hechos pecadores, así por la obediencia de uno solo, todos serán hechos justos.

O bien: *Romanos 5:12–19*

Evangelio

Mateo 4:1–11

En aquel tiempo, Jesús fue conducido por el Espíritu al desierto, para ser tentado por el demonio. Pasó cuarenta días y cuarenta noches sin comer y, al final, tuvo hambre. Entonces se le acercó el tentador y le dijo: "Si tú eres el Hijo de Dios, manda que estas piedras se conviertan en panes". Jesús le respondió: "Está escrito: *No sólo de pan vive el hombre, sino también de toda palabra que sale de la boca de Dios*".

Entonces el diablo lo llevó a la ciudad santa, lo puso en la parte más alta del templo y le dijo: "Si eres el Hijo de Dios, échate para abajo, porque está escrito: *Mandará a sus ángeles que te cuiden y ellos te tomarán en sus manos, para que no tropiece tu pie en piedra alguna*". Jesús le contestó: "También está escrito: *No tentarás al Señor, tu Dios*".

Luego lo llevó el diablo a un monte muy alto y desde ahí le hizo ver la grandeza de todos los reinos del mundo y le dijo: "Te daré todo esto, si te postras y me adoras". Pero Jesús le replicó: "Retírate, Satanás, porque está escrito: *Adorarás al Señor, tu Dios, y a él sólo servirás*".

Entonces lo dejó el diablo y se acercaron los ángeles para servirle.

Una vida de tentaciones

LA CUARESMA nos ayuda a *recordar*; nos da la oportunidad de recuperar la memoria bautismal. La Cuaresma, con su cadencia, alarga cada día y cada semana, como para recuperar de a poco la memoria de lo que somos y hacemos. Las prácticas cuaresmales exteriores son ayunos, oraciones, limosnas, penitencias. Pero todo esto es para alertarnos y mantenernos atentos.

Jesús fue tentado, pero lo que más cuenta es que venció la tentación y nos da ejemplo de cómo enfrentarla. Jesús estaba en el desierto, el lugar desolado, donde el hombre se siente más desamparado. En ese ambiente de dureza y necesidad, donde la supervivencia se convierte en la principal preocupación, el diablo tentó a Jesús. El diablo busca la mejor ocasión para doblegarnos; las tentaciones llegan en los momentos de mayor vulnerabilidad (física, emocional, mental o espiritual). Debemos estar alertas. Cristo nos demuestra que, incluso debilitados por las dificultades, podemos resistir y salir victoriosos.

La propuesta del demonio (lo que llamamos tentación) tiene cuatro aspectos importantes de considerar:

Primero, el demonio intenta sembrar la duda en nosotros. El demonio cuestiona: "Si eres el Hijo de Dios". Si estamos seguros de nosotros mismos, de que somos hijos de Dios y de lo que dice la Palabra, nada pasará. No consiste en discutir, sino en aguantar con firmeza las mentiras que ya sabemos, nos dirá. Adán y Eva dudaron de la verdad que Dios les había dicho… y así empezó la parte triste de la historia. Por el contrario, Jesús nunca duda, siempre está seguro. Así se enfrenta la tentación.

Segundo, la tentación nos presenta una aparente solución fácil a las dificultades que enfrentamos en la vida diaria. El demonio nos dice que no hace falta sufrir mucho, porque hay una salida lateral menos honesta, pero más rápida. Hay peligro de dejarnos seducir por la inmediata "sencillez".

Tercero, el demonio nos golpea en las bases más débiles de nuestra personalidad (las más débiles porque son las más fundamentales): el alimento, el orgullo y el poder. Jesús lleva cuarenta días en el desierto y le ofrecen lo que necesita, pero él no está dispuesto a pagar el precio.

El cuarto aspecto es el precio: "… si te postras ante mí y me adoras". Cuesta muy caro optar por la salida fácil: dejar de ser hijo de Dios. Perder la esencia de lo que somos.

Esta Cuaresma nos recuerda lo que somos, sabiendo que es la Palabra de Dios, su gracia más grande, la que nos fortalece para vencer toda tentación. (J.L.C.) ∎

VIVIENDO NUESTRA FE

Una de las mejores armas contra la tentación es el sentido de comunión. Los cristianos vivimos en comunidad y formamos una sociedad. "Es muy difícil luchar contra las tentaciones del demonio y del mundo egoísta si estamos aislados. Si estamos demasiado solos, fácilmente perdemos el sentido de la realidad, la claridad interior", nos advierte el papa Francisco (*Gaudete et Exsultate*, no. 140). La fe nos lleva a preocuparnos de las cosas "mundanas", porque es en el mundo y en la vida donde nos encontramos con Dios y su pueblo.

PARA REFLEXIONAR

1. ¿Cuáles son las tentaciones que más se insinúan durante la Cuaresma?

2. ¿Qué medios emplea usted para vencer las tentaciones?

3. ¿Cómo fomenta, su grupo o comunidad de fe, el sentido de pertenecer a una comunidad?

LECTURAS SEMANALES
marzo 2–7

L Lev 19:1–2, 11–18; Mt 25:31–46

M Is 55:10–11; Mt 6:7–15

M Jon 3:1–10; Lc 11:29–32

J Est C:12, 14–16, 23–25; Mt 7:7–12

V Ez 18:21–28; Mt 5:20–26

S Dt 26:16–19; Mt 5:43–48

8 de marzo de 2020 · II Domingo de Cuaresma

Primera lectura

Génesis 12:1–4a

En aquellos días, dijo el Señor a Abram: "Deja tu país, a tu parentela y la casa de tu padre, para ir a la tierra que yo te mostraré. Haré nacer de ti un gran pueblo y Ate bendeciré. Engrandeceré tu nombre y tú mismo serás una bendición. Bendeciré a los que te bendigan, maldeciré a los que te maldigan. En ti serán bendecidos todos los pueblos de la tierra". Abram partió, como se lo había ordenado el Señor.

Salmo responsorial

Salmo 32:4–5, 18–19, 20 y 22

R. Que tu misericordia, Señor, venga sobre nosotros, como lo esperamos de ti.

La palabra del Señor es sincera y todas sus acciones son leales; él ama la justicia y el derecho, y su misericordia llena la tierra. **R.**

Los ojos del Señor están puestos en sus fieles, en los que esperan en su misericordia, para librar sus vidas de la muerte y reanimarlos en tiempo de hambre. **R.**

Nosotros aguardamos al Señor: él es nuestro auxilio y escudo; que tu misericordia, Señor, venga sobre nosotros, como lo esperamos de ti. **R.**

Segunda lectura

2 Timoteo 1:8b–10

Querido hermano: Comparte conmigo los sufrimientos por la predicación del evangelio, sostenido por la fuerza de Dios. Pues Dios es quien nos ha salvado y nos ha llamado a que le consagremos nuestra vida, no porque lo merecieran nuestras buenas obras, sino porque así lo dispuso él gratuitamente.

Este don, que Dios ya nos ha concedido por medio de Cristo Jesús desde toda la eternidad, ahora se ha manifestado con la venida del mismo Cristo Jesús, nuestro salvador, que destruyó la muerte y ha hecho brillar la luz de la vida y de la inmortalidad, por medio del Evangelio.

Evangelio

Mateo 17:1–9

En aquel tiempo, Jesús tomó consigo a Pedro, a Santiago y a Juan, el hermano de éste, y los hizo subir a solas con él a un monte elevado. Ahí se transfiguró en su presencia: su rostro se puso resplandeciente como el sol y sus vestiduras se volvieron blancas como la nieve. De pronto aparecieron ante ellos Moisés y Elías, conversando con Jesús.

Entonces Pedro le dijo a Jesús: "Señor, ¡qué bueno sería quedarnos aquí! Si quieres, haremos aquí tres chozas, una para ti, otra para Moisés y otra para Elías".

Cuando aún estaba hablando, una nube luminosa los cubrió y de ella salió una voz que decía: "Éste es mi Hijo muy amado, en quien tengo puestas mis complacencias; escúchenlo". Al oír esto, los discípulos cayeron rostro en tierra, llenos de un gran temor. Jesús se acercó a ellos, los tocó y les dijo: "Levántense y no teman". Alzando entonces los ojos, ya no vieron a nadie más que a Jesús.

Mientras bajaban del monte, Jesús les ordenó: "No le cuenten a nadie lo que han visto, hasta que el Hijo del hombre haya resucitado de entre los muertos".

Irse aparte, sin apartarse

EL TÍTULO parece un juego de palabras, pero tiene poco de juego. Es más bien un ejercicio, un ejercicio espiritual, que, además, es importantísimo para hacer la experiencia de la Cuaresma. Se trata de observar la vida "desde fuera". ¿Cómo se hace esto? ¿Cómo puedo juzgar mi vida como si no fuera mía? Yo no puedo dejar de ser yo, eso es obvio. Pero sí puedo usar mi entendimiento y mi voluntad para analizar las cosas que me pasan, lo que pienso y lo que siento, mis actitudes y comportamientos, en qué pongo mis energías, y en quién deposito mis esperanzas, etcétera. Eso se puede hacer con un poco de atención y empeño.

La dificultad más grande en este proceso de "examen de conciencia" (que es como se llama este ejercicio) es repensar la propia vida sin poner las habituales excusas para justificarnos (hasta en lo injustificable). Esa es nuestra arma para tener siempre razones (aunque sean poco razonables). Nos asusta la verdad porque no deseamos fallar y, menos aún, reconocer nuestros errores. Decirlos a Cristo en la confesión, se nos hace muy duro, porque pasan por el sacerdote como intermediario.

Retirarse, apartarse, o como quiera usted llamarlo, es una técnica que el mismo Dios utilizó con sus fieles a lo largo de la historia. Lo que se busca es evitar que las comodidades que nos creamos diariamente nos impidan poder conocer profundamente nuestra alma. No es huir de las cosas, sino alejarnos de ellas para contemplar algo diferente, algo inusual, que es como una sorpresa de Dios para nosotros. Esto es lo que podemos leer en lo que relata el evangelio de hoy, cuando Jesús mostró su naturaleza divina a tres asustados discípulos. En un ambiente de privacidad, de oración, de búsqueda de algo especial, aquellos apóstoles pudieron ver la gloria de Dios en su Maestro. Solo "apartándose" con él pudieron recibir esa enorme bendición.

No veamos lo que se cuenta como si se tratara singularizar a un "club de privilegiados", los muy cercanos a Jesús, sino como la propuesta de un modelo para actuar: la necesidad de "irse aparte" de las cosas cotidianas y buscar experimentar a Dios de otro modo. Por eso, en Cuaresma especialmente, la Iglesia se apega más a imitar el modelo de Jesús: sale de lo usual y busca ese regalo de Dios en la lejana altura de la montaña. Ah, pero todo esto sin olvidar la comunidad: Jesús se llevó a tres, como para que se apoyaran unos con otros, porque eso es lo que hace la Iglesia. En la Iglesia todos estamos siempre presentes (por eso, tenemos las obras de misericordia), porque es el espacio a donde nos apartamos sin estar aparte. (J.L.C.) ∎

VIVIENDO NUESTRA FE

La Iglesia, imitando al Creador, asume el compromiso de mejorar la vida en la tierra. Amar a Dios y desear la vida eterna no nos aleja de las realidades cotidianas y humanas, que han de ser transformadas con la bendición de Dios. Los cristianos nos comprometemos sin reservas en hacer accesible la experiencia del Reino de Dios a todos los hombres. Como fue pensado "en el principio". Es obra de todos recuperar el Paraíso, ya desde aquí.

PARA REFLEXIONAR

1. ¿Qué acostumbran hacer las personas para nutrir su espiritualidad?

2. ¿Cuándo y a dónde se aparta usted para estar largo tiempo con Dios?

3. ¿Cuál retiro espiritual promueve la parroquia esta Cuaresma?

LECTURAS SEMANALES
marzo 9–14

L Dan 9:4b–10; Lc 6:36–38

M Is 1:10.16–20; Mt 23:1–12

M Jer 18:18–20; Mt 20:17–28

J Jer 17:5–10; Lc 16:19–31

V Gen 37:3–28; Mt 21:33–43, 45–46

S Miq 7:14–15, 18–20; Lc 15:1–3, 11–32

Primera lectura

Éxodo 17:3–7

En aquellos días, el pueblo, torturado por la sed, fue a protestar contra Moisés, diciéndole: "¿Nos has hecho salir de Egipto para hacernos morir de sed a nosotros, a nuestros hijos y a nuestro ganado?". Moisés clamó al Señor y le dijo: "¿Qué puedo hacer con este pueblo? Sólo falta que me apedreen". Respondió el Señor a Moisés: "Preséntate al pueblo, llevando contigo a algunos de los ancianos de Israel, toma en tu mano el cayado con que golpeaste el Nilo y vete. Yo estaré ante ti, sobre la peña, en Horeb. Golpea la peña y saldrá de ella agua para que beba el pueblo".

Así lo hizo Moisés a la vista de los ancianos de Israel y puso por nombre a aquel lugar Masá y Meribá, por la rebelión de los hijos de Israel y porque habían tentado al Señor, diciendo: "¿Está o no está el Señor en medio de nosotros?"

Salmo responsorial

Salmo 94:1–2, 6–7, 8–9

R. Ojalá escuchen hoy su voz: "No endurezcan el corazón".

Vengan, aclamemos al Señor, demos vítores a la Roca que nos salva; entremos a su presencia dándole gracias, vitoreándolo al son de instrumentos. **R.**

Entren, postrémonos por tierra, bendiciendo al Señor, creador nuestro. Porque él es nuestro Dios y nosotros su pueblo, el rebaño que él guía. **R.**

Ojalá escuchen hoy su voz: "No endurezcan el corazón como en Meribá, como el día de Masá en el desierto, cuando los padres de ustedes me pusieron a prueba y me tentaron, aunque habían visto mis obras". **R.**

Segunda lectura

Romanos 5:1–2, 5–8

Evangelio

Juan 4:5–15, 19b–26, 39, 40–42

En aquel tiempo, llegó Jesús a un pueblo de Samaria, llamado Sicar, cerca del campo que dio Jacob a su hijo José. Ahí estaba el pozo de Jacob. Jesús, que venía cansado del camino, se sentó sin más en el brocal del pozo. Era cerca del mediodía.

Entonces llegó una mujer de Samaria a sacar agua y Jesús le dijo: "Dame de beber". (Sus discípulos habían ido al pueblo a comprar comida). La samaritana le contestó: "¿Cómo es que tú, siendo judío, me pides de beber a mí, que soy samaritana?" (Porque los judíos no tratan a los samaritanos). Jesús le dijo: "Si conocieras el don de Dios y quién es el que te pide de beber, tú le pedirías a él, y él te daría agua viva".

La mujer le respondió: "Señor, ni siquiera tienes con qué sacar agua y el pozo es profundo. ¿Cómo vas a darme agua viva? ¿Acaso eres tú más que nuestro padre Jacob, que nos dio este pozo, del que bebieron él, sus hijos y sus ganados?" Jesús le contestó: "El que bebe de esta agua vuelve a tener sed. Pero el que beba del agua que yo le daré, nunca más tendrá sed; el agua que yo le daré se convertirá dentro de él en un manantial capaz de dar la vida eterna".

La mujer le dijo: "Señor, dame de esa agua para que no vuelva a tener sed ni tenga que venir hasta aquí a sacarla. Ya veo que eres profeta. Nuestros padres dieron culto en este monte y ustedes dicen que el sitio donde se debe dar culto está en Jerusalén".

Jesús le dijo: "Créeme, mujer, que se acerca la hora en que ni en este monte ni en Jerusalén adorarán al Padre. Ustedes adoran lo que no conocen; nosotros adoramos lo que conocemos. Porque la salvación viene de los judíos. Pero se acerca la hora, y ya está aquí, en que los que quieran dar culto verdadero adorarán al Padre en espíritu y en verdad, porque así es como el Padre quiere que se le dé culto. Dios es espíritu, y los que lo adoran deben hacerlo en espíritu y en verdad".

La mujer le dijo: "Ya sé que va a venir el Mesías (es decir, Cristo). Cuando venga, él nos dará razón de todo". Jesús le dijo: "Soy yo, el que habla contigo".

Muchos samaritanos de aquel poblado creyeron en Jesús por el testimonio de la mujer: 'Me dijo todo lo que he hecho'. Cuando los samaritanos llegaron a donde él estaba, le rogaban que se quedara con ellos, y se quedó allí dos días. Muchos más creyeron en él al oír su palabra. Y decían a la mujer: "Ya no creemos por lo que tú nos has contado, pues nosotros mismos lo hemos oído y sabemos que él es, de veras, el salvador del mundo".

Forma larga: *Juan 4:5–42*

La tentación del ego

LA SED es un gran problema. Los seres humanos solo podemos sobrevivir tres o cuatro días sin agua, pero no hay que llegar al extremo de morir de sed o por deshidratación. Ya sabemos que bastan unas pocas horas sin beber para sentir una necesidad y una ansiedad difíciles de satisfacer con otra cosa que no sea algún líquido. No es solo que nuestro cuerpo necesite el agua, la sed también daña nuestro equilibrio psicológico. De modo que la sed nos pone en tensión, nos debilita y nos desequilibra. Lo sabe bien el demonio. Por eso, aprovechó que Jesús estaba en el desierto para tentarle, como reflexionamos el domingo pasado.

Este domingo es Jesús quien se acerca al pozo para beber del agua del pozo de Jacob y para ofrecer el Espíritu que da vida, el agua de la eternidad. Junto a aquel pozo, una vez más, la tentación acecha. La mujer, al escuchar a Jesús, cae en la tentación de entrar en una polémica socio-religiosa, en lugar de socorrer a un necesitado. Sí, así de ridículos podemos ser. En un momento que puede ser crucial para la supervivencia de una persona, cuando se enfrenta a una necesidad básica, somos capaces de entrar, por nuestros prejuicios religiosos, en pleitos sin sentido.

Vale la pena preguntarnos, qué tan fácil nos resulta perder de vista lo importante: ¿caemos en la tentación de un modo tan tonto? Esto debe llevarnos a respondernos: ¿Por qué somos así? Decir que es una tentación del demonio puede valer, pero no basta. No somos niños, tenemos responsabilidad. Si sabemos lo malo que es tener sed, ¿por qué no asistimos de inmediato al sediento? Es terrible comprobar que podemos volvernos muy insensibles ante la urgente necesidad del otro. El egocentrismo se vuelve enfermedad social que acaba por no ver a nadie y termina dañando a todos. La samaritana elige "sus" intereses, frente a la sed de Jesús. Elige discutir en vez de dialogar. Opta por las diferencias para aumentar las distancias entre judíos y samaritanos, en vez de unir las dos caras en un mismo pueblo elegido (Juan 4:9, 12).

Jesús, por el otro lado, busca el diálogo, la comprensión, reconoce su necesidad ("dame de beber", Juan 4:8). No viene a pedir con las manos vacías; ofrece un intercambio generoso: dar a la samaritana un agua que saciará su sed para siempre (Juan 4:14). (J.L.C.) ■

VIVIENDO NUESTRA FE

La tentación de la samaritana (desentenderse de los problemas del otro) sigue siendo un peligro actual. El segundo capítulo de la encíclica *Evangelii Gaudium* se llama "En la crisis del compromiso comunitario" (no. 50–109). En ella, el papa Francisco advierte que los cristianos no podemos dejar de estar atentos a los "signos de los tiempos", porque cuanto antes arreglemos las cosas, mejor para todos. "Se trata de una responsabilidad grave, ya que algunas realidades del presente, si no son bien resueltas, pueden desencadenar procesos de deshumanización difíciles de revertir más adelante" (no. 51).

PARA REFLEXIONAR

1. ¿Quiénes son personas atentas a las necesidades de los demás?

2. ¿Recuerde qué ha experimentado cuando ha sido usted sensible a las necesidades del otros?

3. ¿Cómo fomenta su grupo o comunidad de fe el sentido de pertenencia social?

19 de marzo de 2020
San José, esposo de
la Virgen María
*2 Sam 7:4–5a, 12–14a, 16;
Rom 4:13, 16–18, 22;
Mt 1:16, 18–21, 24a o Lc 2:41–51a*

LECTURAS SEMANALES
marzo 16–21

L 2 Re 5:1–15a; Lc 4:24–30

M Dan 3:25, 34–43; Mt 18:21–35

M Dt 4:1, 5–9; Mt 5:17–19

J *San José*

V Os 14:2–10; Mc 12:28b–34

S Os 6:1–6; Lc 18:9–14

22 de marzo de 2020   IV Domingo de Cuaresma

Primera lectura

1 Samuel 16:1b, 6–7, 10–13a

En aquellos días, dijo el Señor a Samuel: "Ve a la casa de Jesé, en Belén, porque de entre sus hijos me he escogido un rey. Llena, pues, tu cuerno de aceite para ungirlo y vete".

Cuando llegó Samuel a Belén y vio a Eliab, el hijo mayor de Jesé, pensó: "Éste es, sin duda, el que voy a ungir como rey". Pero el Señor le dijo: "No te dejes impresionar por su aspecto ni por su gran estatura, pues yo lo he descartado, porque yo no juzgo como juzga el hombre. El hombre se fija en las apariencias, pero el Señor se fija en los corazones".

Así fueron pasando ante Samuel siete de los hijos de Jesé; pero Samuel dijo: "Ninguno de éstos es el elegido del Señor". Luego le preguntó a Jesé: "¿Son éstos todos tus hijos?" Él respondió: "Falta el más pequeño, que está cuidando el rebaño". Samuel le dijo: "Hazlo venir, porque no nos sentaremos a comer hasta que llegue". Y Jesé lo mandó llamar.

El muchacho era rubio, de ojos vivos y buena presencia. Entonces el Señor dijo a Samuel: "Levántate y úngelo, porque éste es". Tomó Samuel el cuerno con el aceite y lo ungió delante de sus hermanos.

Salmo responsorial

Salmo 22:1–3a, 3b–4, 5, 6

R. El Señor es mi pastor, nada me falta.

El Señor es mi pastor, nada me falta: en verdes praderas me hace recostar; me conduce hacia fuentes tranquilas y repara mis fuerzas. **R.**

Me guía por el sendero justo, por el honor de su nombre. Aunque camine por cañadas oscuras, nada temo, porque tú vas conmigo: tu vara y tu cayado me sosiegan. **R.**

Preparas una mesa ante mí, enfrente de mis enemigos; me unges la cabeza con perfume, y mi copa rebosa. **R.**

Tu bondad y tu misericordia me acompañan todos los días de mi vida, y habitaré en la casa del Señor por años sin término. **R.**

Segunda lectura

Efesios 5:8–14

Evangelio

Juan 9:1, 6–9, 13–17, 34–38

En aquel tiempo, Jesús vio al pasar a un ciego de nacimiento. Escupió en el suelo, hizo lodo con la saliva, se lo puso en los ojos al ciego y le dijo: "Vé a lavarte en la piscina de Siloé" (que significa 'Enviado'). El fue, se lavó y volvió con vista.

Entonces los vecinos y los que lo habían visto antes pidiendo limosna, preguntaban: "¿No es éste el que se sentaba a pedir limosna?" Unos decían: "Es el mismo". Otros: "No es él, sino que se le parece". Pero él decía: "Yo soy".

Llevaron entonces ante los fariseos al que había sido ciego. Era sábado el día en que Jesús hizo lodo y le abrió los ojos. También los fariseos le preguntaron cómo había adquirido la vista. El les contestó: "Me puso lodo en los ojos, me lavé y veo". Algunos de los fariseos comentaban: "Ese hombre no viene de Dios, porque no guarda el sábado". Otros replicaban: "¿Cómo puede un pecador hacer semejantes prodigios?" Y había división entre ellos. Entonces volvieron a preguntarle al ciego: "Y tú, ¿qué piensas del que te abrió los ojos?" El les contestó: "Que es un profeta". Le replicaron: "Tú eres puro pecador desde que naciste, ¿cómo pretendes darnos lecciones?" Y lo echaron fuera.

Supo Jesús que lo habían echado fuera, y cuando lo encontró, le dijo: "¿Crees tú en el Hijo del hombre?" El contestó: "¿Y quién es, Señor, para que yo crea en él?" Jesús le dijo: "Ya lo has visto; el que esta hablando contigo, ése es". El dijo: "Creo, Señor". Y postrándose, lo adoró.

Forma larga: Juan 9:1–41

25 de marzo de 2020
Anunciación del Señor
Is 7:10–14; 8:10; Heb 10:4–10; Lc 1:26–38

La tentación de la ceguera

DECIMOS QUE "no hay peor ciego que el que no quiere ver". Lo decimos de quienes no quieren reconocer las cosas, o de los que dan más importancia a asuntos banales que a lo verdaderamente importante. Jesús tuvo que enfrentar también ese tipo de actitud. Todos veían al ciego de nacimiento, pero nadie prestaba atención a su necesidad. Los discípulos (siguiendo la mentalidad general de la época) veían la ceguera como consecuencia de algún pecado. En vez de trabajar por mejorar la vida del ciego, se ocupaban en cavilar quién habría pecado, si él o sus padres (Juan 9:2). Jesús (¡atención, que lo que Jesús hace es lo que Dios hace!) no entra en tales disquisiciones, sino que enfrenta la realidad profunda. El ciego necesita ver y a ello va Jesús. Por eso le cura (Juan 9:6–7).

Los otros, los que conocían al ciego (con esa mentalidad que antes decíamos), se interesan más por lo que menos importancia tiene; palabrean sobre si es él o no, por qué le han hecho un milagro y a mí no, cómo ha pasado, por qué ahora ve si era ciego, por qué si era un pecador castigado con la ceguera… Como ya vimos en el caso de la samaritana la semana pasada, es fácil caer en la tentación de despistarnos del propósito de la vida.

La vida es una bendición. Es un regalo que Dios nos dio. El Creador la diseñó no completa, sino que nos toca vivirla y así la fabricamos. La vida es un proceso que él comienza y continuamos con nuestro día a día. Por desgracia, muchas cosas no funcionan en la vida como querríamos; existen enfermedades, egoísmos, crímenes, dolores, etcétera. pero no debemos sentirnos perdidos, porque la Palabra de Dios nos guía. También contamos con el ejemplo luminoso de Jesucristo, que nos ayuda a saber qué hacer, cómo y, sobre todo, con qué actitud hacerlo.

Nuestra reflexión personal y comunitaria esta semana nos lleva a considerar precisamente nuestra actitud. Hay maneras de vivir, de comportarnos, de pensar y de actuar que ayudan a mejorar, a santificarnos y a construir el Reino. Hay otras actitudes que nos alejan del propósito de la vida: "que tengan vida en abundancia" (Juan 10:10). La Cuaresma nos lleva por ese camino de discipulado que comienza por ver con toda claridad. (J.L.C.) ∎

VIVIENDO NUESTRA FE

Necesitamos ver con claridad la realidad. La Iglesia nos alienta a mirar detenidamente tanto el orden económico, como el social, el jurídico, el político y el cultural, para poder tomar decisiones de auténtica libertad humana. El número 137 del *Compendio de doctrina social de la Iglesia* impulsa a la conversión interior para que se dé el verdadero cambio a favor de la persona humana.

PARA REFLEXIONAR

1. ¿Qué tipos de ceguera percibe en torno a usted?

2. ¿A qué opiniones y criterios se aferra usted, sin admitir otros puntos de vista o consejos?

3. ¿Qué talleres o cursos ayudan a su comunidad de fe para mirar la realidad claramente?

LECTURAS SEMANALES
marzo 23–28

L Is 65:17–21; Jn 4:43–54

M Ez 47:1–9, 12; Jn 5:1–3, 5–16

M *Anunciación del Señor*

J Ex 32:7–14; Jn 5:31–47

V Sab 2:1a, 12–22; Jn 7:1–2, 10, 25–30

S Jer 11:18–20; Jn 7:40–53

Primera lectura

Ezequiel 37:12–14

Esto dice el Señor Dios: "Pueblo mío, yo mismo abriré sus sepulcros, los haré salir de ellos y los conduciré de nuevo a la tierra de Israel.

Cuando abra sus sepulcros y los saque de ellos, pueblo mío, ustedes dirán que yo soy el Señor.

Entonces les infundiré a ustedes mi espíritu y vivirán, los estableceré en su tierra y ustedes sabrán que yo, el Señor, lo dije y lo cumplí".

Salmo responsorial

Salmo 129:1–2, 3–4, 5–7ab, 7cd–8

R. Del Señor viene la misericordia, la redención copiosa.

Desde lo hondo a ti grito, Señor: Señor, escucha mi voz; estén tus oídos atentos a la voz de mi súplica. **R.**

Si llevas cuentas de los delitos, Señor, ¿quién podrá resistir? Pero de ti procede el perdón, y así infundes respeto. **R.**

Mi alma espera en el Señor, espera en su palabra; mi alma aguarda al Señor, más que el centinela la aurora. Aguarde Israel al Señor, como el centinela la aurora. **R.**

Porque del Señor viene la misericordia, la redención copiosa; y él redimirá a Israel de todos sus delitos. **R.**

Segunda lectura

Romanos 8:8–11

Evangelio

Juan 11:3–7, 17, 20–27, 33b–45

En aquel tiempo, Marta y María, las dos hermanas de Lázaro, le mandaron decir a Jesús: "Señor, el amigo a quien tanto quieres está enfermo". Al oír esto, Jesús dijo: "Esta enfermedad no acabará en la muerte, sino que servirá para la gloria de Dios, para que el Hijo de Dios sea glorificado por ella".

Jesús amaba a Marta, a su hermana y a Lázaro. Sin embargo, cuando se enteró de que Lázaro estaba enfermo, se detuvo dos días más en el lugar en que se hallaba. Después dijo a sus discípulos: "Vayamos otra vez a Judea".

Cuando llegó Jesús, Lázaro llevaba ya cuatro días en el sepulcro. Apenas oyó Marta que Jesús llegaba, salió a su encuentro; pero María se quedó en casa. Le dijo Marta a Jesús: "Señor, si hubieras estado aquí, no habría muerto mi hermano. Pero aún ahora estoy segura de que Dios te concederá cuanto le pidas".

Jesús le dijo: "Tu hermano resucitará". Marta respondió: "Ya sé que resucitará en la resurrección del último día". Jesús le dijo: "Yo soy la resurrección y la vida. El que cree en mí, aunque haya muerto, vivirá; y todo aquel que está vivo y cree en mí, no morirá para siempre. ¿Crees tú esto?" Ella le contestó: "Sí, Señor. Creo firmemente que tú eres el Mesías, el Hijo de Dios, el que tenía que venir al mundo".

Jesús se conmovió hasta lo más hondo y preguntó: "¿Dónde lo han puesto?" Le contestaron: "Ven, Señor, y lo verás". Jesús se puso a llorar y los judíos comentaban: "De veras ¡cuánto lo amaba!" Aldunos decían: "¿No podía éste, que abrió los ojos al ciego de nacimiento, hacer que Lázaro no muriera?"

Jesús, profundamente conmovido todavía, se detuvo ante el sepulcro, que era una cueva, sellada con una losa. Entonces dijo Jesús: "Quiten la losa". Pero Marta, la hermana del que había muerto, le replicó: "Señor, ya huele mal, porque lleva cuatro días". Le dijo Jesús: "¿No te he dicho que si crees, verás la gloria de Dios?" Entonces quitaron la piedra.

Jesús levantó los ojos a lo alto y dijo: "Padre te doy gracias porque me has escuchado. Yo ya sabía que tú siempre me escuchas; pero lo he dicho a causa de esta muchedumbre que me rodea, para que crean que tú me has enviado". Luego gritó con voz potente: "¡Lázaro, sal de ahí!" Y salió el muerto, atados con vendas las manos y los pies, y la cara envuelta en un sudario. Jesús les dijo: "Desátenlo, para que pueda andar".

Muchos de los judíos que habían ido a casa de Marta y María, al ver lo que había hecho Jesús, creyeron en él.

Forma larga: Juan 11:1–45

La tentación del miedo

EN LA SAGRADA Escritura encontramos ejemplos de cómo reaccionan las personas ante las circunstancias de la vida. Durante la Cuaresma nos conviene prestar atención para ver dónde estamos y cómo avanzar en el camino con el Señor.

En el evangelio de hoy podemos ver cómo los apóstoles cayeron en la tentación, en otra tentación. Cuando supieron que Jesús planeaba ir a Betania, porque Lázaro había muerto, para acompañar a sus hermanas, nunca pensaron en la necesidad de la familia que había sufrido una pérdida, ni pensaron en los sentimientos de Jesús que había perdido un amigo. Les preocupó su propio pellejo. Obviamente, no dijeron: "Tenemos miedo de ir", sino que lo camuflaron del modo más habitual: que otro tome la decisión. Dijeron: "Maestro, hace poco los judíos de esa región trataron de matarte a pedradas, ¿y otra vez quieres ir allá?" (Juan 11:8). Después, cambian el tema: "Si se ha dormido, es señal de que va a sanar" (Juan 11:12). El miedo nos vuelve egoístas. La comodidad nos aísla. Cuando anteponemos nuestro *yo* y nos creemos el centro del universo, los demás dejan de ser nuestros hermanos, nuestro prójimo, y se detiene la construcción del Reino de Dios y su justicia.

Tomás representa otra actitud: el pesimista obediente. Tomás entendió que Jesús estaba decidido y que no había otro remedio que ir, pero lo hizo con el fatalismo de su miedo: "Vamos también nosotros, para morir con él" (Juan 11:16). No le queda más remedio que hacerlo, porque sabe que se debe al Maestro. Lo hace con el sentido de obligación del que conoce las reglas y sigue instrucciones. Esa es otra actitud habitual. Tememos ser responsables de nuestras acciones, de nuestras decisiones, como también de nuestros miedos. Confrontar las realidades que nos salen al paso es parte fundamental de la vida. Los apóstoles temieron dar un paso adelante en la solidaridad con la familia de Lázaro. Cuando lo hicieron (como Tomás), lo hicieron pensando en lo peor. Muy obedientes, pero solo por fuera, con su corazón aún atribulado.

La tercera actitud presente es la de Jesús: siempre preparado a estar cerca de los sufrientes y afligidos, a cualquier precio, aún a riesgo de su propia vida. Por algo había dicho que el grano de trigo que muere así mismo y se abre a los demás da mucho fruto (Juan 12:24). (J.L.C.) ■

VIVIENDO NUESTRA FE

"Una de las tentaciones más serias que ahogan el fervor y la audacia es la conciencia de derrota que nos convierte en pesimistas quejosos y desencantados con cara de vinagre" (*Evangelii Gaudium*, no. 85). Los cristianos en Cuaresma nos caracterizamos por la esperanza, y mantenemos esa actitud siempre porque creemos en la Resurrección y deseamos llevarla a todos y a todo. El compromiso social solo tiene sentido desde la confianza en que todo va a ser mejor en Cristo.

PARA REFLEXIONAR

1. ¿Qué personas viven oprimidas por el miedo? ¿Cuáles son los miedos más comunes?

2. ¿Recuerda alguna situación en la que el miedo lo haya dominado?

3. ¿Cómo alienta su grupo o parroquia la confianza y superación del miedo?

LECTURAS SEMANALES
marzo 30–abril 4

L Dn 13:1–9, 15–17, 19–30, 33–62 o 13:41c–62; Jn 8:1–11

M Nm 21:4–9; Jn 8:21–30

M Dn 3:14–20, 91–92, 95; Jn 8:31–42

J Gen 17:3–9; Jn 8:51–59

V Jer 20:10–13; Jn 10:31–42

S Ez 37:21–28; Jn 11:45–57

5 de abril de 2020

Evangelio

Mateo 21:1–11

Cuando se aproximaban ya a Jerusalén, al llegar a Betfagé, junto al monte de los Olivos, envió Jesús a dos de sus discípulos, diciéndoles: "Vayan al pueblo que ven allí enfrente; al entrar, encontrarán amarrada una burra y un burrito con ella; desátenlos y tráiganmelos. Si alguien les pregunta algo, díganle que el Señor los necesita y enseguida los devolverá".

Esto sucedió para que se cumplieran las palabras del profeta: *Díganle a la hija de Sión: He aquí que tu rey viene a ti, apacible y montado en un burro, en un burrito, hijo de animal de yugo.*

Fueron, pues, los discípulos e hicieron lo que Jesús les había encargado y trajeron consigo la burra y el burrito. Luego pusieron sobre ellos sus mantos y Jesús se sentó encima. La gente, muy numerosa, extendía sus mantos por el camino; algunos cortaban ramas de los árboles y las tendían a su paso. Los que iban delante de él y los que lo seguían gritaban: *"¡Hosanna! ¡Viva el Hijo de David! ¡Bendito el que viene en nombre del Señor! ¡Hosanna en el cielo!"*

Al entrar Jesús en Jerusalén, toda la ciudad se conmovió. Unos decían: "¿Quién es éste?" Y la gente respondía: "Éste es el profeta Jesús, de Nazaret de Galilea".

Primera lectura

Isaías 50:4–7

En aquel entonces, dijo Isaías: / "El Señor me ha dado una lengua experta, / para que pueda confortar al abatido / con palabras de aliento.

Mañana tras mañana, el Señor despierta mi oído, / para que escuche yo, como discípulo. / El Señor Dios me ha hecho oír sus palabras / y yo no he opuesto resistencia / ni me he echado para atrás.

Ofrecí la espalda a los que me golpeaban, / la mejilla a los que me tiraban de la barba. / No aparté mi rostro de los insultos y salivazos.

Pero el Señor me ayuda, / por eso no quedaré confundido, / por eso endureció mi rostro como roca / y sé que no quedaré avergonzado".

Salmo responsorial

Salmo 21:8–9, 17–18a, 19–20, 23–24

R. Dios mío, Dios mío, ¿por qué me has abandonado?

Al verme se burlan de mí, hacen visajes, menean la cabeza: "Acudió al Señor, que lo ponga a salvo; que lo libre si tanto lo quiere". **R.**

Al verme se burlan de mí, / hacen visajes, menean la cabeza: / "Acudió al Señor, que lo ponga a salvo; / que lo libre si tanto lo quiere". **R.**

Me acorrala una jauría de mastines, / me cerca una banda de malhechores: / me taladran las manos y los pies, /puedo contar mis huesos. **R.**

Se reparten mi ropa, / echan a suerte mi túnica. / Pero tú, Señor, no te quedes lejos; / fuerza mía, ven corriendo a ayudarme. **R.**

Contaré tu fama a mis hermanos, / en medio de la asamblea te alabaré. / Fieles del Señor, alábenlo, / linaje de Jacob, glorifíquenlo, / témanle, linaje de Israel. **R.**

Segunda lectura

Filipenses 2:6–11

Cristo, siendo Dios, / no consideró que debía aferrarse / a las prerrogativas de su condición divina, / sino que, por el contrario, se anonadó a sí mismo, / tomando la condición de siervo, / y se hizo semejante a los hombres. / Así, hecho uno de ellos, se humilló a sí mismo / y por obediencia aceptó incluso la muerte, / y una muerte de cruz.

Por eso Dios lo exaltó sobre todas las cosas / y le otorgó el nombre que está sobre todo nombre, / para que, al nombre de Jesús, todos doblen la rodilla / en el cielo, en la tierra y en los abismos, / y todos reconozcan públicamente que Jesucristo es el Señor, / para gloria de Dios Padre.

Evangelio

Mateo 26:14—27:66

En aquel tiempo, uno de los Doce, llamado Judas Iscariote, fue a ver a los sumos sacerdotes y les dijo: "¿Cuánto me dan si les entregó a Jesús?" Ellos quedaron en darle treinta monedas de plata. Y desde ese momento andaba buscando una oportunidad para entregárselo.

El primer día de la fiesta de los panes Ázimos, los discípulos se acercaron a Jesús y le preguntaron: "¿Dónde quieres que te preparemos la cena de Pascua?" Él respondió: "Vayan a la ciudad, a casa de fulano, y díganle: 'El Maestro dice: Mi hora está ya cerca. Voy a celebrar la Pascua con mis discípulos en tu casa'". Ellos hicieron lo que Jesús les había ordenado y prepararon la cena de Pascua.

Al atardecer, se sentó a la mesa con los Doce, y mientras cenaban, les dijo: "Yo les aseguro que uno de ustedes va a entregarme". Ellos se pusieron muy tristes y comenzaron a preguntarle uno por uno: "¿Acaso soy yo, Señor?" Él respondió: "El que moja su pan en el mismo plato que yo, ése va a entregarme. Porque el Hijo del Hombre va a morir, como está escrito de él; pero ¡Ay de aquel por quien el Hijo del hombre va a ser entregado! ¡Más le valiera a ese hombre no haber nacido!" Entonces preguntó Judas, el que lo iba a entregar: "¿Acaso soy yo, Maestro?" Jesús le respondió: "Tú lo has dicho".

Durante la cena, Jesús tomó un pan, y pronunciada la bendición, lo partió y lo dio a sus discípulos, diciendo: "Tomen y coman. Este es mi Cuerpo". Luego tomó en sus manos una copa de vino, y pronunciada la acción gracias, la pasó a sus discípulos, diciendo: "Beban todos de ella, porque ésta es mi Sangre, Sangre de la nueva alianza, que será derramada por todos, para el perdón de los pecados. Les digo que ya no beberé más del fruto de la vid, hasta el día en que beba con ustedes el vino nuevo en el Reino de mi Padre".

Después de haber cantado el himno, salieron hacia el monte de los Olivos. Entonces Jesús les dijo: "Todos ustedes se van a escandalizar de mí esta noche, porque está escrito: *Heriré al pastor y se dispersarán las ovejas del rebaño.* Pero después de que yo resucite, iré delante de ustedes a Galilea". Entonces Pedro le replicó: "Aunque todos se escandalicen de ti, yo nunca me escandalizaré". Jesús le dijo: "Yo te aseguro que esta misma noche, antes de que el gallo cante, me habrás negado tres veces". Pedro le replicó:

"Aunque tenga que morir contigo, no te negaré". Y lo mismo dijeron todos los discípulos.

Entonces Jesús fue con ellos a un lugar llamado Getsemaní, y dijo a los discípulos: "Quédense aquí mientras yo voy a orar más allá". Se llevó consigo a Pedro y a los dos hijos de Zebedeo y comenzó a sentir tristeza y angustia. Entonces les dijo: "Mi alma está llena de una tristeza mortal. Quédense aquí y velen conmigo". Avanzó unos pasos más, se postró rostro en tierra y comenzó a orar, diciendo: "Padre mío, si es posible, que pase de mí este cáliz; pero que no se haga como yo quiero, sino como quieres tú".

Volvió entonces a donde estaban los discípulos y los encontró dormidos. Dijo a Pedro: "¿No han podido velar conmigo ni una hora? Velen y oren, para no caer en la tentación, porque el espíritu está pronto, pero la carne es débil". Y alejándose de nuevo, se puso a orar, diciendo: "Padre mío, si este cáliz no puede pasar sin que yo lo beba, hágase tu voluntad". Después volvió y encontró a sus discípulos otra vez dormidos, porque tenían los ojos cargados de sueño. Los dejó y se fue a orar de nuevo por tercera vez, repitiendo las mismas palabras. Después de esto, volvió a donde estaban los discípulos y les dijo: "Duerman ya y descansen. He aquí que llega la hora y el Hijo del hombre va a ser entregado en manos de los pecadores. ¡Levántense! ¡Vamos! Ya está aquí el que me va a entregar".

Todavía estaba hablando Jesús, cuando llegó Judas, uno de los Doce, seguido de una chusma numerosa con espadas y palos, enviada por los sumos sacerdotes y los ancianos del pueblo. El que lo iba a entregar les había dado esta señal: "Aquél a quien yo le dé un beso, ése es. Apréhendanlo". Al instante se acercó a Jesús y le dijo: "¡Buenas noches, Maestro!". Y lo besó. Jesús le dijo: "Amigo, ¿es esto a lo que has venido?" Entonces se acercaron a Jesús, le echaron mano y lo apresaron.

Uno de los que estaban con Jesús sacó la espada, hirió a un criado del sumo sacerdote y le cortó una oreja. Le dijo entonces Jesús: "Vuelve la espada a su lugar, pues quien usa la espada, a espada morirá. ¿No crees que si yo se lo pidiera a mi Padre, él pondría ahora mismo a mi disposición más de doce legiones de ángeles? Pero, ¿cómo se cumplirían entonces las Escrituras, que dicen que así debe suceder?" Enseguida dijo Jesús a aquella chusma: "¿Han salido ustedes a apresarme como a un bandido, con espadas y palos? Todos los días yo enseñaba, sentado en el templo, y no me aprehendieron. Pero todo esto ha sucedido para que se cumplieran las predicciones de los profetas". Entonces todos los discípulos lo abandonaron y huyeron.

Los que aprehendieron a Jesús lo llevaron a la casa del sumo sacerdote Caifás, donde los escribas y los ancianos estaban reunidos. Pedro los fue siguiendo de lejos hasta el palacio del sumo sacerdote. Entró y se sentó con los criados para ver en qué paraba aquello.

Los sumos sacerdotes y todo el sanedrín andaban buscando un falso testimonio contra Jesús, con ánimo de darle muerte; pero no lo encontraron, aunque se presentaron muchos testigos falsos. Al fin llegaron dos, que dijeron: "Éste dijo: 'Puedo derribar el templo de Dios y reconstruirlo en tres días'". Entonces el sumo sacerdote se levantó y le dijo: "¿No respondes nada a lo que éstos atestiguan en contra tuya?" Como Jesús callaba, el sumo sacerdote le dijo: "Te conjuro por el Dios vivo que nos digas si tú eres el Mesías, el Hijo de Dios". Jesús le respondió: "Tú lo has dicho. Además, yo les declaro que pronto verán al Hijo del hombre, sentado a la derecha de Dios, venir sobre las nubes del cielo".

Entonces, el sumo sacerdote rasgó sus vestiduras y exclamó: "¡Ha blasfemado! ¿Qué necesidad tenemos ya de testigos? Ustedes mismos han oído la blasfemia. ¿Qué les parece?" Ellos respondieron: "Es reo de muerte". Luego comenzaron a escupirle en la cara y a darle bofetadas. Otros lo golpeaban, diciendo: "Adivina quién es el que te ha pegado".

Entretanto, Pedro estaba fuera, sentado en el patio. Una criada se le acercó y le dijo: "Tú también estabas con Jesús, el galileo". Pero él lo negó ante todos, diciendo: "No sé de qué me estás hablando". Ya se iba hacia el zaguán, cuando lo vio otra criada y dijo a los que estaban ahí: "También ése andaba con Jesús, el nazareno". Él de nuevo lo negó con juramento: "No conozco a ese hombre". Poco después se acercaron a Pedro los que estaban ahí y le dijeron: "No cabe duda de que tú también eres de ellos, pues hasta tu modo de hablar te delata". Entonces él comenzó a echar maldiciones y a jurar que no conocía a aquel hombre. Y en aquel momento cantó el gallo. Entonces se acordó Pedro de que Jesús había dicho: 'Antes de que cante el gallo, me habrás negado tres veces'. Y saliendo de ahí se soltó a llorar amargamente.

Llegada la mañana, todos los sumos sacerdotes y los ancianos del pueblo celebraron consejo contra Jesús para darle muerte. Después de atarlo, lo llevaron ante el procurador, Poncio Pilato, y se lo entregaron.

Entonces Judas, el que lo había entregado, viendo que Jesús había sido condenado a muerte, devolvió arrepentido las treinta monedas de plata a los sumos sacerdotes y a los ancianos, diciendo: "Pequé, entregando la sangre de un inocente". Ellos dijeron: "¿Y a nosotros qué nos importa? Allá tú". Entonces Judas arrojó las monedas de plata en el templo, se fue y se ahorcó.

Los sumos sacerdotes tomaron las monedas de plata, y dijeron: "No es lícito juntarlas con el dinero de las limosnas, porque son precio de sangre". Después de deliberar, compraron con ellas el campo del alfarero, para sepultar ahí a los extranjeros. Por eso aquel campo se llama hasta el día de hoy "Campo de sangre". Así se cumplió lo que dijo el profeta Jeremías: *Tomaron las treinta monedas de plata en que fue tasado aquel a quien pusieron precio algunos hijos de Israel, y las dieron por el campo del alfarero, según lo que me ordenó el Señor.*

Jesús compareció ante el procurador, Poncio Pilato, quien le preguntó: "¿Eres tú el Rey de los judíos?" Jesús respondió: "Tú lo has dicho". Pero nada respondió a las acusaciones que le hacían los sumos sacerdotes y los ancianos. Entonces le dijo Pilato: "¿No oyes todo lo que dicen contra ti?" Pero él nada respondió, hasta el punto de que el procurador se quedó muy extrañado. Con ocasión de la fiesta de la Pascua, el procurador solía conceder a la multitud la libertad del preso que quisieran. Tenían entonces un preso famoso, llamado Barrabás. Dijo, pues, Pilato a los ahí reunidos: "¿A quién quieren que le deje en libertad: a Barrabás o a Jesús, que se dice el Mesías?" Pilato sabía que se lo habían entregado por envidia.

Estando él sentado en el tribunal, su mujer mandó decirle: "No te metas con ese hombre justo, porque hoy he sufrido mucho en sueños por su causa".

Mientras tanto, los sumos sacerdotes y los ancianos convencieron a la muchedumbre de que pidieran la libertad de Barrabás y la muerte de Jesús. Así, cuando el procurador les preguntó: "¿A cuál de los dos quieren que les suelte?" Ellos respondieron: "A Barrabás". Pilato les dijo: "¿Y qué voy a hacer con Jesús, que se dice el Mesías?" Respondieron todos: "Crucifícalo". Pilato preguntó: "Pero, ¿qué mal ha hecho?" Mas ellos seguían gritando cada vez con más fuerza: "¡Crucifícalo!" Entonces Pilato, viendo que nada conseguía y que crecía el tumulto pidió agua y se lavó las manos ante el pueblo, diciendo: "Yo no me hago responsable de la muerte de este hombre justo. Allá ustedes". Todo el pueblo respondió: "¡Que su sangre caiga sobre nosotros y sobre nuestros hijos!" Entonces Pilato puso en libertad a Barrabás. En cambio a Jesús lo hizo azotar y lo entregó para que lo crucificaran.

Los soldados del procurador llevaron a Jesús al pretorio y reunieron alrededor de él a todo el batallón. Lo desnudaron y le echaron encima un manto de púrpura, trenzaron una corona de espinas y se la pusieron en la cabeza; le pusieron una caña en su mano derecha, y arrodillándose ante él, se burlaban diciendo: "¡Viva el rey de los judíos!" Y le escupían. Luego, quitándole la caña, golpeaban con ella en la cabeza. Después de que se burlaron de él, le quitaron el manto, le pusieron sus ropas y lo llevaron a crucificar.

Al salir, encontraron a un hombre de Cirene, llamado Simón, y lo obligaron a llevar la cruz. Al llegar a un lugar llamado Gólgota, es decir, "Lugar de la Calavera", le dieron a beber a Jesús vino mezclado con hiel; él lo probó, pero no lo quiso beber. Los que lo crucificaron se repartieron sus vestidos, echando suertes, y se quedaron sentados para custodiarlo. Sobre su cabeza pusieron por escrito la causa de su condena: 'Éste es Jesús, el rey de los judíos'. Juntamente con él, crucificaron a dos ladrones, uno a su derecha y el otro a su izquierda.

Los que pasaban por allí, lo insultaban moviendo la cabeza y gritándole: "Tú que destruyes el templo y en tres días lo reedificas, sálvate a ti mismo; si eres el Hijo de Dios, baja de la cruz". También se burlaban de él los sumos sacerdotes, los escribas y los ancianos, diciendo: "Ha salvado a otros y no puede salvarse a sí mismo. Si es el rey de Israel, que baje de la cruz y creeremos en él. Ha puesto su confianza en Dios, que Dios lo salve ahora si es que de verdad lo ama, pues él ha dicho: 'Soy el Hijo de Dios' ". Hasta los ladrones que estaban crucificados a su lado lo injuriaban.

Desde el mediodía hasta las tres de la tarde, se oscureció toda aquella tierra. Y alrededor de las tres, Jesús exclamó con fuerte voz: "*Elí, Elí, ¿lemá sabactaní?*", que quiere decir: "Dios mío, Dios mío, ¿por qué me has abandonado?" Algunos de los presentes, al oírlo, decían: "Está llamando a Elías".

Enseguida uno de ellos fue corriendo a tomar una esponja, la empapó en vinagre y sujetándola a una caña, le ofreció de beber. Pero otros le dijeron: "Déjalo. Veamos a ver si viene Elías a salvarlo". Entonces Jesús, dando de nuevo un fuerte grito, expiró.

[Aquí todos se arrodillan y guardan silencio por unos instantes.]

Entonces el velo del templo se rasgó en dos partes, de arriba a abajo, la tierra tembló y las rocas se partieron. Se abrieron los sepulcros y resucitaron muchos justos que habían muerto, y después de la resurrección de Jesús, entraron en la ciudad santa y se aparecieron a mucha gente. Por su parte, el oficial y los que estaban con él custodiando a Jesús, al ver el terremoto y las cosas que ocurrían, se llenaron de un gran temor y dijeron: "Verdaderamente éste era Hijo de Dios".

Estaban también allí, mirando desde lejos, muchas de las mujeres que habían seguido a Jesús desde Galilea para servirlo. Entre ellas estaban María Magdalena, María, la madre de Santiago y de José, y la madre de los hijos de Zebedeo.

Al atardecer, vino un hombre rico de Arimatea, llamado José, que se había hecho también discípulo de Jesús. Se presentó a Pilato y le pidió el cuerpo de Jesús, y Pilato dio orden de que se lo entregaran. José tomó el cuerpo, lo envolvió en una sábana limpia y lo depositó en un sepulcro nuevo, que había hecho excavar en la roca para sí mismo. Hizo rodar una gran piedra hasta la entrada del sepulcro y se retiró. Estaban ahí María Magdalena y la otra María, sentadas frente al sepulcro.

Al otro día, el siguiente de la preparación a la Pascua, los sumos sacerdotes y los fariseos se reunieron ante Pilato y le dijeron: "Señor, nos hemos acordado de que ese impostor, estando aún en vida, dijo: 'A los tres días resucitaré'. Manda, pues, asegurar el sepulcro hasta el tercer día; no sea que vengan sus discípulos, lo roben y digan al pueblo: 'Resucitó de entre los muertos', porque esta última impostura sería peor que la primera". Pilato les dijo: "Tomen un pelotón de soldados, aseguren el sepulcro como ustedes quieran". Ellos fueron y aseguraron el sepulcro, poniendo un sello sobre la puerta y dejaron ahí la guardia.

Forma breve: *Mateo 27:11–54*

Superar la tentación

JESÚS SABÍA a lo que iba a Jerusalén (Ciudad de Paz); tenía un propósito. Lo había anunciado varias veces y de varios modos. Conocía lo que iba a pasar. Incluso lloró frente a las murallas de la ciudad (Lucas 19:41) porque sabía que la tan necesaria paz iba a morir en una cruz. Es fácil imaginar el desasosiego de Jesús en este día de ramos y aclamaciones, cuando el pueblo reconoce la llegada del Mesías esperado, pero siendo consciente de que será abandonado pocas horas después, cuando esos mismo que le aclaman caigan en la tentación del miedo y de salvar su propio cuello.

La humanidad de Jesús era completa; "verdadero Dios y verdadero hombre", rezamos con el Credo. Tenía corazón y sentimientos. Lloró ante la tumba de Lázaro, ante la ciudad de Jerusalén y volverá a llorar en Getsemaní, al saber que su muerte se acerca. Pero, aun así, Jesús no se esconde, ni se protege. Tiene una misión y hace todo por llevarla a cabo. Por eso está en Jerusalén. De nada valdría ser el Mesías y haber hecho milagros, si al final se hubiera escondido. Los habitantes de Jerusalén, los sacerdotes y poderosos debían tener su oportunidad de ver al Señor entrar en la ciudad de David y ver cumplida la profecía; necesitaban esa oportunidad definitiva de apartarse del pecado y aceptar a su rey humilde. Por eso, Jesús entró en Jerusalén.

No fue un suicidio. Fue un gran gesto de esperanza: hasta el final Jesús de Nazaret creyó que el pueblo de Dios regresaría a su Redentor. Confió que los fariseos y los publicanos leerían al fin correctamente las Sagradas Escrituras y se convertirían. Que los romanos verían la gloria de Dios encarnada en un pueblo que luchaba por mantenerse fiel a la promesa recibida. Fue un gran gesto de esperanza, aunque no sucedió lo que se esperaba.

Jesús entra en Jerusalén como creyente, mucho más que como obediente. Está ahí porque cree que la obra de Dios se realizará; porque vence todas las tentaciones en las que caen los demás; porque confían en la fuerza regeneradora de la gracia y de la presencia de Dios.

También nosotros hoy entramos en Jerusalén con él. ¿Traemos la misma fe? (J.L.C.) ■

VIVIENDO NUESTRA FE

Dice el papa Francisco que vivimos en el reino del orgullo y de la vanidad, donde cada uno se cree con el derecho de alzarse por encima de los otros (*Gaudete et Exsultate*, no. 71). La única medicina posible para eso es Jesucristo. Solo él nos enseña la dignidad de todos como hijos e hijas de Dios. Por eso, la Iglesia impregna de Evangelio cada acción que realiza, sea espiritual y social; porque todas están orientadas al mismo fin: dar gloria a Dios, a fin de que los seres humanos sepan quiénes son ante los ojos del Creador.

PARA REFLEXIONAR

1. ¿Qué cambios se notan en las personas alrededor durante la Cuaresma?

2. ¿Cuál fue la última vez que se alegró por la presencia de Dios en su vida? ¿Qué pasó?

3. ¿En qué se reconoce que su grupo o comunidad de fe es cristiano?

LECTURAS SEMANALES
abril 6–11

L Is 42:1–7; Jn 12:1–11

M Is 49:1-6; Jn 13:21–33, 36–38

M Is 50:4–9; Mt 26:14–25

J *Triduo Pascual*

V *Triduo Pascual*

S *Triduo Pascual*

Triduo Pascual

Salmo 90
1–6, 8–11, 14–16

Tú que habitas al amparo del Altísimo,
   a la sombra del todopoderoso,
   dile al Señor: mi amparo, mi refugio;
   en ti, mi Dios, yo pongo mi confianza.

Él te libra del lazo del cazador
      que busca destruirte;
   te cubre con sus alas
   y será su plumaje tu refugio.

No temerás los miedos de la noche
   ni la flecha disparada de día,
   ni la peste que avanza en las tinieblas,
   ni la plaga que azota a pleno sol.

Aunque caigan mil hombres a tu lado
   y diez mil a tu diestra,
   tú permaneces fuera de peligro;
   su lealtad te escuda y te protege.

Basta que tengas tus ojos abiertos
   y verás el castigo del impío,
   tú que dices:
"Mi amparo es el Señor"
   y que haces del Altísimo tu asilo.

No podrá la desgracia dominarte
   ni la plaga acercarse a tu morada:
   pues ha dado a sus ángeles
      la orden de protegerte en todos
      tus caminos.
En sus manos te habrán de sostener
      para que no tropiece tu pie
      en alguna piedra;
   andarás sobre víboras y leones
   y pisarás cachorros y dragones.

Pues a mí se acogió,
   lo libraré, lo protegeré,
   pues mi nombre conoció.
Me llamará,
   yo le responderé
   y estaré con él en la desgracia.

Lo salvaré y lo enalteceré.
Lo saciaré de días numerosos
   y haré que pueda ver mi salvación.

Los Tres Días de la vida nueva

El Triduo Pascual es el núcleo temporal de la celebración atemporal del misterio de la fe. Es especialmente significativo para aquellos que se incorporan a la Iglesia a través del sacramento del bautismo en la noche de la Vigilia Pascual, donde celebramos el momento de la resurrección del Señor. Durante el resto del año litúrgico, repasaremos los grandes momentos de la vida de Jesús de Nazaret y aprenderemos o recordaremos sus enseñanzas y nos llenaremos de nuevo de su amor y su presencia en la Eucaristía. Pero todo tiene su raíz en lo que celebramos en estos Tres Días que tenemos ante nosotros.

Es justo indicar que la estructura de las reflexiones que siguen a continuación busca acompañarnos en la celebración, más que comentarla. No salimos del esquema semanal habitual de Palabra de Dios (a saber, reflexión, viviendo nuestra fe y para reflexionar), porque estos días siguen un ritmo también diferente en las celebraciones a las que acudiremos en la iglesia. La liturgia está compuesta de gestos, símbolos y palabras. Estos días del Triduo Pascual se caracterizan no solo por la importancia de los acontecimientos que recordamos y celebramos, sino también por el uso de símbolos muy especiales, cargados de mucha intensidad teológica y espiritual.

Por último, queremos reseñar que—al escribir estas páginas—tenemos en nuestra mente y nuestro corazón a los catecúmenos, a aquellos que en la noche santa del sábado se incorporan a la Iglesia por el bautismo. Esta Semana Santa va a ser para ellos un tiempo trascendental en su vida. En lo más profundo de su ser, nada será igual, todo será mejor. Escribimos pensando en ellos porque toda ayuda es conveniente para prepararse a la bendición de ser cristiano. ¡Afectará a su vida presente y a la vida eterna!

Para los que somos cristianos desde hace tiempo, volver a leer el Triduo Pascual en clave catecumenal, nos ayudará a regresar a los orígenes, a inspirarnos de nuevo con aquellos que dan su primer paso para hacerse cristianos. Renovar la ilusión de ser hijo de Dios al estilo de Jesucristo es fundamental para levantarnos cada mañana con deseos de construir el Reino. Ojalá que después de esta Semana Santa, todos seamos personas de mayor fe. (J.L.C.) ∎

El Jueves Santo

Misa crismal: Isaías 61:1–3a, 6a, 8b–9; Apocalipsis 1:5–8; Lucas 4:16–21

Misa en la Cena del Señor: Éxodo 12:1–8, 11–14; Salmo 115 (115); 1 Corintios 11:23–26; Juan 13:1–15

Pan de Vida. El Jueves Santo es uno de los días más felices de la vida de la Iglesia y, sin duda, es uno de los hitos que marcan nuestro año litúrgico y nuestra vida. Del Jueves Santo saltamos mentalmente al día de nuestra Primera Comunión y, de ahí, a cada misa dominical donde nuestra fe se alimenta en el altar de la Palabra y en el altar de la Eucaristía. Para los nuevos cristianos, este Jueves Santo representa el anhelo de sentarse a la Mesa del Señor como miembros de pleno derecho de la familia de Dios.

Comemos. Todos comemos y lo hacemos varias veces al día. Es un acto cotidiano y lo hacemos normalmente, tanto, que en ocasiones ni le damos importancia ni agradecemos a la persona que cocinó. En especial, disfrutamos esas comidas en familia donde todos nos reunimos alrededor de la mesa, compartiendo alimentos y amor. Jesús de Nazaret quiso que la Historia de la humanidad cambiara con una cena. La llamamos la "Última Cena", pero en realidad fue la primera. Fue la primera vez que una acción cotidiana se convierte en la puerta para la vida eterna. Cada vez que celebramos una misa, actualizamos la obra salvadora de Jesús, que quiso quedarse entre nosotros en lo más sencillo: en el pan y en el vino compartidos alrededor de una mesa.

Pan de Vida. Desde luego lo más significativo de la celebración del Jueves Santo es la celebración de la Eucaristía. Humanamente Jesús de Nazaret se despide de sus amigos con una cena, pero teológicamente inaugura el evento trascendental de convertir una comida en el espacio de comunión entre el cielo y la tierra. El pan de la Eucaristía ya no es pan, sino Cuerpo de Cristo. Nos alimentamos de Cristo mismo. Así nos convertimos en otros "Cristos", con su misma vocación de hacer el bien y construir el Reino, con sumismo deseo de extender el amor de Dios a cada persona, a cada acción, a cada evento de la vida de todos. Comulgar con el Pan de Vida nos da vida y nos hace apóstoles de la vida.

Lo extraordinario se hace cotidiano. Comer es un acto cotidiano, lo decíamos antes. Pero encontrarnos con

Dios encarnado y salvador *no era* lo cotidiano, hasta la Última Cena. Desde esa noche (que hoy rememoramos con la gran fiesta litúrgica del Jueves Santo y que recuperamos en cada misa que celebramos), lo extraordinario se hace cotidiano. Lo más grande y maravilloso de la vida, se pone a nuestro alcance de la manera más habitual. Cada día encontraremos en una iglesia una celebración de la misa, Jesucristo volverá a entregarse por nosotros como alimento y redención. Podremos renovar la gracia de esa Primera Comunión que los nuevos cristianos recibirán hoy. La primera de muchas para hacer de la vida cotidiana algo extraordinario.

Viernes Santo

Isaías 52:13 — 53:12; Salmo 31 (30); Hebreos 4:14–16; 5:7–9; Juan 18:1 — 19

Muerte para dar vida. El Viernes Santo es un día central para nuestra fe. Hoy conmemoramos la muerte de Jesús, el Hijo de Dios, en una cruz. Recordamos que el justo e inocente fue tratado como un criminal, condenado con mentiras y asesinado. Pero no nos quedamos ahí: celebramos el Viernes Santo no como un día de maldad, sino como el comienzo de una nueva humanidad. Dios actúa en nuestras vidas incluso en medio de la injusticia, del dolor y de la muerte. Veneramos la cruz, pero no nos quedamos en ella.

Una Eucaristía de carne y hueso. Ayer Jesús compartía con sus discípulos su Última Cena. Allí les dio a comer pan y vino diciendo que eran su cuerpo entregado y su sangre derramada. Hoy, ellos son testigos de la verdad de la entrega total de Jesús, ahora clavado en la cruz. Lo que parecía "una manera de hablar" ayer, hoy se hace realidad. La cruz es una Eucaristía. Es una invitación a que todos los que comen del mismo pan y beben del mismo cáliz, hagan de su existencia una entrega verdadera y total para la construcción del Reino de Dios. Por algo dijo Cristo que no hay amor más grande que dar la vida por los amigos (Juan 15:13). La muerte en cruz de Jesús no es un fracaso (como podría parecer a simple vista), sino el triunfo del amor por encima de cualquier otra consideración. El nuevo cristiano no busca morir, sino vivir completamente, y eso solo se consigue compartiendo la propia vida con los demás, para que todos juntos tengamos vida en abundancia (Juan 10:10).

Del perdón a la redención. Cuando cometemos una falta o fallamos a alguien, debemos pedir perdón. La persona—si su corazón así lo siente—nos perdonará. Pero la herida espiritual queda ahí. Jesús en la cruz dice: "Padre, perdónalos, porque no saben lo que hacen" (Lucas 23:34). No solo nos perdona el pecado, sino que sana la herida y limpia la cicatriz. El perdón de Jesucristo no es solo pacificación, sino restauración total de la condición previa. Perdona y no queda huella de lo que sucedió. Por eso, su palabra va más allá del perdón: es redención (Apocalipsis 5:9). Nos hace justos de nuevo (Romanos 5:9). La vida de los hombres sobre la tierra cambia radicalmente al ser liberados del pecado y cualquier otra limitación moral y espiritual. Desde entonces la posibilidad de una "vida nueva" es completa. La acción salvífica de Jesucristo alcanza a los nuevos cristianos. Ellos escucharán estos días frases muy expresivas: "serán lavados con la sangre de Cristo" (Apocalipsis 7:14), "morirán con Cristo para resucitar con él" (Colosenses 2:12) y otras, pero no teman, porque no hablan de muerte real, sino de vivir más y mejor, porque se trata de "para morir al pecado y vivir para la justicia" (1 Pedro 2:24).

El perdón como actitud. Uno de los frutos de la cruz de Cristo es el perdón y la redención, acabamos de hablar de ello. Y añadimos: uno de los efectos de la cruz en la nueva humanidad es convertir la misericordia en algo normal. En un mundo marcado por la ley del talión ("ojo por ojo, diente por diente"), por una justicia de venganza, Jesucristo desde la cruz nos ofrece una nueva actitud: perdonar. El perdón es un tema recurrente en la predicación de Jesús. Siempre tenemos la tentación de pensar que las "palabras bonitas" se quedan en palabras porque son difíciles de llevar a cabo. Pero cuando vemos a Jesús perdonando desde la cruz, la perspectiva cambia.

Jesús pasa del dicho al hecho. El Señor perdona: perdona a los que le insultan (Lucas 23:34) y perdona al ladrón crucificado junto a él (Lucas 23:43) y además le promete la vida eterna, el regalo más grande. Jesús perdona sin tener nada de qué ser perdonado; ¡cuánto más nosotros, que necesitamos perdón! A partir de hoy, no perdonaremos para ser perdonados (Lucas 6:37), sino que perdonaremos porque fuimos perdonados. ¿Cuántas veces perdonaremos? "Setenta veces siete" (Mateo 18:22), es decir, siempre, porque perdonar será nuestra actitud, como fue la de Jesús.

Vigilia Pascual en la Noche Santa

Génesis 1:1 — 2:2 o 1:1, 26–31a; Génesis 22:1–18 o 22:1–2, 9a, 10–13, 15–18; Éxodo 14:15 — 15:1; Isaías 54:5–14; Isaías 55:1–11; Baruc 3:9–15, 32 — 4:4; Ezequiel 36:16–17a, 18–28; Romanos 6:3–11; Mateo 28:1–10

La tumba abierta. Es curioso que los acontecimientos más trascendentales de la historia de la humanidad hayan sucedido de noche: Dios se hizo hombre en Jesús, nacido en un pesebre una noche, y es en otra noche en que Jesús vence a la muerte al resucitar. Esta última es la que celebramos hoy. En medio de la oscuridad, de la calma nocturna, cuando parece que nada va a pasar, sucede lo más trascendental. Tan trascendental que une el cielo y la tierra y vence la última frontera: la muerte.

De la tumba a la resurrección. El Sábado Santo es un día de luto; por eso, la Iglesia está a oscuras al comienzo de la celebración. Todas las luces están apagadas, como si entrásemos en una tumba, en la tumba del Señor, muerto en la cruz. Impresionará a los que van a ser bautizados ver este ambiente completamente distinto en la iglesia en la que se han preparado para ser recibidos en Cristo. Este es un símbolo cargado de significación y sentido. Entramos con Cristo a su tumba; a la tumba donde lo puso haber cargado con los pecados del mundo. También los tuyos, catecúmeno, que vas a recibir el bautismo. También los tuyos, cristiano viejo, que te olvidas de la promesa de ser fiel al Señor que un día hiciste al recibir tus sacramentos.

Pero no nos quedaremos en la oscuridad. La luz de Cristo irrumpirá alegremente en la celebración y en la vida del cristiano. Donde no podíamos ver solución, Cristo ilumina la mente y el corazón. Por eso es tan importante la Liturgia de la Palabra en esta misa de la Vigilia Pascual. Se leerán nueve lecturas (siete del Antiguo Testamento y dos del Nuevo Testamento). Ninguna otra liturgia aporta tantas lecturas y en ninguna otra se reza una oración después de cada una. Estas oraciones explican y refuerzan el significado de cada lectura. Para tener "vida en abundancia" necesitamos escuchar la Palabra de Dios abundantemente, aprender sus enseñanzas y llevarlas a la vida. De este modo podremos compartir la vida de la gracia de Jesucristo. La catequesis no termina al recibir los sacramentos. Continúa cada domingo en la Liturgia de la Palabra, donde leeremos cuatro fragmentos bíblicos nuevos cada semana.

De la oscuridad cotidiana a la luz espiritual. Hoy en día—sobre todo desde que se inventó la luz eléctrica— estamos muy acostumbrados a ver las calles y las casas iluminadas. Pero hasta hace apenas un siglo, iluminar una estancia era asunto importante. Tanto así que los rituales judíos (y después los cristianos) dieron un carácter solemne y espiritual al hecho de encender las velas, sobre todo en las fiestas religiosas. Lo reflejamos en la liturgia de esta Vigilia Pascual, donde hay una serie de ritos simbólicos que implican la luz. Llamamos a esta parte de la liturgia el *lucernario*. Está compuesto del siguiente modo:

* La bendición del fuego. Representa a Cristo-Luz. El frío de la muerte se transforma en el calor de la vida. Una hoguera nos indica el camino y nos dice que no estamos solos por muy oscura que sea la noche de la vida.

* La bendición del cirio. Representa a Cristo resucitado, que nos libera de las tinieblas interiores. Por eso este cirio acompañará varias celebraciones importantes durante el año litúrgico y cobrará especial importancia durante los funerales. Su llama nos recuerda que Cristo reina en la vida y en la muerte.

* La procesión. Con la llama del cirio se encenderán todas las velitas que los asistentes a la liturgia llevan en sus manos. Así la luz de Cristo avanza por la iglesia y la va iluminando. Esa es la misión de los cristianos: ser hijos de la luz e iluminar al mundo con la fe en Cristo.

* El pregón pascual. Uno de los cantos más hermosos de la Iglesia. El pueblo de Dios canta "Alégrese" con palabras poéticas que nos recuerdan cómo la luz de Dios ilumina la historia de la humanidad.

De la muerte a la vida. La Vigilia Pascual comienza a oscuras porque viene del Viernes Santo y es su continuación. La oscuridad representa la muerte y la tumba donde el pecado lleva a los seres humanos de toda época. También Cristo sufrió los efectos del mal. Fue el "justo perseguido" que anunció el profeta Isaías. Aun estando libre de pecado, le tocó padecer por las iniquidades del mundo. Nosotros, pecadores, somos los que necesitamos la gracia que trajo Jesucristo. Pero la liturgia de la Vigilia no se queda en la cruz, sino que pasa a la resurrección. Por eso, en esta noche, los que desean ser cristianos entran en las aguas del bautismo como quien entra en una tumba. Pero, como Cristo, no para quedarse. Saldrán de ella limpios de pecado, renovados, revestidos de la gracia. San Pablo lo explica de manera magistral el sexto capítulo de su Carta a los Romanos. Con el apóstol, les decimos a los catecúmenos que hoy reciben el bautismo: "Si nosotros hemos muerto con Cristo, confiamos en que también viviremos con él. Sabemos que Cristo, habiendo resucitado, no volverá a morir. La muerte ya no tiene poder sobre él. Pues Cristo, al morir, murió de una vez para siempre respecto al pecado, pero al vivir, vive para Dios. Así también, ustedes considérense muertos respecto al pecado, pero vivos para Dios en unión con Cristo Jesús" (Romanos 6:8–11). La vestidura blanca que les impondrán a continuación simboliza que sus pecados han sido lavados por la sangre de Cristo (Apocalipsis 7:14). (J.L.C.) ■

LECTURAS BÍBLICAS DEL TRIDUO PASCUAL

16 de abril de 2020

JUEVES SANTO

Misa Crismal
Is 61:1–3a, 6a, 8b–9
Sal 89 (88): 21–22, 25 y 27
Ap 1:5–8;
Lc 4:16–21

Misa de la Cena del Señor
Ex 12:1–8, 11–14
Sal 116 (115): 12–13, 15–16bc, 17–18
Sal 116 (115): 12–13, 15–16bc, 17–18
1 Cor 11:23–26
Jn 13:1–15

17 de abril de 2020

VIERNES SANTO

Is 52:13—53:12
Salmo 31 (30):2 y 6, 12–13, 15–16, 17 y 25
Heb 4:14–16; 5:7–9
Jn 18:1—19:42

18 de abril de 2020

VIGILIA PASCUAL

Gen 1:1—2:2; o bien 1:1, 26–31aE
Sal 104:1–2a, 5–6, 10 y 12, 13–14, 24 y 35c; o bien Sal 33:4–5, 6–7, 12–13, 20 y 22
Gen 22:1–18; o bien 22:1–2, 9a, 10–13, 15–18
Sal 16:5 y 8, 9–10, 11
Ex 14:15—15:1
Ex 15:1–2, 3–4, 5–6, 17–18
Is 54:5–14
Sal 30:2 y 4, 5–6, 11 y 12a y 13b
Is 55:1–11
Is 12:2–3, 4bcd, 5–6
Bar 3:9–15, 32—4:4
Sal 19:8, 9, 10, 11
Ez 36:16–17a, 18–28
Sal 42:3, 5; 43:3, 4; o bien Is 12:2–3, 4bcd, 5–6; o bien Sal 51:12–13, 14–15, 18–19
Rom 6:3–11
Sal 118:1–2, 16–17, 22–23
Lc 24:1–12

Pascua

Salmo 117

1–2, 13–14, 17–18, 22–27

Den gracias al Señor,
   pues él es bueno,
   pues su bondad perdura para siempre.
Que lo diga la gente de Israel:
   su bondad es eterna.

Me empujaron con fuerza
      para verme en el suelo,
   pero acudió el Señor a socorrerme.

El Señor es mi fuerza
   y es por él que yo canto;
   ha sido para mí la salvación.

No, no moriré, mas yo viviré
      para contar las obras del Señor.
Con razón el Señor me ha castigado,
   pero no permitió que muriera.

La piedra que dejaron los maestros
      se convirtió en la piedra principal:
   ésta es la obra de Dios,
   es una maravilla a nuestros ojos.

Éste es el día que ha hecho el Señor,
   gocemos y alegrémonos en él.

Danos, Señor, danos la salvación,
   danos Señor, danos prosperidad.

"Bendito sea el que viene en el nombre
      del Señor,
   nosotros los bendecimos
      desde la casa de Dios.
"El Señor es Dios, él nos ilumina".

12 de abril de 2020   Domingo de Pascua

Primera lectura

Hechos 10:34a, 37–43

En aquellos días, Pedro tomó la palabra y dijo: "Ya saben ustedes lo sucedido en toda Judea, que tuvo principio en Galilea, después del bautismo predicado por Juan: cómo Dios ungió con el poder del Espíritu Santo a Jesús de Nazaret y cómo éste pasó haciendo el bien, sanando a todos los oprimidos por el diablo, porque Dios estaba con él.

"Nosotros somos testigos de cuanto él hizo en Judea y en Jerusalén. Lo mataron colgándolo de la cruz, pero Dios lo resucitó al tercer día y concedió verlo, no a todo el pueblo, sino únicamente a los testigos que él, de antemano, había escogido: a nosotros, que hemos comido y bebido con él después de que resucitó de entre los muertos.

"Él nos mandó predicar al pueblo y dar testimonio de que Dios lo ha constituido juez de vivos y muertos. El testimonio de los profetas es unánime: que cuantos creen en él reciben, por su medio, el perdón de los pecados".

Salmo responsorial

Salmo 117:1–2, 16–17, 22–23

R. Éste es el día en que actuó el Señor: sea nuestra alegría y nuestro gozo.

Den gracias al Señor porque es bueno, porque es eterna su misericordia. Diga la casa de Israel: eterna es su misericordia. **R.**

La diestra del Señor es poderosa, la diestra del Señor es excelsa. No he de morir, viviré para contar las hazañas del Señor. **R.**

La piedra que desecharon los arquitectos, es ahora la piedra angular. Es el Señor quien lo ha hecho, ha sido un milagro patente. **R.**

Segunda lectura

Colosenses 3:1–4

Hermanos: Puesto que ustedes han resucitado con Cristo, busquen los bienes de arriba, donde está Cristo, sentado a la derecha de Dios. Pongan todo el corazón en los bienes del cielo, no en los de la tierra, porque han muerto y su vida está escondida con Cristo en Dios. Cuando se manifieste Cristo, vida de ustedes, entonces también ustedes se manifestarán gloriosos, juntamente con él.

Lectura alternativa: 1 Corintios 5:6–8

Evangelio

Juan 20:1–9

El primer día después del sábado, estando todavía oscuro, fue María Magdalena al sepulcro y vio removida la piedra que lo cerraba. Echó a correr, llegó a la casa donde estaban Simón Pedro y el otro discípulo, a quien Jesús amaba, y les dijo: "Se han llevado del sepulcro al Señor y no sabemos dónde lo habrán puesto".

Salieron Pedro y el otro discípulo camino del sepulcro. Iban corriendo juntos, pero el otro discípulo corrió más aprisa que Pedro y llegó primero al sepulcro, e inclinándose, miró los lienzos en el suelo, pero no entró.

En eso llegó también Simón Pedro, que lo venía siguiendo, y entró en el sepulcro. Contempló los lienzos puestos en el suelo y el sudario que había estado sobre la cabeza de Jesús, puesto no con los lienzos en el suelo, sino doblado en sitio aparte. Entonces entró también el otro discípulo, el que había llegado primero al sepulcro, y vio y creyó, porque hasta entonces no habían entendido las Escrituras, según las cuales Jesús debía resucitar de entre los muertos.

Lecturas alternativas: Mateo 28:1–10 y Lucas 24:13–35 (en las Misas vespertinas del domingo)

Que sí, que ha resucitado de verdad

CADA AÑO leemos el relato del evangelio que nos cuenta la resurrección del Señor. Los apóstoles fueron los primeros que escucharon el anuncio y los primeros testigos de lo sucedido. Pero no fue así de rápido y fácil llegar a creer. Jesús tuvo que reprocharles su falta de fe. Ellos dudaban que estuviera vivo, a pesar de que habían vivido con él, que le habían escuchado y compartido la mesa y la palabra; ellos, los primeros en gozar de la celebración eucarística, ellos, los llamados a ser maestros de las siguientes generaciones, comenzaron dudando de la promesa. No creían que había resucitado el que los ayudó a "resucitar" a ellos, sacándoles de una existencia sin futuro y abriéndoles las puertas de la vida eterna. Ellos mismos habían prometido que hasta darían la vida por testimoniar el Evangelio, pero a la primera dificultad dudaron. Con razón les reprochó el Señor su falta de fe.

Pero no fue un momento de humillación ni regaño doloroso. Jesucristo usó este momento para mostrarles quiénes eran ellos sin él. Hasta Pedro, tan valiente y seguro de sí mismo antes de la pasión, se presenta ahora temeroso porque el maestro ya no está ahí. Pedro llora, se arrepiente, se duele de su cobardía y de su negación. Pedro, patrón de esta nave que es la Iglesia que comienza su singladura, se mira a sí mismo inseguro, perdido, sin rumbo. Toda esa responsabilidad sobre sus hombros y ninguna idea en su cabeza. ¿Dónde ir si aquél que tenía palabras de vida eterna ya no estaba allí, junto a ellos? Lo mismo los demás apóstoles y tantos otros discípulos que estuvieron cerca de Jesús durante su ministerio público.

Ni viendo creían. Porque no es tan fácil aceptar que los nuevos cielos y la nueva tierra ya han comenzado, que la promesa tan ansiada ya está presente. Y lo más difícil de aceptar: que yo sea testigo y beneficiario de esa bendición. La resurrección de Jesús provoca en los apóstoles la mayor crisis de su vida, porque les tocó aceptar que (a pesar de sus miserias, pecados e infidelidades), Dios de verdad los había elegido para ser los primeros. Los que no creían a sus propios ojos, tuvieron que creer después en sí mismos y en su vocación para que nosotros llegáramos a creer.

En este mismo proceso estamos nosotros: creer en él y creer que nos llama. (J.L.C.) ■

VIVIENDO NUESTRA FE

La pérdida de la biodiversidad se ha convertido en una grave preocupación que los políticos de la mayoría de los países no terminan de afrontar. El papa Francisco invitaba a la reflexión sobre el riesgo que corremos al perder especies vegetales y animales que pueden ser claves para la salud futura (*Laudato Si'*, no. 32–42). Nuestra obligación como continuadores de la obra de Dios en la creación es hacer que prospere, no destruirla. Se precisa más conocimiento y compromiso para salvar el planeta por el bien de todos.

PARA REFLEXIONAR

1. ¿En qué nota usted que las personas creen en la resurrección?

2. ¿Cómo influye en usted la resurrección de Cristo Jesús?

3. ¿Qué iniciativas ecológicas apoya o promueve su grupo o comunidad?

LECTURAS SEMANALES
abril 13–18

L Hch 2:14, 22–23; Mt 28:8–15

M Hch 2:36–41; Jn 20:11–18

M Hch 3:1–10; Lc 24:13–35

J Hch 3:11–26; Lc 24:35–48

V Hch 4:1–12; Jn 21:1–14

S Hch 4:13–21; Mc 16:9–15

Primera lectura

Hechos 2:42–47

En los primeros días de la Iglesia, todos los hermanos acudían asiduamente a escuchar las enseñanzas de los apóstoles, vivían en comunión fraterna y se congregaban para orar en común y celebrar la fracción del pan. Toda la gente estaba llena de asombro y de temor, al ver los milagros y prodigios que los apóstoles hacían en Jerusalén.

Todos los creyentes vivían unidos y lo tenían todo en común. Los que eran dueños de bienes o propiedades los vendían, y el producto era distribuido entre todos, según las necesidades de cada uno. Diariamente se reunían en el templo, y en las casas partían el pan y comían juntos, con alegría y sencillez de corazón. Alababan a Dios y toda la gente los estimaba. Y el Señor aumentaba cada día el número de los que habían de salvarse.

Salmo responsorial

Salmo 117:2–4, 13–15, 22–24

R. Den gracias al Señor porque es bueno, porque es eterna su misericordia.

Diga la casa de Israel: eterna es su misericordia.
Diga la casa de Aarón: eterna es su misericordia.
Digan los fieles del Señor: eterna es su misericordia. **R.**

Empujaban y empujaban para derribarme, pero el Señor me ayudó; el Señor es mi fuerza y mi energía, él es mi salvación. Escuchen: hay cantos de victoria en las tiendas de los justos. **R.**

La piedra que desecharon los arquitectos es ahora la piedra angular. Es el Señor quien lo ha hecho, ha sido un milagro patente. Éste es el día en que actuó el Señor: sea nuestra alegría y nuestro gozo. **R.**

Segunda lectura

1 Pedro 1:3–9

Evangelio

Juan 20:19–31

Al anochecer del día de la resurrección, estando cerradas las puertas de la casa donde se hallaban los discípulos, por miedo a los judíos, se presentó Jesús en medio de ellos y les dijo: "La paz esté con ustedes". Dicho esto, les mostró las manos y el costado. Cuando los discípulos vieron al Señor, se llenaron de alegría.

De nuevo les dijo Jesús: "La paz esté con ustedes. Como el Padre me ha enviado, así también los envío yo". Después de decir esto, sopló sobre ellos y les dijo: "Reciban al Espíritu Santo. A los que les perdonen los pecados, les quedarán perdonados; y a los que no se los perdonen, les quedarán sin perdonar".

Tomás, uno de los Doce, a quien llamaban el Gemelo, no estaba con ellos cuando vino Jesús, y los otros discípulos le decían: "Hemos visto al Señor". Pero él les contestó: "Si no veo en sus manos la señal de los clavos y si no meto mi dedo en los agujeros de los clavos y no meto mi mano en su costado, no creeré".

Ocho días después, estaban reunidos los discípulos a puerta cerrada y Tomás estaba con ellos. Jesús se presentó de nuevo en medio de ellos y les dijo: "La paz esté con ustedes". Luego le dijo a Tomás: "Aquí están mis manos; acerca tu dedo. Trae acá tu mano, métela en mi costado y no sigas dudando, sino cree". Tomás le respondió: "¡Señor mío y Dios mío!" Jesús añadió: "Tú crees porque me has visto; dichosos los que creen sin haber visto".

Otras muchas señales milagrosas hizo Jesús en presencia de sus discípulos, pero no están escritas en este libro. Se escribieron éstas para que ustedes crean que Jesús es el Mesías, el Hijo de Dios, y para que, creyendo, tengan vida en su nombre.

Más misericordia

POBRE TOMÁS. Qué mal debió haberse sentido en sus comienzos como apóstol si al predicar nadie le hubiera creído. Solo tenemos pequeños detalles de cómo fueron los primeros pasos de la predicación apostólica (lo que nos relata el libro de los Hechos de los Apóstoles), pero bien sabemos que no fue tarea fácil. Además, pasaron siglos para que el cristianismo fuera reconocido como religión autorizada en el imperio, por lo que era perseguido y esto hizo todo más complicado. De hecho, los apóstoles sellaron su compromiso con Cristo derramando su sangre por el Evangelio, precisamente porque esa fe era causa de persecución.

Volvamos a Tomás. Ese buen discípulo, dispuesto a morir con Cristo (Juan 11:16), no quiso creer lo que los demás le dijeron; ni las mujeres, ni los otros apóstoles… nadie. Solo creería a sus propios ojos y manos, su propia experiencia. Tenía los oídos cerrados y, además con soberbia: "Si no meto los dedos…" (Juan 20:25). Pero, como solemos decir: torres más altas han caído y a Tomás le llegó su momento. Apareció Jesús resucitado y le dijo: "Esto quieres, pues lo vas a tener". Y lo tuvo.

Muchas otras veces durante su ministerio tendría que enfrentar a la incredulidad de los demás. Tal vez los que escucharon su predicación le pidieron pruebas fehacientes. Quizás alguno dijo que, si no veía al crucificado vivo delante suyo, no creería. Puede ser que entonces Tomás evocase ese momento, cuando el Señor se plantó delante de él con el costado abierto para que hiciera la comprobación que había pedido. Puede ser que entonces recordase con vergüenza su propia falta de fe. O quizás fue en ese instante cuando descubrió el maravilloso gesto de amor del Maestro al presentarse convertido en el Cristo, resucitado, glorioso y todavía amoroso y cercano a los suyos, descubriendo la infinita misericordia que había tenido con él. Porque tanto amó Dios a Tomás que le envió a su Hijo resucitado para que creyera en él.

Los relatos bíblicos de Pascua nos cuentan lo que pasó sin ocultar las dudas e inseguridades de los testigos de la resurrección. Esto nos permite ver, además, cómo el amor de Jesús sigue solidario con aquellos que estuvieron junto a él. Jesús los conoce, los acepta, conoce sus debilidades y no se asusta de su falta de fe. El Hijo se encarnó para salvar a esta humanidad caída. Por eso, llegó a la cruz y en esa tarea sigue después, ya resucitado. (J.L.C.) ∎

VIVIENDO NUESTRA FE

La preocupación ecológica también va implicada en el compromiso con la "resurrección" del planeta. Los que viven más unidos a la tierra nos enseñan una "ecología natural". A los que viven en áreas urbanas les toca asumir una "ecología del consumo sustentable", para contribuir al equilibrio y ser menos contaminantes y destructivos. "Es admirable la creatividad y la generosidad de personas y grupos que son capaces de revertir los límites del ambiente, modificando los efectos adversos de los condicionamientos y aprendiendo a orientar su vida en medio del desorden y la precariedad" (*Laudato Si'*, no. 148).

PARA REFLEXIONAR

1. ¿Cómo cree que deba vivir una persona que ha sido perdonada?

2. ¿Tiene usted experiencia del perdón de Dios? ¿Lo transforma?

3. ¿De qué manera la comunidad de fe se muestra reconciliada con Dios?

---

25 de abril de 2020
San Marcos, evangelista
1 Pe 5:5b–14; Mc 16:15–20

LECTURAS SEMANALES
abril 20–25

L Hch 4:23–31; Jn 3:1–8

M Hch 4:32–37; Jn 3:5a, 7b–15

M Hch 5:17–26; Jn 3:16–21

J Hch 5:27–33; Jn 3:31–36

V Hch 5:34–42; Jn 6:1–15

S *San Marcos, evangelista*

26 de abril de 2020 III Domingo de Pascua

Primera lectura

Hechos 2:14, 22–33

Salmo responsorial

Salmo 15:1–2a y 5, 7–8, 9–10, 11

R. Señor, me enseñarás el sendero de la vida.

Protégeme, Dios mío, que me refugio en ti; yo digo al Señor: "Tú eres mi bien". El Señor es el lote de mi heredad y mi copa, mi suerte está en tu mano. **R.**

Bendeciré al Señor que me aconseja; hasta de noche me instruye internamente. Tengo siempre presente al Señor, con él a mi derecha no vacilaré. **R.**

Por eso se me alegra el corazón, se gozan mis entrañas, y mi carne descansa serena: porque no me entregarás a la muerte, ni dejarás a tu fiel conocer la corrupción. **R.**

Me enseñarás el sendero de la vida, me saciarás de gozo en tu presencia, de alegría perpetua a tu derecha. **R.**

Segunda lectura

1 Pedro 1:17–21

Hermanos: Puesto que ustedes llaman Padre a Dios, que juzga imparcialmente la conducta de cada uno según sus obras, vivan siempre con temor filial durante su peregrinar por la tierra.

Bien saben ustedes que de su estéril manera de vivir, heredada de sus padres, los ha rescatado Dios, no con bienes efímeros, como el oro y la plata, sino con la sangre preciosa de Cristo, el cordero sin defecto ni mancha, al cual Dios había elegido desde antes de la creación del mundo, y por amor a ustedes, lo ha manifestado en estos tiempos, que son los últimos. Por Cristo, ustedes creen en Dios, quien lo resucitó de entre los muertos y lo llenó de gloria, a fin de que la fe de ustedes sea también esperanza en Dios.

Evangelio

Lucas 24:13–35

El mismo día de la resurrección, iban dos de los discípulos hacia un pueblo llamado Emaús, situado a unos once kilómetros de Jerusalén, y comentaban todo lo que había sucedido.

Mientras conversaban y discutían, Jesús se les acercó y comenzó a caminar con ellos; pero los ojos de los dos discípulos estaban velados y no lo reconocieron. Él les preguntó: "¿De qué cosas vienen hablando, tan llenos de tristeza?"

Uno de ellos, llamado Cleofás, le respondió: "¿Eres tú el único forastero que no sabe lo que ha sucedido estos días en Jerusalén?" Él les preguntó: "¿Qué cosa?" Ellos le respondieron: "Lo de Jesús el nazareno, que era un profeta poderoso en obras y palabras, ante Dios y ante todo el pueblo. Cómo los sumos sacerdotes y nuestros jefes lo entregaron para que lo condenaran a muerte, y lo crucificaron. Nosotros esperábamos que él sería el libertador de Israel, y sin embargo, han pasado ya tres días desde que estas cosas sucedieron. Es cierto que algunas mujeres de nuestro grupo nos han desconcertado, pues fueron de madrugada al sepulcro, no encontraron el cuerpo y llegaron contando que se les habían aparecido unos ángeles, que les dijeron que estaba vivo. Algunos de nuestros compañeros fueron al sepulcro y hallaron todo como habían dicho las mujeres, pero a él no lo vieron".

Entonces Jesús les dijo: "¡Qué insensatos son ustedes y qué duros de corazón para creer todo lo anunciado por los profetas! ¿Acaso no era necesario que el Mesías padeciera todo esto y así entrara en su gloria?" Y comenzando por Moisés y siguiendo con todos los profetas, les explicó todos los pasajes de la Escritura que se referían a él.

Ya cerca del pueblo a donde se dirigían, él hizo como que iba más lejos; pero ellos le insistieron, diciendo: "Quédate con nosotros, porque ya es tarde y pronto va a oscurecer". Y entró para quedarse con ellos. Cuando estaban a la mesa, tomó un pan, pronunció la bendición, lo partió y se lo dio. Entonces se les abrieron los ojos y lo reconocieron, pero él se les desapareció. Y ellos se decían el uno al otro: "¡Con razón nuestro corazón ardía, mientras nos hablaba por el camino y nos explicaba las Escrituras!"

Se levantaron inmediatamente y regresaron a Jerusalén, donde encontraron reunidos a los Once con sus compañeros, los cuales les dijeron: "De veras ha resucitado el Señor y se le ha aparecido a Simón". Entonces ellos contaron lo que les había pasado por el camino y cómo lo habían reconocido al partir el pan.

¡Cristo vive!

PUEDE SUCEDER que nos creemos mejores que esos dos discípulos que, asustados, huían de Jerusalén. Nos podemos ver más seguros, más firmes, más valientes a la hora de proclamarnos cristianos públicamente. O quizás no. Tal vez nos identificamos con ellos y, cada vez que leemos esta historia, nos vemos a nosotros mismos alejándonos de tantas dificultades de la vida.

La gran diferencia entre ellos y nosotros es que, al escuchar el Evangelio, nosotros ya creemos y escuchamos como cristianos. Esa es nuestra alegría. Ellos aún no creían en la resurrección porque apenas había sucedido y nadie se la había anunciado. Ellos habían perdido la esperanza al ver a Jesús clavado en una cruz; nosotros miramos a la cruz con esperanza porque sabemos y creemos que el Crucificado no se quedó ahí. Cuando ese caminante desconocido les preguntó de qué hablaban, le contaron de Jesús, profeta poderoso en obras y palabras. Nosotros sabemos que él era el Mesías, mucho más que un profeta, el Rey de Reyes y Señor de Señores. Ellos hablaban de él en pasado, como un asunto terminado; nosotros hablamos en presente, porque ¡Cristo vive!

Ese Jesús solidario (solidario en vida y solidario en gloria) les hace preguntas. Él ya sabe —y mejor que nadie— lo que había pasado en Jerusalén, pero les muestra su interés por lo que ellos llevan dentro. Es su modo de acercarse, no solo físicamente, sino espiritualmente. Ellos esperaban que Jesús fuera el Mesías, pero habían dejado de esperar. Nosotros, sin embargo, esperamos siempre, por muchas cosas que pasen. Porque sabemos que la muerte no venció y que ¡Cristo vive!

Antes de que, en ellos, la desesperanza había entrado en otros —en los apóstoles que se escondieron, en los discípulos que huyeron, en Judas, en Pedro, que le negó— recordemos que a los pies de la cruz solo estaban María, Juan y algunas mujeres. Pero también, antes que los discípulos de Emaús, otros abrazaron la esperanza nueva. El primero fue aquel ladrón crucificado junto a Jesús y que confesó su divinidad, aunque estaban compartiendo el mismo suplicio (Lucas 23:43). Para el ladrón, la escuela fue la cruz; para los que iban a Emaús, la escuela fue la cena, porque al partir el pan fue que reconocieron que ¡Cristo vive! (J.L.C.) ∎

VIVIENDO NUESTRA FE

"La ecología humana implica también algo muy hondo: la necesaria relación de la vida del ser humano con la ley moral escrita en su propia naturaleza, necesaria para poder crear un ambiente más digno" (*Laudato Si'*, no. 155). La fe en Jesucristo nos hace ser conscientes de la importancia de crear una "ecología del hombre": el respeto a la naturaleza humana en todos sus aspectos, que es una ley moral elemental. Cuando aprendemos a amarnos y respetarnos a nosotros mismos, amamos a los demás, al planeta y al cosmos entero.

PARA REFLEXIONAR

1. ¿Qué personas de su alrededor viven desanimadas o sin esperanza? ¿Por qué están así?

2. ¿Alguna vez lo invadió a usted la desesperanza? ¿Qué lo reanimó?

3. ¿Cómo apoya su grupo y comunidad de fe a las personas decaídas y desoladas? ¿Qué hacen?

3 de mayo de 2020   IV Domingo de Pascua

Primera lectura

Hechos 2:14a, 36–41

El día de Pentecostés, se presentó Pedro junto con los Once ante la multitud y levantando la voz, dijo: "Sepa todo Israel con absoluta certeza, que Dios ha constituido Señor y Mesías al mismo Jesús, a quien ustedes han crucificado".

Estas palabras les llegaron al corazón y preguntaron a Pedro y a los demás apóstoles: "¿Qué tenemos que hacer, hermanos?" Pedro les contestó: "Arrepiéntanse y bautícense en el nombre de Jesucristo para el perdón de sus pecados y recibirán el Espíritu Santo. Porque las promesas de Dios valen para ustedes y para sus hijos y también para todos los paganos que el Señor, Dios nuestro, quiera llamar, aunque estén lejos".

Con éstas y otras muchas razones, los instaba y exhortaba, diciéndoles: "Pónganse a salvo de este mundo corrompido". Los que aceptaron sus palabras se bautizaron, y aquel día se les agregaron unas tres mil personas.

Salmo responsorial

Salmo 22:1–3a, 3b–4, 5, 6

R. El Señor es mi pastor, nada me falta.

El Señor es mi pastor, nada me falta: en verdes praderas me hace recostar, me conduce hacia fuentes tranquilas y repara mis fuerzas. **R.**

Me guía por el sendero justo por el honor de su nombre. Aunque camine por cañadas oscuras, nada temo, porque tú vas conmigo: tu vara y tu cayado me sosiegan. **R.**

Preparas una mesa ante mí enfrente de mis enemigos; me unges la cabeza con perfume, y mi copa rebosa. **R.**

Tu bondad y tu misericordia me acompañan todos los días de mi vida, y habitaré en la casa del Señor por años sin término. **R.**

Segunda lectura

1 Pedro 2:20b–25

Hermanos: Soportar con paciencia los sufrimientos que les vienen a ustedes por hacer el bien, es cosa agradable a los ojos de Dios, pues a esto han sido llamados, ya que también Cristo sufrió por ustedes y les dejó así un ejemplo para que sigan sus huellas.

Él no cometió pecado ni hubo engaño en su boca; insultado, no devolvió los insultos; maltratado, no profería amenazas, sino que encomendaba su causa al único que juzga con justicia; cargado con nuestros pecados, subió al madero de la cruz, para que, muertos al pecado, vivamos para la justicia.

Por sus llagas ustedes han sido curados, porque ustedes eran como ovejas descarriadas, pero ahora han vuelto al pastor y guardián de sus vidas.

Evangelio

Juan 10:1–10

En aquel tiempo, Jesús dijo a los fariseos: "Yo les aseguro que el que no entra por la puerta del redil de las ovejas, sino que salta por otro lado, es un ladrón, un bandido; pero el que entra por la puerta, ése es el pastor de las ovejas. A ése le abre el que cuida la puerta, y las ovejas reconocen su voz; él llama a cada una por su nombre y las conduce afuera. Y cuando ha sacado a todas sus ovejas, camina delante de ellas, y ellas lo siguen, porque conocen su voz. Pero a un extraño no lo seguirán, sino que huirán de él, porque no conocen la voz de los extraños".

Jesús les puso esta comparación, pero ellos no entendieron lo que les quería decir. Por eso añadió: "Les aseguro que yo soy la puerta de las ovejas. Todos los que han venido antes que yo, son ladrones y bandidos; pero mis ovejas no los han escuchado.

Yo soy la puerta; quien entre por mí se salvará, podrá entrar y salir y encontrará pastos. El ladrón sólo viene a robar, a matar y a destruir. Yo he venido para que tengan vida y la tengan en abundancia".

Hay una puerta

CADA VEZ que Jesús resucitado se deja ver, alguien entra en la gloria. Cristo se hace puerta para que todos entren. Nada de puertas traseras, ni de colarse por las ventanas. Podemos hacer las cosas bien; entonces hagamos las cosas bien: entrar al cielo por la puerta.

Una de nuestras lacras sociales es la de habernos acostumbrado a que la gente haga trampa: que a los que están haciendo fila para comprar algo, se les cuelen y les roben el lugar, "los vivos"; que las corrupciones y las irregularidades, incluso en temas tan serios como unas elecciones políticas, sea "aprovechar la oportunidad" y no canalladas; que eso de que "el que no transa no avanza" parezca noble y no delito. En fin, lo peor es que esta descomposición ética que parece irreversible, no nos parezca suicida. Nosotros mismos cooperamos con ella y hasta estamos dispuestos a conseguir lo que deseamos, sea como sea, incluso por medios que no sean ni morales ni legales. Así no se puede seguir.

Pero no se trata simplemente de cumplir la ley, o de ganarse un premio en la lotería de la salvación. De lo que estamos hablando aquí es de alcanzar la vida eterna, de la justificación, de vivir en presencia de Dios. Y para eso, lo que es necesario es estar en sintonía.

Por eso Jesús, el Buen Pastor, sale a buscar a todos, sin hacer distinciones. Acercándose a todos aquellos que quieren que se acerque. Esa es la función del pastor, darle cosas buenas a aquellos a quienes ama. Esa es la sorpresa con Jesús: nosotros los que le conocemos y los que no le conocen, todos, recibimos el gran regalo de su presencia, que su amor, de su fidelidad y compromiso.

Quizás las ovejas se vean a sí mismas indefensas y tímidas frente a los avatares de la vida y puede que vean al pastor como si fuera un jefe. Pero la actitud de Jesús no es la de ser el dueño del rebaño, sino la de quien cuida el rebaño. Lo cuida como si fuera suyo, pero no lo atiende con posesión. El estilo de Jesús es el del amor, el de la cercanía, el del deseo de que todo esté bien con ellos. Jesús solo piensa en el bienestar de los que sale a buscar. Su interés no es cumplir objetivos como si fuera un empleado cumplidor.

Ser puerta es ser camino, ser posibilidad, ser modo concreto y evidente para que los demás accedan a algo bueno; en este caso, a "lo mejor": el paraíso y la vida eterna. (J.L.C.) ∎

VIVIENDO NUESTRA FE

La Iglesia nos alienta a buscar una sociedad basada en la justicia, el bienestar común y la solidaridad fraternal. El *Compendio* anota: "Este orden es percibido por las conciencias y se realiza, en la vida social, mediante la verdad, la justicia, la libertad y la solidaridad que procuran la paz" (CDSI, no. 383). Las realidades celestiales nos impulsan a transformar las terrenales.

PARA REFLEXIONAR

1. ¿Qué líderes se asemejan a Jesús "la puerta de las ovejas"?

2. ¿Alguna vez ha siso usted pastor o puerta para alguien? ¿Cómo percibo a Jesús mi pastor?

3. ¿A quiénes sirve el grupo y comunidad de fe como puerta para encontrar a Cristo?

10 de mayo de 2020 V Domingo de Pascua

Primera lectura

Hechos 6:1–7

En aquellos días, como aumentaba mucho el número de los discípulos, hubo ciertas quejas de los judíos griegos contra los hebreos, de que no se atendía bien a sus viudas en el servicio de caridad de todos los días.

Los Doce convocaron entonces a la multitud de los discípulos y les dijeron: "No es justo que, dejando el ministerio de la palabra de Dios, nos dediquemos a administrar los bienes. Escojan entre ustedes a siete hombres de buena reputación, llenos del Espíritu Santo y de sabiduría, a los cuales encargaremos este servicio. Nosotros nos dedicaremos a la oración y al servicio de la palabra".

Todos estuvieron de acuerdo y eligieron a Esteban, hombre lleno de fe y del Espíritu Santo, a Felipe, Prócoro, Nicanor, Timón, Pármenas y Nicolás, prosélito de Antioquía. Se los presentaron a los apóstoles y éstos, después de haber orado, les impusieron las manos.

Mientras tanto, la palabra de Dios iba cundiendo. En Jerusalén se multiplicaba grandemente el número de los discípulos. Incluso un grupo numeroso de sacerdotes había aceptado la fe.

Salmo responsorial

Salmo 32:1–2, 4–5, 18–19

R. Que tu misericordia, Señor, venga sobre nosotros, como lo esperamos de ti.

Aclamen, justos, al Señor, que merece la alabanza de los buenos; den gracias al Señor con la cítara, toquen en su honor el harpa de diez cuerdas. **R.**

La palabra del Señor es sincera y todas sus acciones son leales; él ama la justicia y el derecho, y su misericordia llena la tierra. **R.**

Los ojos del Señor están puestos en sus fieles, en los que esperan en su misericordia, para librar sus vidas de la muerte y reanimarlos en tiempo de hambre. **R.**

Segunda lectura

1 Pedro 2:4–9

Evangelio

Juan 14:1–12

En aquel tiempo, Jesús dijo a sus discípulos: "No pierdan la paz. Si creen en Dios, crean también en mí. En la casa de mi Padre hay muchas habitaciones. Si no fuera así, yo se lo habría dicho a ustedes, porque voy a prepararles un lugar. Cuando me vaya y les prepare un sitio, volveré y los llevaré conmigo, para que donde yo esté, estén también ustedes. Y ya saben el camino para llegar al lugar a donde voy".

Entonces Tomás le dijo: "Señor, no sabemos a dónde vas, ¿cómo podemos saber el camino?" Jesús le respondió: "Yo soy el camino, la verdad y la vida. Nadie va al Padre si no es por mí. Si ustedes me conocen a mí, conocen también a mi Padre. Ya desde ahora lo conocen y lo han visto".

Le dijo Felipe: "Señor, muéstranos al Padre y eso nos basta". Jesús le replicó: "Felipe, tanto tiempo hace que estoy con ustedes, ¿y todavía no me conoces? Quien me ha visto a mí, ha visto al Padre. ¿Entonces por qué dices: 'Muéstranos al Padre'? ¿O no crees que yo estoy en el Padre y que el Padre está en mí? Las palabras que yo les digo, no las digo por mi propia cuenta. Es el Padre, que permanece en mí, quien hace las obras. Créanme: yo estoy en el Padre y el Padre está en mí. Si no me dan fe a mí, créanlo por las obras. Yo les aseguro: el que crea en mí, hará las obras que hago yo y las hará aún mayores, porque yo me voy al Padre".

Hay un camino

TOMÁS VUELVE a ser protagonista, porque es el valiente que se atreve a reconocer lo que ninguno decía: ¡no se estaban enterando de nada! No es fácil confesar la propia incapacidad para asimilar las nuevas ideas del Maestro. Si lo sabremos nosotros, que año tras año recorremos y celebramos la vida de Jesús en el año litúrgico y aun así nos cuesta aceptarle completamente como nuestro Señor y Mesías. Los apóstoles, como nosotros, amaban al Maestro. Por eso, le escuchaban con atención, aunque no fuera fácil de comprender lo que decía y seguramente les daba vergüenza no seguir el hilo del discurso (como sucede en el evangelio de hoy).

Jesús sabía de dicha dificultad. Por eso, les enseñaba de muchas maneras, con parábolas distintas, con ejemplos de la vida real, aprovechando cada oportunidad. Con paciencia volvía a transmitirles una nueva idea o concepto para que fueran entrando poco a poco en lo que significa el Reino de Dios. Jesús enseñaba a todo el que quisiera escuchar; desde un grupo de diez leprosos a miles de personas como en el Sermón del Monte, y sobre todo enseñaba con especial énfasis a sus doce discípulos. Ellos, que habrían de ser los apóstoles, habían sido elegidos para guiar los pasos de la nueva humanidad en construcción, arquitectos capaces de construir con las piedras desechadas de la sociedad, como hizo Jesús, al elegir a los enfermos, los pobres y los pecadores, capacitándolos para una experiencia de Dios diferente a la de los piadosos y los ilustrados. Pero todos juntos constituirían un solo culto espiritual, un sacerdocio santo, una nación santa, un pueblo adquirido por Dios (1 Pedro 2:4, 9).

Para eso Dios encarnado, el Hijo, se hace ante todo Maestro. Porque es quien nos enseña el camino y nos acompaña. Tanto así que él mismo se convierte en el "camino". Solo con Jesucristo sabremos cómo llegar al Padre, junto a él podremos alcanzar la morada del cielo. Lo más sorprendente de todo es que Dios mismo es quien más interés tiene en que completemos la jornada y lleguemos a morar en la habitación que el Padre nos tiene reservada a cada uno en su casa. Por eso celebramos la pascua de Jesús, el Cristo, y anhelamos nuestra propia pascua. (J.L.C.) ∎

VIVIENDO NUESTRA FE

La crisis ecológica es un asunto planetario y a todos nos concierne. La Iglesia nos solicita un estilo de vida sobrio y regido por la templanza y la autodisciplina personal y social. Apunta: "Es necesario abandonar la lógica del mero consumo y promover formas de producción agrícola e industrial que respeten el orden de la creación y satisfagan las necesidades primarias de todos" (CDSI, no. 486). No es un asunto de sobrevivencia meramente, sino de solidaridad humana auténtica.

PARA REFLEXIONAR

1. ¿Quiénes son "maestros" por su modo de vivir?

2. ¿Puede usted mencionar de quién ha recibido sus principios para vivir? ¿Para quién es usted ejemplo de vida?

3. ¿Cómo apoya su comunidad a los maestros y maestras en la fe cristiana?

---

14 de mayo de 2020
San Matías, apóstol
Hch 1:15–17, 20–26; Jn 15:9–17

LECTURAS SEMANALES
mayo 11–16

L Hch 14:5–18; Jn 14:21–26

M Hch 14:19–28; Jn 14:27–31a

M Hch 15:1–6; Jn 15:1–8

J *San Matías, apóstol*

V Hch 15:22–31; Jn 15:12–17

S Hch 16:1–10; Jn 15:18–21

17 de mayo de 2020 VI Domingo de Pascua

Primera lectura

Hechos 8:5–8, 14–17

En aquellos días, Felipe bajó a la ciudad de Samaria y predicaba allí a Cristo. La multitud escuchaba con atención lo que decía Felipe, porque habían oído hablar de los milagros que hacía y los estaban viendo: de muchos poseídos salían los espíritus inmundos, lanzando gritos, y muchos paralíticos y lisiados quedaban curados. Esto despertó gran alegría en aquella ciudad.

Cuando los apóstoles que estaban en Jerusalén se enteraron de que Samaria había recibido la palabra de Dios, enviaron allá a Pedro y a Juan. Estos, al llegar, oraron por los que se habían convertido, para que recibieran al Espíritu Santo, porque aún no lo habían recibido y solamente habían sido bautizados en el nombre del Señor Jesús. Entonces Pedro y Juan impusieron las manos sobre ellos, y ellos recibieron al Espíritu Santo.

Salmo responsorial

Salmo 65:1–3a, 4–5, 6–7a, 16 y 20

R. Aclamen al Señor, tierra entera.

Aclamen al Señor tierra entera; toquen en honor de su nombre, canten himnos a su gloria. Digan a Dios: "Qué temibles son tus obras". **R.**

Que se postre ante ti la tierra entera, que toquen en tu honor, que toquen para tu nombre. Vengan a ver las obras de Dios, sus temibles proezas en favor de los hombres. **R.**

Transformó el mar en tierra firme, a pie atravesaron el río. Alegrémonos con Dios, que con su poder gobierna eternamente. **R.**

Fieles de Dios, vengan a escuchar; les contaré lo que ha hecho conmigo. Bendito sea Dios que no rechazó mi súplica, ni me retiró su favor. **R.**

Segunda lectura

1 Pedro 3:15–18

Hermanos: Veneren en sus corazones a Cristo, el Señor, dispuestos siempre a dar, al que las pidiere, las razones de la esperanza de ustedes. Pero háganlo con sencillez y respeto y estando en paz con su conciencia. Así quedarán avergonzados los que denigran la conducta cristiana de ustedes, pues mejor es padecer haciendo el bien, si tal es la voluntad de Dios, que padecer haciendo el mal. Porque también Cristo murió, una sola vez y para siempre, por los pecados de los hombres: él, el justo, por nosotros, los injustos, para llevarnos a Dios; murió en su cuerpo y resucitó glorificado.

Evangelio

Juan 14:15–21

En aquel tiempo, Jesús dijo a sus discípulos: "Si me aman, cumplirán mis mandamientos; yo le rogaré al Padre y él les enviará otro Consolador que esté siempre con ustedes, el Espíritu de verdad. El mundo no puede recibirlo, porque no lo ve ni lo conoce; ustedes, en cambio, sí lo conocen, porque habita entre ustedes y estará en ustedes.

No los dejaré desamparados, sino que volveré a ustedes. Dentro de poco, el mundo no me verá más, pero ustedes sí me verán, porque yo permanezco vivo y ustedes también vivirán. En aquel día entenderán que yo estoy en mi Padre, ustedes en mí y yo en ustedes.

El que acepta mis mandamientos y los cumple, ése me ama. Al que me ama a mí, lo amará mi Padre, yo también lo amaré y me manifestaré a él".

Danos tu Espíritu Santo

EL CAMINO es para recorrerlo. La puerta es para cruzarla. Parece evidente, pero no siempre nuestros pies están listos para sostenernos y andar en la dirección correcta. ¡Cuántos accidentes suceden por sentirnos autosuficientes o por alejarnos del camino! Miremos lo que estas lecturas nos indican: solo con la comunión del Espíritu Santo maduramos y nos fortalecemos en el discipulado de Cristo. Al recibir la Palabra, nos entusiasmamos, como los samaritanos oyendo a Felipe, pero el sentido de comunión con otras personas y otras comunidades nos lleva a madurar, y a alabar a Dios, junto con toda la creación, como apunta el Salmo del día.

San Agustín podría darnos una buena orientación sobre esto, puesto que pasó por los dos momentos de todo creyente: búsqueda y maduración; no se madura sin búsqueda. Él, primero fue un "buscador de la verdad", dando tumbos de secta en secta intentando encontrar el sentido a su vida, que solo halló en Cristo. Pero no todo fue tan fácil ni tan automático; en la búsqueda iba madurando. Agustín la experimentaba cuando decía: "Señor, dame la castidad, pero no todavía". No se engañaba; no es sencillo desprenderse del hombre viejo. Esas conversiones repentinas, producto de un subidón de "adrenalina espiritual", no suelen perdurar. Madurar requiere tiempo. Es necesario fortalecernos y hacer camino espiritual, madurar.

La Pascua es el tiempo de Cristo resucitado. En ese tiempo nacimos nosotros y caminamos con el Don por excelencia: el Espíritu Santo, pero no implica que nuestra propia pascua haya culminado. Estamos en proceso de búsqueda y de madurez. Dios nos lleva hacia adelante, pero no aislados, sino en comunión. La madurez se hace de certezas. La primera y fundamental de todas ellas es que Cristo está vivo y que nos da su mismo Espíritu para vivir en el amor: amados y amando. El amor nos madura. Amar es entrar en relación con otras personas, no solo con Dios. El amor es concreto y sólido. No causa miedos. El amor da certeza y confianza. Así es como el Espíritu nos afianza. Sin amar, no hay manera de que la Palabra arraigue en nosotros.

Nosotros, los buscadores de Dios, precisamos afianzarnos unos a otros en el amor; ese es el mandamiento del Señor. La certeza de amar nos viene del Espíritu, pero nos la confirma la relación con los demás. Esa relación la convertimos en Iglesia, comunidad de discípulos que viven el amor de Cristo. Eso es lo que somos. (J.L.C.) ■

VIVIENDO NUESTRA FE

Amar implica buscar el rostro de los más débiles. Apartarnos de Dios nos ha llevado a no respetar su obra, la creación. El ambiente humano y el ambiente natural se degradan juntos. La búsqueda de una solución supone atender tanto al planeta como a quien lo habita. Desgraciadamente no suele haber conciencia clara de los problemas que afectan particularmente a los excluidos. Sin ellos no hay futuro. Buscar el rostro de Dios resolverá los problemas (incluidos los de los pobres) y nos llevará a pensar en un mundo diferente (*Laudato Si'*, no. 48–52).

PARA REFLEXIONAR

1. ¿Qué personas le parecen a usted realmente maduras? ¿Por qué?

2. ¿Se ha puesto usted a la búsqueda de Dios? ¿Qué puede compartir de esa experiencia?

3. ¿En qué formas promueve su grupo o comunidad de fe el amor a los pobres?

21 o 24 de mayo de 2020 Ascensión del Señor

Primera lectura

Hechos 1:1–11

En mi primer libro, querido Teófilo, escribí acerca de todo lo que Jesús hizo y enseñó, hasta el día en que ascendió al cielo, después de dar sus instrucciones, por medio del Espíritu Santo, a los apóstoles que había elegido. A ellos se les apareció después de la pasión, les dio numerosas pruebas de que estaba vivo y durante cuarenta días se dejó ver por ellos y les habló del Reino de Dios.

Un día, estando con ellos a la mesa, les mandó: "No se alejen de Jerusalén. Aguarden aquí a que se cumpla la promesa de mi Padre, de la que ya les he hablado: Juan bautizó con agua; dentro de pocos días ustedes serán bautizados con el Espíritu Santo".

Los ahí reunidos le preguntaban: "Señor, ¿ahora sí vas a restablecer la soberanía de Israel?" Jesus les contestó: "Ustedes no les toca conocer el tiempo y la hora que el Padre ha determinado con su autoridad; pero cuando el Espíritu Santo descienda sobre ustedes, los llenará de fortaleza y serán mis testigos en Jerusalén, en toda Judea, en Samaria y hasta los últimos rincones de la tierra".

Dicho esto, se fue elevando a la vista de ellos, hasta que una nube lo ocultó a sus ojos. Mientras miraban fijamente al cielo, viéndolo alejarse, se les presentaron dos hombres vestidos de blanco, que les dijeron: "Galileos, ¿qué hacen allí parados, mirando al cielo? Ese mismo Jesús que los ha dejado para subir al cielo, volverá como lo han visto alejarse".

Salmo responsorial

Salmo 46:2–3, 6–7, 8–9

R. Dios asciende entre aclamaciones, el Señor, al son de trompetas.

Pueblos todos batan palmas, aclamen a Dios con gritos de júbilo; porque el Señor es sublime y terrible, emperador de toda la tierra. **R.**

Dios asciende entre aclamaciones, el Señor, al son de trompetas; toquen para Dios, toquen, toquen para nuestro Rey, toquen. **R.**

Porque Dios es el rey del mundo; toquen con maestría. Dios reina sobre las naciones, Dios se sienta en su trono sagrado. **R.**

Segunda lectura

Efesios 1:17–23

Hermanos: Pido al Dios de nuestro Señor Jesucristo, el Padre de la gloria, que les conceda espíritu de sabiduría y de reflexión para conocerlo.

Le pido que les ilumine la mente para que comprendan cuál es la esperanza que les da su llamamiento, cuán gloriosa y rica es la herencia que Dios da a los que son suyos y cuál la extraordinaria grandeza de su poder para con nosotros, los que confiamos en él, por la eficacia de su fuerza poderosa.

Con esta fuerza resucitó a Cristo de entre los muertos y lo hizo sentar a su derecha en el cielo, por encima de todos los ángeles, principados, potestades, cirtudes y dominaciones, y por encima de cualquier persona, no sólo del mundo actual sino también del futuro.

Todo lo puso bajo sus pies y a él mismo lo constituyó cabeza suprema de la Iglesia, que es su cuerpo, y la plenitud del que lo consuma todo en todo.

Evangelio

Mateo 28:16–20

En aquel tiempo, los once discípulos se fueron a Galilea y subieron al monte en el que Jesús los había citado. Al ver a Jesús se postraron, aunque algunos titubeaban.

Entonces, Jesús se acercó a ellos y les dijo: "Me ha sido dado todo poder en el cielo y en la tierra. Vayan, pues, y enseñen a todas las naciones, bautizándolas en el nombre del Padre y del Hijo y del Espíritu Santo, y enseñándolas a cumplir todo cuanto yo les he mandado; y sepan que yo estaré con ustedes todos los días, hasta el fin del mundo".

La Ascensión cumple la esperanza

ESTAMOS A UN paso de terminar el tiempo pascual y los apóstoles, a pesar de haber visto al Señor resucitado, a pesar de haber vuelto compartir con él la mesa del pan y la palabra, siguen despistados. Cuando Jesús les avisa que no se alejen de Jerusalén porque están a punto de ver lo más grande, lo primero que se le viene a la mente es, de nuevo, una situación política. La misma situación que llevó a Judas a la traición: la restauración de Israel, la liberación del pueblo opresor que los invade, y el comienzo de una larga hegemonía política y económica de Israel en ese pedacito del mundo.

Puede ser que, al ir acercándonos al final del tiempo de la Pascua, sigamos pensando en decoraciones de colores, en fuegos artificiales y en la banda de música, como si la gloria de Dios se redujera al ambiente de nuestras fiestas de pueblo. Está llegando el momento de analizarnos para descubrir cómo hemos vivido esta Cuaresma y esta Pascua y si la llegada del Espíritu Santo, el próximo domingo, nos va a encontrar preparados para tan inmenso don.

La Ascensión del Señor es parte del camino espiritual. Nuestra vida se reparte entre lo que hemos vivido y los que nos tocará vivir. Hoy celebramos que Jesús alcanza el penúltimo paso de su camino: sube al cielo para sentarse a la derecha de Dios, y, desde allí, desde su lugar propio, desde el puesto que le corresponde por ser quien es y por su servicio a Dios y a la humanidad, continúa llevando adelante el designio de Dios. Jesús subió al cielo porque le corresponde y nos indica que, un día, nosotros le seguiremos hasta habitar en la morada del Padre, donde cada uno tiene preparado su lugar (Juan 14:2).

La esperanza termina felizmente cuando se alcanza lo que se esperaba. Eso ya ha sucedido con Cristo en su Ascensión y con santa María en la Asunción. Los demás seguimos en la espera con esperanza. Pero no nos conformamos: deseamos que se realice en nosotros el cumplimiento total de la promesa. Cristo sube a los cielos porque ahí debe estar, pero a la vez se queda con nosotros para que un día lleguemos a nuestro lugar para vivir con él eternamente. Esperamos porque Jesús ya ha cumplido su misión. (M.T.M.) ∎

VIVIENDO NUESTRA FE

La vida humana no culmina en sus propios límites con la muerte, sino que tiende a trascender, a renovarse y perdurar por el amor de Dios en nosotros. Nos distinguimos, pues, en busca de los ideales del Reino de Dios. El *Compendio de la doctrina social de la Iglesia* lo puntualiza: "Desde esta perspectiva [desde saberse amado], todo hombre de buena voluntad puede entrever los vastos horizontes de la justicia y del desarrollo humano en la verdad y en el bien" (CDSI, no. 4).

PARA REFLEXIONAR

1. ¿Cómo identifica usted a una persona que vive con esperanza?

2. ¿Cuáles son los ideales más altos que le mueven a usted? ¿En qué se notan?

3. ¿Qué hace nuestra comunidad de fe para cultivar la esperanza?

---

31 de mayo de 2020
Pentecostés
Vigilia: Génesis 11:1–9 o Éxodo 19:3–8a, 16–20b o Ezequiel 37:1–14 o Joel 3:1–5; Salmo 103; Romanos 8:22–27; Juan 7: 37–39

LECTURAS SEMANALES
mayo 25–30

L Hch 19:1–8; Jn 16:29–33

M Hch 20:17–27; Jn 17:1–11a

M Hch 20:28–38; Jn 17:11b–19

J Hch 22:30; 23:6–11; Jn 17:20–26

V Hch 25:13–21; Jn 21:15–19

S Día: Hch 28:16–20, 30–31; Jn 21:20–25

24 de mayo de 2020

Primera lectura

Hechos 1:12–14

Después de la ascensión de Jesús a los cielos, los apóstoles regresaron a Jerusalén desde el monte de los Olivos, que dista de la ciudad lo que se permite caminar en sábado. Cuando llegaron a la ciudad, subieron al piso alto de la casa donde se alojaban, Pedro y Juan, Santiago y Andrés, Felipe y Tomás, Bartolomé y Mateo, Santiago (el hijo de Alfeo), Simón el cananeo y Judas, el hijo de Santiago. Todos ellos perseveraban unánimes en la oración, junto con María, la madre de Jesús, con los parientes de Jesús y algunas mujeres.

Salmo responsorial

Salmo 26:1, 4, 7–8b

R. Espero gozar de la dicha del Señor en el país de la vida.

El Señor es mi luz y mi salvación, ¿a quién temeré? El Señor es la defensa de mi vida, ¿quién me hará temblar? **R.**

Una cosa pido al Señor, eso buscaré: habitar en la casa del Señor por los días de mi vida; gozar de la dulzura del Señor contemplando su templo. **R.**

Escúchame, Señor, que te llamo; ten piedad, respóndeme. Oigo en mi corazón: "Busquen mi rostro". **R.**

Segunda lectura

1 Pedro 4:13–16

Queridos hermanos: Alégrense de compartir ahora los padecimientos de Cristo, para que, cuando se manifieste su gloria, el júbilo de ustedes sea desbordante. Si los injurian por el nombre de Cristo, ténganse por dichosos, porque la fuerza y la gloria del Espíritu de Dios descansa sobre ustedes. Pero que ninguno de ustedes tenga que sufrir por criminal, ladrón, malhechor, o simplemente por entrometido. En cambio, si sufre por ser cristiano, que le dé gracias a Dios por llevar ese nombre.

Evangelio

Juan 17:1–11a

En aquel tiempo, Jesús levantó los ojos al cielo y dijo: "Padre, ha llegado la hora. Glorifica a tu Hijo, para que tu Hijo también te glorifique, y por el poder que le diste sobre toda la humanidad, dé la vida eterna a cuantos le has confiado. La vida eterna consiste en que te conozcan a ti, único Dios verdadero, y a Jesucristo, a quien tú has enviado.

Yo te he glorificado sobre la tierra, llevando a cabo la obra que me encomendaste. Ahora, Padre, glorifícame en ti con la gloria que tenía, antes de que el mundo existiera.

He manifestado tu nombre a los hombres que tú tomaste del mundo y me diste. Eran tuyos y tú me los diste. Ellos han cumplido tu palabra y ahora conocen que todo lo que me has dado viene de ti, porque yo les he comunicado las palabras que tú me diste; ellos las han recibido y ahora reconocen que yo salí de ti y creen que tú me has enviado.

Te pido por ellos; no te pido por el mundo, sino por éstos, que tú me diste, porque son tuyos. Todo lo mío es tuyo y todo lo tuyo es mío. Yo he sido glorificado en ellos. Ya no estaré más en el mundo, pues voy a ti; pero ellos se quedan en el mundo".

La respuesta del bendecido

LA ASCENSIÓN fue otro momento de crisis para la primera comunidad cristiana. Todos recordaban lo sucedido pocas semanas antes, después de la crucifixión: los discípulos se asustaron y se escondieron; otros huyeron. Dejaron de ser apóstoles, anunciadores de la Palabra de Dios. De nuevo, Jesús se iba. Había vuelto a prometer el envío del Espíritu Santo, había reconfortado con su presencia a todos, pero volvía a marcharse. Por eso, ante la Ascensión, había que reaccionar de un modo diferente, valiente, o terminar definitivamente con la obra de Dios a través de Jesucristo. Al leer hoy, las lecturas nos presentan el gran cambio operado por el Espíritu Santo en el corazón de los creyentes.

Cuando vieron a Jesús muerto en la cruz, los discípulos se juntaron en una casa por miedo a los judíos y escondidos los encontró el Resucitado. Después de la Ascensión, se juntaron de nuevo, pero esta vez reunidos en vida común, como hermanos, en oración, compartiendo todo, teniendo una sola alma y un solo corazón, dando público testimonio de su fe cristiana y de su amor los unos por los otros. La palabra Iglesia deriva del griego *ekklesía*, que significa reunión.

Cuando vieron a Jesús muerto en la cruz, los discípulos tuvieron miedo del dolor y la persecución; temieron tener el mismo final de Jesús y por eso se escondieron. Después de la Ascensión, asumieron los padecimientos como compartir los sufrimientos de Cristo, dando así un valor redentor a aquello a lo que más miedo le tenemos. Esta solidaridad con la cruz de Cristo marcará a partir de este momento la vida de la Iglesia, plagada de mártires. Mártir significa testigo, es decir, la clave del martirio no es morir, sino morir por Cristo, morir por mantenerse fiel a Cristo.

Cuando vieron a Jesús muerto en la cruz, los discípulos se olvidaron de todas las enseñanzas del Maestro, sobre todo de aquello que les había dicho sobre el amor de Dios. Después de la Ascensión, ya estaban preparados para creer y anunciar que todo, lo que sea, puede servir para glorificar a Dios; basta vivirlo con fe, esperanza y caridad. Comprendieron que dar la vida por los amigos, que convertirse en grano de trigo, que entregarse a Dios, son cosas que merecen la pena y dan razón para la alegría. (J.L.C.) ■

VIVIENDO NUESTRA FE

La Pascua convierte al hombre, de nuevo, en el guardián supremo de la creación. Se renueva así la vocación recibida en el Génesis. Debemos cuidar de la "casa común" porque es el don que Dios nos dio, junto a la misión de hacerla fructificar. A pesar de los atentados continuos contra la naturaleza, debemos mantener la esperanza del cambio, cuidando cada uno de nosotros de nuestros pequeños ámbitos y creando conciencia de todos de que hay que cuidar el planeta.

PARA REFLEXIONAR

1. ¿En qué situaciones se nota la ausencia de una persona?

2. ¿Se ha sentido usted abandonado o desamparado alguna vez?

3. ¿Cómo difunde su grupo o comunidad de fe la alegría de la Pascua entre los más pobres?

31 de mayo de 2020   Domingo de Pentecostés

Primera lectura

Hechos 2:1–11

El día de Pentecostés, todos los discípulos estaban reunidos en un mismo lugar. De repente se oyó un gran ruido que venía del cielo, como cuando sopla un viento fuerte, que resonó por toda la casa donde se encontraban. Entonces aparecieron lenguas de fuego, que se distribuyeron y se posaron sobre ellos; se llenaron todos del Espíritu Santo y empezaron a hablar en otros idiomas, según el Espíritu los inducía a expresarse.

En esos días había en Jerusalén judíos devotos, venidos de todas partes del mundo. Al oír el ruido, acudieron en masa y quedaron desconcertados, porque cada uno los oía hablar en su propio idioma.

Atónitos y llenos de admiración, preguntaban: "¿No son galileos todos estos que están hablando? ¿Cómo, pues, los oímos hablar en nuestra lengua nativa? Entre nosotros hay medos, partos y elamitas; otros vivimos en Mesopotamia, Judea, Capadocia, en el Ponto y en Asia, en Frigia y en Panfilia, en Egipto o en la zona de Libia que limita con Cirene. Algunos somos visitantes, venidos de Roma, judíos y prosélitos; también hay cretenses y árabes. Y sin embargo, cada quien los oye hablar de las maravillas de Dios en su propia lengua".

Salmo responsorial

Salmo 103:1–2a, 24 y 35c, 27–28, 29bc–30

R. Envía tu Espíritu, Señor, y repuebla la faz de la tierra.

Bendice, alma mía, al Señor, ¡Dios mío, qué grande eres! Te vistes de belleza y majestad, la luz te envuelve como un manto. **R.**

Cuántas son tus obras, Señor, y todas las hiciste con sabiduría, la tierra está llena de tus criaturas. ¡Bendice, alma mía, al Señor! **R.**

Todas ellas aguardan a que les eches comida a su tiempo; se la echas, y la atrapan, abres tus manos, y se sacian de bienes. **R.**

Les retiras el aliento, y expiran, y vuelven a ser polvo; envías tu aliento, y los creas, y renuevas la faz de la tierra. **R.**

Segunda lectura

1 Corintios 12:3b–7, 12–13

Hermanos: Nadie puede llamar a Jesús "Señor", si no es bajo la acción del Espíritu Santo.

Hay diferentes dones, pero el Espíritu es el mismo. Hay diferentes servicios, pero el Señor es el mismo. Hay diferentes actividades, pero Dios, que hace todo en todos, es el mismo. En cada uno se manifiesta el Espíritu para el bien común.

Porque así como el cuerpo es uno y tiene muchos miembros y todos ellos, a pesar de ser muchos, forman un solo cuerpo, así también es Cristo. Porque todos nosotros, seamos judíos o no judíos, esclavos o libres, hemos sido bautizados en un mismo Espíritu para formar un solo cuerpo, y a todos se nos ha dado a beber del mismo Espíritu.

Evangelio

Juan 20:19–23

Al anochecer del día de la resurrección, estando cerradas las puertas de la casa donde se hallaban los discípulos, por miedo a los judíos, se presentó Jesús en medio de ellos y les dijo: "La paz esté con ustedes". Dicho esto, les mostró las manos y el costado.

Cuando los discípulos vieron al Señor, se llenaron de alegría. De nuevo les dijo Jesús: "La paz esté con ustedes. Como el Padre me ha enviado, así también los envío yo".

Después de decir esto, sopló sobre ellos y les dijo: "Reciban al Espíritu Santo. A los que les perdonen los pecados, les quedarán perdonados; y a los que no se los perdonen, les quedarán sin perdonar".

---

1 de junio de 2020
Bienaventurada Virgen María,
Madre de la Iglesia
*Gn 3:9–15, 20 o Hch 1:12–14;
Jn 19:25–34*

La comunión ya es posible

EL ESPÍRITU Santo se hizo presente con uno de los milagros más hermosos de la historia de la salvación: el don de lenguas. Cada persona aprende su propia lengua y solo puede comunicarse con quien hable ese mismo idioma. Pero, de repente, la llegada del Espíritu otorgó a todos los que lo recibieron la capacidad de hablar las maravillas de Dios y de tal manera que eran comprendidos por personas extrañas que sintonizaban perfectamente con lo que escuchaban. Los perezosos y los banales pensarán que es cómodo aprender sin estudiar; los creyentes verán un acontecimiento magnífico y los que están unidos al Resucitado entenderán que ahora ya no hay límites para la comunión. Porque para esto vino el "don de lenguas" en Pentecostés. No nos quedemos en la anécdota (si me permiten la palabra) del fenómeno curioso del milagro. En este Pentecostés, más que en ningún otro, debemos concentrarnos en el profundo sentido de lo sucedido.

El Espíritu Santo rompe la maldición de Babel, cuando los hombres se unieron para conquistar el cielo por la fuerza y los idiomas se utilizaron para dividirlos. Ahora, porque Cristo ha resucitado, los hombres vuelven a recibir la bendición de la unión. El relato comienza diciendo que "estaban todos unánimes juntos" (Hechos 2:1). Pentecostés es mucho más que ser capaces de hablar otra lengua, porque lo que cuenta es que ahora los hombres y mujeres de todo tiempo y nación pueden unirse como hijos del mismo Padre, redimidos por Cristo. Para eso fue enviado el Espíritu, para entrar en ellos, llenarlos y derramarse por todo el mundo a través de ellos. El Espíritu les da las herramientas para construir la nueva humanidad al estilo de Jesús. La primera de ellas, la que inmediatamente usaron, fue el don de lenguas. En un momento, todos eran capaces de entenderse (Hechos 2:7–12) y eso es mucho más que hablar el mismo idioma. También los que se pelean hablan el mismo idioma; también muchos usan ese conocimiento para criticar y luchar, en lugar de buscar la comunión.

Por desgracia, también hay que tener presente que algunos se niegan a ver, se niegan a reconocer y hasta desprecian, como los que se reían de los que estaban llenos del Espíritu Santo diciendo que estaban borrachos (Hechos 2:13). Pobrecitos ellos que niegan el nuevo rumbo de la historia. Se cierran a la bendición y nunca podrán gozar del Reino de Dios, porque lo rechazan.

Y nosotros, ¿qué haremos con Pentecostés? (J.L.C.) ∎

VIVIENDO NUESTRA FE

El relato de la creación del hombre en el libro del Génesis nos hace ver nuestra intrínseca relación con la Madre Tierra y con Dios nuestro Padre. "Nuestro propio cuerpo está constituido por los elementos del planeta, su aire es el que nos da el aliento y su agua nos vivifica y restaura" (*Laudato Si'*, no. 2). El Espíritu de Pentecostés reanima nuestra voluntad de preocuparnos por todos, puesto que somos hijos del Creador y somos vivificados por el mismo Redentor. Por eso nada en el mundo nos es indiferente.

PARA REFLEXIONAR

1. ¿Cuáles considera usted los malentendidos más groseros en nuestra sociedad?

2. ¿Ha sido usted el puente entre dos personas para que estas se entiendan?

3. ¿Cómo fomenta su comunidad de fe el entendimiento entre personas de culturas diferentes?

LECTURAS SEMANALES
junio 1–6

L *Bienaventurada Virgen María, Madre de la Iglesia*

M 2 Pe 3:12–15a, 17–18; Mc 12:13–17

M 2 Tm 1:1–3, 6–12; Mc 12:18–27

J 2 Tm 2:8–15; Mc 12:28–34

V 2 Tm 3:10–17; Mc 12:35–37

S 2 Tm 4:1–8; Mc 12:38–44

Tiempo Ordinario durante el verano y el otoño

Salmo 64

2, 11–14

En Sión te alabaremos, oh Dios,
  en Jerusalén cumpliremos nuestros votos.

Tú preparas la tierra de esta forma:
    vas regando sus surcos,
    rompiendo sus terrones;
    con las lluvias la ablandas
    y bendices sus siembras.

Terminas felizmente tu buen año.
Las ruedas de tu carro
        van chorreando abundancia;
    el suelo del desierto está mojado,
    los cerros se revisten de verdor.
Sus praderas se llenan de rebaños
    y los valles se cubren de trigales;
    todos cantan y saltan de alegría.

7 junio de 2020 Santísima Trinidad

Primera lectura
Éxodo 34:4b–6, 8–9

En aquellos días, Moisés subió de madrugada al monte Sinaí, llevando en la mano las dos tablas de piedra, como le había mandado el Señor. El Señor descendió en una nube y se le hizo presente.

Moisés pronunció entonces el nombre del Señor, y el Señor, pasando delante de él, proclamó: "Yo soy el Señor, el Señor Dios, compasivo y clemente, paciente, misericordioso y fiel".

Al instante, Moisés se postró en tierra y lo adoró, diciendo: "Si de veras he hallado gracia a tus ojos, dígnate venir ahora con nosotros, aunque este pueblo sea de cabeza dura; perdona nuestras iniquidades y pecados, y tómanos como cosa tuya".

Salmo responsorial
Salmo Daniel 3:52, 53, 54, 55, 56

R. Cantado y exaltado eternamente.

Bendito seas, Señor, Dios de nuestros padres, bendito sea tu santo y glorioso nombre. **R.**

Bendito seas en el templo de tu santa gloria. **R.**

Bendito seas en el trono de tu reino. **R.**

Bendito seas tú, que sondeas los abismos, que te sientas sobre querubines. **R.**

Bendito seas en el firmamento del cielo. **R.**

Segunda lectura
2 Corintios 13:11–13

Hermanos: Estén alegres, trabajen por su perfección, anímense mutuamente, vivan en paz y armonía. Y el Dios del amor y de la paz estará con ustedes.

Salúdense los unos a los otros con el saludo de paz.

Los saludan todos los fieles.

La gracia de nuestro Señor Jesucristo, el amor del Padre y la comunión del Espíritu Santo estén siempre con ustedes.

Evangelio
Juan 3:16–18

"Tanto amó Dios al mundo, que le entregó a su Hijo único, para que todo el que crea en él no perezca, sino que tenga la vida eterna. Porque Dios no envió a su Hijo para condenar al mundo, sino para que el mundo se salvara por él. El que cree en él no será condenado; pero el que no cree ya está condenado, por no haber creído en el Hijo único de Dios".

---

11 de junio de 2020
San Bernabé, apóstol
Hch 11:21b–26; 13:1–3

Solo tu amor nos hace uno

¿QUIÉN ES Dios para Pablo? Dios es amor, como un papá que protege y acompaña. Dios es gracia, como un hijo que comparte las cosas buenas recibidas de su papá con sus hermanos, y Dios es Espíritu Santo, como un clima de cariño familiar, comunión y unidad. Esta referencia a la Santísima Trinidad nos abre y cierra las oraciones tanto de la liturgia como de las plegarias individuales.

Constantemente nuestra fe nos recuerda diversas tareas con las que esa Comunidad Santa, a la que invocamos como Santísima Trinidad, sostiene y acompaña la historia humana. Dios Padre renueva la creación. El Hijo anima la redención, en la constante conversión de los creyentes, y Dios Espíritu Santo realiza la santificación porque hay en todas partes un aliento suyo que nos dirige hacia la Plenitud. La Trinidad es nuestro modelo y nuestro fundamento. Amor, gracia y comunión son la esencia de Dios, y son el eje que dirige el proyecto de Dios para el mundo y para la historia.

Maribel tuvo su segundo hijo autista. El autismo de Tom no fue muy severo, pero lo suficientemente problemático como para hacer que la familia gire en torno a un constante problema de la comunicación con él. El esposo de Maribel falleció y ella hizo cabeza de un joven adulto que andaba en una pandilla y de Mary, una adolescente inquieta y de Tom. Maribel supo que había un problema más grande que comunicase con un hijo autista, y era rescatar al hijo sano y brillante. Con sus hijos trabajó y negoció diferentes maneras para tejer la armonía. Ella nos comenta cómo esos problemas en su vida la hacían pensar que lo que faltaba en su familia abundaba en la Familia de Dios. "Tengo una imagen de la Trinidad muy sencilla; sé que Dios es comunicación, amor y perdón".

Dios se nos manifiesta siempre en familiaridad y participación. Nuestros padres nos aman así, cuando nos participan de lo que ellos son; los esposos se aman entregándose el uno al otro, y los buenos hermanos comparten también entre sí. Por eso, los cristianos cantaban: "Donde hay amor, allí está Dios". Somos seres humanos y amamos con límites, con fragilidades. Somos eternos aprendices del verdadero amor y siempre hay personas con fracturas en sus vidas, en este aprendizaje de amar, ya sea porque aman a medias, o porque confunden el amor con el control, la posesión o se quedan solo a nivel material y sensible. El amor perfecto de Dios nos rebasa siempre. Nos ama tanto que dio a su Hijo. El Hijo ama tanto al Padre que lo imita, dio un sí al Padre y también nos amó hasta el extremo. Tanto ama el Espíritu que nos regaló sus dones. (P.A.) ■

PARA VIVIR NUESTRA FE

El papa Benedicto XVI decía que nuestras relaciones humanas, sobre todo las que están marcadas por la caridad, el interés compasivo, la solidaridad… son un testimonio del misterio de Dios. En las primeras comunidades esto se resumía con la palabra "koinonía" que venía a expresar una comunidad en comunión, y que este misterio tenía sus raíces en el cielo, en la Trinidad (ver *Angelus*, del 22 de mayo de 2005). Cuando en nuestras familias, amistades, grupos de apoyo, parroquias, todos hacemos el esfuerzo de sostener la *koinonía*, se experimenta algo del misterio de Dios.

PARA REFLEXIONAR

1. ¿Qué ingredientes son indispensables en una "comunión de personas"?

2. ¿Qué piensas de manera como Dios nos ha manifestado su amor?

3. ¿Cómo puede tu comunidad dar testimonio de la fe en Dios trino y uno?

LECTURAS SEMANALES
junio 8–13

L 1 Re 17:1–6; Mt 5:1–12
M 1 Re 17:7–16; Mt 5:13–16
M 1 Re 18:20–39; Mt 5:17–19
J *San Bernabé, apóstol*
V 1 Re 19:9a, 11–16; Mt 5:27–32
S 1 Re 19:19–21; Mt 5:33–37

Primera lectura

Deuteronomio 8:2–3, 14b–16a

En aquel tiempo, habló Moisés al pueblo y le dijo: "Recuerda el camino que el Señor, tu Dios, te ha hecho recorrer estos cuarenta años por el desierto, para afligirte, para ponerte a prueba y conocer si ibas a guardar sus mandamientos o no.

Él te afligió, haciéndote pasar hambre, y después te alimentó con el maná, que ni tú ni tus padres conocían, para enseñarte que no sólo de pan vive el hombre, sino también de toda palabra que sale de la boca de Dios.

No sea que te olvides del Señor, tu Dios, que te sacó de Egipto y de la esclavitud; que te hizo recorrer aquel desierto inmenso y terrible, lleno de serpientes y alacranes; que en una tierra árida hizo brotar para ti agua de la roca más dura, y que te alimentó en el desierto con un maná que no conocían tus padres".

Salmo responsorial

Salmo 147:12–13, 14–15, 19–20

R. Glorifica al Señor, Jerusalén.

Glorifica al Señor, Jerusalén; alaba a tu Dios, Sión, que ha reforzado los cerrojos de tus puertas y ha bendecido a tus hijos dentro de ti. **R.**

Ha puesto paz en tus fronteras, te sacia con flor de harina; él envía su mensaje a la tierra y su palabra corre veloz. **R.**

Anuncia su palabra a Jacob, sus decretos y mandatos a Israel; con ninguna nación obró así, ni les dio a conocer sus mandatos. **R.**

Segunda lectura

1 Corintios 10:16–17

Hermanos: El cáliz de la bendición con el que damos gracias, ¿no nos une a Cristo por medio de su sangre? Y el pan que partimos, ¿no nos une a Cristo por medio de su cuerpo? El pan es uno, y así nosotros, aunque somos muchos, formamos un solo cuerpo, porque todos comemos del mismo pan.

Evangelio

Juan 6:51–58

En aquel tiempo, Jesús dijo a los judíos: "Yo soy el pan vivo que ha bajado del cielo; el que coma de este pan vivirá para siempre. Y el pan que yo les voy a dar es mi carne para que el mundo tenga vida".

Entonces los judíos se pusieron a discutir entre sí: "¿Cómo puede éste darnos a comer su carne?"

Jesús les dijo: "Yo les aseguro: Si no comen la carne del Hijo del hombre y no beben su sangre, no podrán tener vida en ustedes. El que come mi carne y bebe mi sangre, tiene vida eterna y yo lo resucitaré el último día.

Mi carne es verdadera comida y mi sangre es verdadera bebida. El que come mi carne y bebe mi sangre, permanece en mí y yo en él. Como el Padre, que me ha enviado, posee la vida y yo vivo por él, así también el que me come vivirá por mí.

Éste es el pan que ha bajado del cielo; no es como el maná que comieron sus padres, pues murieron. El que come de este pan vivirá para siempre".

---

19 de junio de 2020
Sagrado Corazón de Jesús
Dt 7:6–11; 1 Jn 4:7–16; Mt 11:25–30

---

20 de junio de 2020
Inmaculado Corazón de la Virgen María
2 Cro 24:17–25; Lc 2:41–51

El Cuerpo y la Sangre de Cristo

SEÑOR, QUE al comulgar tu Cuerpo, nos determinemos a servirte. Para muchos cristianos pensar en el Cuerpo y la Sangre de Cristo tiene que ver con el acto de fe, de aceptar que Jesús está realmente presente en el pan y el vino transformados en su Cuerpo y Sangre, por obra del Espíritu Santo. Para recibir esta presencia divina, necesitamos estar en gracia y ser dignos. Muchas personas se preocupaban por confesarse antes. La celebración del Santísimo Cuerpo y Sangre de Cristo nos pide más que reverencia pasiva, respeto y adoración: nos pide profundidad y compromiso.

Las lecturas nos ponen en contacto con la experiencia judía de comunidad, cuando el pueblo errante por el desierto experimenta el hambre y se vuelve a Dios para clamar por su providencia. También nos hablan de la experiencia comunitaria de la primera Iglesia, que mantenía vivo el memorial de Jesús y finalmente el anuncio de Jesús de entregarse a sí mismo sin medida, al grado que, sin excluir a nadie, recibirá a todo aquel que el Padre le envíe.

A las primeras comunidades cristianas, celebrar la Eucaristía les daba una fuerza enorme para aceptar a los demás, incluso a los no judíos. Ellas imitaban la extraordinaria hospitalidad y acogida que Jesús mostró durante su vida. Juntos recordaron la calidad de su entrega para compartir con los más débiles, con los pecadores, con los enfermos. Estas comunidades tomaron en serio el bautismo, si somos hijos adoptivos, por los méritos de Cristo, entonces somos hermanos unos de otros. Así se sentaban a comer; eran buenos comensales, porque acogían e integraban a todos los que se les sumaban por el bautismo. Todos en la misma mesa, sin diferencias étnicas ni culturales. A veces esta acogida se rompía, porque había ricos y pobres, y unos querían apartarse a comer por su cuenta, pero estas conductas fueron corregidas por los apóstoles. Por eso san Pablo obliga a meditar que en el modo de ser comunidad es como el Cuerpo de Cristo se hace realidad. Somos los bautizados quienes hacemos visible a Jesús. Y a la vez, esos creyentes que se nutren del Cuerpo de Cristo entregado en el altar, aceptan en su corazón a ese Señor para que los transforme más en él. Así la comunidad se vuelve Cuerpo entregado y sangre derramada, memorial de salvación para el mundo.

En la Eucaristía celebrada nos convertimos en Iglesia. Vamos a misa no solo porque cumplimos, o porque así nos sentimos católicos, sino porque necesitamos ser miembros vivos y activos de ese Cuerpo entregado, y de esa vida que se derrama en servicio de los más oprimidos. (P.A.) ■

VIVIENDO NUESTRA FE

La santificación del mundo es nuestra tarea como bautizados. El Compendio de la doctrina social católica nos recuerda que la santificación se logra "desde dentro" como el fermento… por eso el cristiano no se aleja del mundo y se mete de lleno en la historia" (DSC, 545). Jesús nos invita a vivir un amor apasionado por Dios, pero sin apartar la mirada de nuestros hermanos.

PARA REFLEXIONAR

1. ¿Cuál promesa de Jesús le sorprende a usted de su evangelio?

2. ¿Dónde se siente usted Cuerpo y Sangre de Cristo?

3. ¿Con qué servicios hacemos crecer el Cuerpo de Cristo?

LECTURAS SEMANALES
junio 15–20

L 1 Re 21:1–16; Mt 5:38–42

M 1 Re 21:17–29; Mt 5:43–48

M 2 Re 2:1, 6–14; Mt 6:1–6, 16–18

J Sir 48:1–14; Mt 6:7–15

V *Sagrado Corazón de Jesús*

S *Inmaculado Corazón de la Virgen María*

21 de junio de 2020 XII Domingo Ordinario

Primera lectura
Jeremías 20:10–13

En aquel tiempo, dijo Jeremías:
"Yo oía el cuchicheo de la gente que decía:
'Denunciemos a Jeremías,
denunciemos al profeta del terror'.
Todos los que eran mis amigos espiaban mis pasos,
esperaban que tropezara y me cayera, diciendo:
'Si se tropieza y se cae, lo venceremos
y podremos vengarnos de él'.

Pero el Señor, guerrero poderoso, está a mi lado;
por eso mis perseguidores caerán por tierra
y no podrán conmigo;
quedarán avergonzados de su fracaso
y su ignominia será eterna e inolvidable.
Señor de los ejércitos, que pones a prueba al justo
y conoces lo más profundo de los corazones,
haz que yo vea tu venganza contra ellos,
porque a ti he encomendado mi causa.

Canten y alaben al Señor,
porque él ha salvado la vida de su pobre
de la mano de los malvados".

Salmo responsorial
Salmo 69 (68):8–10, 14 y 17, 33–35

R. Que me escuche tu gran bondad, Señor.

Por ti he aguantado afrentas, la vergüenza
cubrió mi rostro. Soy un extraño para mis
hermanos, un extranjero para los hijos de
mi madre, porque me devora el celo de tu
templo, y las afrentas con que te afrentan caen
sobre mí. **R.**

Pero mi oración se dirige a ti, Dios mío, el día
de tu favor; que me escuche tu gran bondad, que
tu fidelidad me ayude: respóndeme, Señor, con
la bondad de tu gracia; por tu gran compasión,
vuélvete hacia mí. **R.**

Mírenlo, los humildes, y alégrense, busquen
al Señor, y revivirá vuestro corazón. Que el
Señor escucha a sus pobres, no desprecia a sus
cautivos. Alábenlo el cielo y la tierra, las aguas
y cuanto bulle en ellas. **R.**

Segunda lectura
Romanos 5:12–15

Hermanos:
Por un solo hombre entró el pecado en el mundo
y por el pecado entró la muerte, así la muerte pasó
a todos los hombres, porque todos pecaron.

Antes de la ley de Moisés ya existía el pecado en
el mundo y, si bien es cierto que el pecado no se
castiga cuando no hay ley, sin embargo, la muerte
reinó desde Adán hasta Moisés, aun sobre aquellos
que no pecaron como pecó Adán, cuando desobedeció
un mandato directo de Dios. Por lo demás, Adán era
figura de Cristo, el que había de venir.

Ahora bien, el don de Dios supera con mucho al
delito. Pues si por el delito de uno solo hombre todos
fueron castigados con la muerte, por el don de un solo
hombre, Jesucristo, se ha desbordado sobre todos la
abundancia de la vida y la gracia de Dios.

Evangelio
Mateo 10:26–33

En aquel tiempo, Jesús dijo a sus apóstoles:
"No teman a los hombres. No hay nada oculto que no
llegue a descubrirse; no hay nada secreto que no
llegue a saberse. Lo que les digo de noche, repítanlo
en pleno día, y lo que les digo al oído, pregónenlo
desde las azoteas.

'No tengan miedo a los que matan el cuerpo, pero
no pueden matar el alma. Teman, más bien, a quien
puede arrojar al lugar de castigo el alma y el cuerpo.

¿No es verdad que se venden dos pajarillos por
una moneda? Sin embargo, ni uno solo de ellos cae
por tierra si no lo permite el Padre. En cuanto a
ustedes, hasta los cabellos de su cabeza están conta-
dos. Por lo tanto, no tengan miedo, porque ustedes
valen mucho más que todos los pájaros del mundo.

A quien me reconozca delante de los hombres,
yo también lo reconoceré ante mi Padre, que está en
los cielos; pero al que me niegue delante de los
hombres, yo también lo negaré ante mi Padre, que
está en los cielos".

Tu amor me honra, Señor

ACOSTUMBRO PREGUNTAR en uno de los retiros para nuevos ministerios si hay algún temor o miedo para servir o ministrar. Hay miedos muy comunes, ya sea a complicarnos la vida, a comprometernos demasiado, o a no tener los dones requeridos. Pero alguna mano levantada declara: "Tengo miedo a lo que piensan los otros de mí". Esta respuesta es más común de lo que pensamos. A veces no sabemos identificar o nombrar nuestros temores y menos enfrentarlos o vencerlos. Jesús abiertamente nos invita a perder el miedo al mundo y a lo que pudiera matar el alma. La valentía del discípulo procede de nuestra convicción en el poder de Dios. El profeta Jeremías lo atestigua de manera formidable. Cuesta ver la opinión pública, como una ola que se levanta por un instante y se desvanece.

Gaby, nos contó que cuando tuvo un accidente y salió en los periódicos, pasó tiempo ocultándose de miedo y vergüenza, pues pensaba que todos sabían que ella era la señora del choque, pero en pocas semanas se dio cuenta de que nadie recordaba el incidente. Que la gente estaba atenta a otras novedades. "El qué dirán" es volátil, necesitamos encontrar el valor de nuestro ser, nuestra alma vale por lo que Dios ha puesto en ella. Se imaginan que Jesús cobrará algo a cambio. ¡Es una tontería! Jesús no nos va a quitar nada; al contrario, si confiamos totalmente en su Palabra, nos dará todo. Hay que concentrar las energías de nuestro ser y confiar en nuestro Padre. Jesús da ejemplos muy tiernos con los pajarillos que andan en parvadas por los campos. A ninguno de esos pajarillos lo confunde el Padre. Por eso, nuestra confianza debe ser un repetido acto de amor y no un acto de esfuerzo como los que hacen una dieta contra su voluntad. Si somos amigos de Jesús, ¿por qué temer que nos vean en sus cosas?

El verdadero discípulo misionero no lleva a Jesús escondido en su corazón. El discípulo misionero sabe que no será bien visto su estilo de vida, que sus valores no le darán popularidad, que sus convicciones causarán incomodidad en algunos ambientes. No tener miedo es una característica del discípulo misionero que hace de Jesús una opción sin acomodos diplomáticos. Sabrá dar testimonio porque su seguridad está arraigada en la confianza de un bien mayor. (P.A.) ■

VIVIENDO NUESTRA FE

El mandamiento del amor que nos dio Jesús es el fundamento de la perfección humana y de la transformación del mundo. Por eso, el *Compendio de la doctrina social de la Iglesia* dice que cuando los discípulos creemos profundamente en el poder del amor de Cristo, nos esforzamos por abrir el camino del amor en toda relación y por instaurar la fraternidad universal con la certeza de que ningún esfuerzo o trabajo es inútil (ver CDSI, no. 54).

PARA REFLEXIONAR

1. ¿Conoce usted personas que hayan sido fieles a su vocación, en medio de las adversidades?

2. ¿Cree que la opinión de los demás, en alguna ocasión, haya pesado más que la voz de su conciencia moral para obrar en alguna dirección?

3. ¿De qué maneras fomenta su comunidad de fe la vocación de cada fiel cristiano?

24 de junio de 2020
Natividad de san Juan Bautista

Vigilia: Jer 1:4–10; 1 Pe 1:8–12; Lc 1:5–17

Día: Is 49:1–6; Hch 13:22–26; Lc 1:57–66, 80

LECTURAS SEMANALES
junio 22–27

L 2 Re 17:5–8, 13–15a, 18; Mt 7:1–5

M 2 Re 19:9b–11, 14–21, 31–35a, 36; Mt 7:6, 12–14

M *Natividad de san Juan Bautista*

J 2 Re 24:8–17; Mt 7:21–29

V 2 Re 25:1–12; Mt 8:1–4

S Lam 2:2, 10–14, 18–19; Mt 8:5–17

28 de junio de 2020 XIII Domingo Ordinario

Primera lectura

2 Reyes 4:8–11, 14–16a

Un día pasaba Eliseo por la ciudad de Sunem y una mujer distinguida lo invitó con insistencia a comer en su casa. Desde entonces, siempre que Eliseo pasaba por ahí, iba a comer a su casa. En una ocasión, ella le dijo a su marido: "Yo sé que este hombre, que con tanta frecuencia nos visita, es un hombre de Dios. Vamos a construirle en los altos una pequeña habitación. Le pondremos allí una cama, una mesa, una silla y una lámpara, para que se quede allí, cuando venga a visitarnos".

Así se hizo y cuando Eliseo regresó a Sunem, subió a la habitación y se recostó en la cama. Entonces le dijo a su criado: "¿Qué podemos hacer por esta mujer?" El criado le dijo: "Mira, no tiene hijos y su marido ya es un anciano". Entonces dijo Eliseo: "Llámala". El criado la llamó y ella, al llegar, se detuvo en la puerta. Eliseo le dijo: "El año que viene, por estas mismas fechas, tendrás un hijo en tus brazos".

Salmo responsorial

Salmo 89 (88):2–3, 16–17, 18–19

R. Cantaré eternamente las misericordias del Señor.

Cantaré eternamente las misericordias del Señor, anunciaré tu fidelidad por todas las edades. Porque dije: "Tu misericordia es un edificio eterno, más que el cielo has afianzado tu fidelidad". **R.**

Dichoso el pueblo que sabe aclamarte: caminará, oh Señor, a la luz de tu rostro; tu nombre es su gozo cada día, tu justicia es su orgullo. **R.**

Porque tú eres su honor y su fuerza, y con tu favor realzas nuestro poder. Porque el Señor es nuestro escudo, y el Santo de Israel nuestro rey. **R.**

Segunda lectura

Romanos 6:3–4, 8–11

Hermanos: Todos los que hemos sido incorporados a Cristo Jesús por medio del bautismo, hemos sido incorporados a él, en su muerte. En efecto, por el bautismo fuimos sepultados con él en su muerte, para que, así como Cristo resucitó de entre los muertos por la gloria del Padre, así también nosotros llevemos una vida nueva.

Por lo tanto, si hemos muerto con Cristo, estamos seguros de que también viviremos con él; pues sabemos que Cristo, una vez resucitado de entre los muertos, ya nunca morirá. La muerte ya no tiene dominio sobre él, porque al morir, murió al pecado de una vez para siempre; y al resucitar, vive ahora para Dios. Lo mismo ustedes, considérense muertos al pecado y vivos para Dios en Cristo Jesús, Señor nuestro.

Evangelio

Mateo 10:37–42

En aquel tiempo, Jesús dijo a sus apóstoles: "El que ama a su padre o a su madre más que a mí, no es digno de mí; el que ama a su hijo o a su hija más que a mí, no es digno de mí; y el que no toma su cruz y me sigue, no es digno de mí.

El que salve su vida la perderá y el que la pierda por mí, la salvará.

Quien los recibe a ustedes me recibe a mí; y quien me recibe a mí, recibe al que me ha enviado.

El que recibe a un profeta por ser profeta, recibirá recompensa de profeta; el que recibe a un justo por ser justo, recibirá recompensa de justo.

Quien diere, aunque no sea más que un vaso de agua fría a uno de estos pequeños, por ser discípulo mío, yo les aseguro que no perderá su recompensa".

---

29 de junio de 2020
San Pedro y san Pablo, apóstoles
Vigilia: Hch 3:1–10; Gal 1:11–20; Jn 21:15–19
Día: Hch 12:1–11; 2 Tim 4:6–8, 17–18; Mt 16:13–19

---

3 de julio de 2020
Santo Tomás, apóstol
Ef 2:19–22; Jn 20:24–29

Tu misericordia no discrimina

LA HOSPITALIDAD es bendecida siempre por Dios. Aquella mujer y su esposo que brindaron hospedaje a Eliseo y su esclavo, fueron muy generosos con él. A su vez, el hombre de Dios y su siervo los recompensan con un don extraordinario. Ella recibió el don más deseado por una mujer de Israel: un hijo que perpetuara el nombre de su marido en aquel pueblo. Por otra parte, recordemos que Jesús va mucho más allá en su manera de entender la hospitalidad. Él mismo fue perceptivo de cualquier gesto que expresara acogida sincera como pasó con la mujer que le perfumó sus pies o con Zaqueo que le abrió su casa. Jesús promete que también sus enviados serán portadores de bendiciones y ni siquiera un vaso de agua dado en nombre suyo, es decir, por la causa del Evangelio, quedará sin recompensa celeste. Jesús rompió lo convencional en su manera de acoger, sobre todo a quienes estaban etiquetados como "no gratos": los enfermos, los pecadores, las prostitutas, los publicanos, y otras personas que acababan siendo la mayoría. Jesús compartió su tiempo, su mensaje, su amistad, su comida y su persona; en una palabra, todo él. Acogía así porque tenía la convicción de que solo así nos pareceremos a su Padre.

Nuestra sociedad ha extendido una cultura de la hospitalidad basada en la venta de servicios. Restaurantes, hoteles, bancos, supermercados, nos ofrecen un asiento, un carrito y nos sonríen cuando nos dan la bienvenida. En esas sonrisas, parece que nos dicen: "Bienvenido su dinero" o "Compre más productos". Desarrollar la calidez humana es importante si queremos dar paso a formar y sentirnos comunidad, o mejor, comunidad fraterna. Jesús nos pide una hospitalidad cordial.

Nuestro mundo necesita recuperar con urgencia la verdadera hospitalidad, particularmente hacia las personas obligadas a emigrar. Personas que padecen los conflictos bélicos, cuyas tierras son invadidas y violentadas, expulsadas de sus viviendas; personas que padecen los desastres naturales; personas que deben emigrar para sobrevivir; personas en busca de mejores condiciones de vida. Hoy, hay lugares que enfrentan problemas legales para declararse hospitalarios. "Welcome City" se ha vuelto una declaración difícil de mantener porque sus habitantes se sienten atemorizados, porque se criminaliza a los inmigrantes de hoy. Ser hospitalarios se convierte en un desafío no solo personal, sino comunitario y social. El papa Francisco ha pedido que nos preguntemos si nuestros grupos ministeriales, nuestras parroquias, son hospitalarias. (P.A.) ∎

VIVIENDO NUESTRA FE

"Cada forastero que llama a nuestra puerta es una ocasión de encuentro con Jesucristo, que se identifica con el extranjero acogido o rechazado en cualquier época de la historia (ver Mateo 25:35, 43). Para el forastero, el migrante, el refugiado, el prófugo y el solicitante de asilo, todas las puertas de la nueva tierra son también una oportunidad de encuentro con Jesús", papa Francisco, *Homilía del 14 de enero de 2020*. En los migrantes Jesús viene a nuestro encuentro, y son fuente de gracia para las comunidades que los acogen.

PARA REFLEXIONAR

1. ¿Dónde es notoria la hospitalidad cristiana que brindamos a los extraños?

2. ¿Ha tenido usted experiencia de una cálida hospitalidad? ¿Cómo ha sido?

3. ¿Qué hace su grupo o comunidad de fe, para acoger a extraños y a extranjeros?

5 de julio de 2020   XIV Domingo Ordinario

Primera lectura

Zacarías 9:9–10

Esto dice el Señor: / "Alégrate sobremanera, hija de Sión; / da gritos de júbilo, hija de Jerusalén; / mira a tu rey que viene a ti, / justo y victorioso, / humilde y montado en un burrito.

Él hará desaparecer de la tierra de Efraín los carros de guerra / y de Jerusalén, los caballos de combate. / Romperá el arco del guerrero / y anunciará la paz a las naciones. / Su poder se extenderá de mar a mar / y desde el gran río hasta los últimos rincones de la tierra".

Salmo responsorial

Salmo 144:1–2, 8–9, 10–11, 13cd–14

R. Te ensalzaré, Dios mío, mi rey, bendeciré tu nombre por siempre jamás.

Te ensalzaré, Dios mío, mi rey, bendeciré tu nombre por siempre jamás. Día tras día te bendeciré y alabaré tu nombre por siempre jamás. **R.**

El Señor es clemente y misericordioso, lento a la cólera y rico en piedad; el Señor es bueno con todos, es cariñoso con todas sus criaturas. **R.**

Que todas las criaturas te den gracias, Señor. Que te bendigan tus fieles, que proclamen la gloria de tu reino, que hablen de tus hazañas. **R.**

El Señor es fiel a sus palabras, bondadoso en todas sus acciones. El Señor sostiene a los que van a caer, endereza a los que ya se doblan. **R.**

Segunda lectura

Romanos 8:9, 11–13

Hermanos: Ustedes no viven conforme al desorden egoísta del hombre, sino conforme al Espíritu, puesto que el Espíritu de Dios habita verdaderamente en ustedes. Quien no tiene el Espíritu de Cristo, no es de Cristo. Si el Espíritu del Padre, que resucitó a Jesús de entre los muertos, habita en ustedes, entonces el Padre, que resucitó a Jesús de entre los muertos, también les dará vida a sus cuerpos mortales, por obra de su Espíritu, que habita en ustedes.

Por lo tanto, hermanos, no estamos sujetos al desorden egoísta del hombre, para hacer de ese desorden nuestra regla de conducta. Pues si ustedes viven de ese modo, ciertamente serán destruidos. Por el contrario, si con la ayuda del Espíritu destruyen sus malas acciones, entonces vivirán.

Evangelio

Mateo 11:25–30

En aquel tiempo, Jesús exclamó: "¡Te doy gracias, Padre, Señor del cielo y de la tierra, porque has escondido estas cosas a los sabios y entendidos, y las has revelado a la gente sencilla! Gracias, Padre, porque así te ha parecido bien.

El Padre ha puesto todas las cosas en mis manos. Nadie conoce al Hijo sino el Padre, y nadie conoce al Padre sino el Hijo y aquél a quien el Hijo se lo quiera revelar.

Vengan a mí, todos los que están fatigados y agobiados por la carga y yo les daré alivio. Tomen mi yugo sobre ustedes y aprendan de mí, que soy manso y humilde de corazón, y encontrarán descanso, porque mi yugo es suave y mi carga ligera".

Cuando veo tus acciones y escucho tus palabras, me siento dichoso

MARISA SE UNIÓ a un grupo misionero con el propósito de vivir una experiencia en el mundo rural. Al verla llegar todos se sorprendieron, porque habían recomendado mucho "viajar ligeros". Ella había tomado sus precauciones para que no le faltara algo indispensable. Antes de salir, ya se notaba doblada por el peso. Durante la misión, ella quería entregarse, pero todo se le complicaba demasiado, hasta que se dio cuenta de que la frenaban todas sus cosas. Parece mentira, pero las cosas reclaman atención.

En el caso de los oyentes de Jesús, muchos cargaban todos los preceptos de la ley y sus vidas se hacían pesadas. Jesús parece increíblemente servicial al ofrecerse a intercambiar una carga que dobla, por una ligera. Hay personas que trabajan llevando "cargas" de otros, sean físicas o sicológicas. Es raro encontrar a alguien que quiere las cargas de los demás gratuitamente, por el solo deseo de que la otra persona descanse del peso. Lo más común es deshacerse de cualquier complicación y devolverla como una responsabilidad que no nos toca.

San Mateo nos relata cómo Jesús cumple una de las profecías de Zacarías. El profeta ve venir a un futuro rey como alguien pacífico, humilde. Parece que a este anuncio se le dio poca importancia, porque muchos de los contemporáneos de Jesús lo seguían esperando como un rey triunfante, o un guerrero vencedor. Se sabe que los líderes de las naciones hacían entradas triunfales a las ciudades exhibiendo su fuerza y sembrando miedo con su poderío militar. La profecía anticipa la alegría porque viene un salvador humilde. Un burrito no es un animal que impresione. Es un animalito útil, para servicios modestos. El esperado de Israel llega con la justicia y la paz; por eso, sus señales son inconfundibles. Las características del Reino anunciado por Jesús y su propia manera de vida van a la par. Jesús testimonia con su estilo de "equipaje ligero", la dimensión espiritual del Reino sobre los intereses mundanos.

La Palabra de Dios nos estimula a no dejarnos guiar por los modelos que dicta el egoísmo. El egoísmo es contrario al Espíritu de Cristo y desata la confusión y el desorden que llevan a la guerra. El Espíritu, por el contrario, lejos de acumular, retener, impresionar o dominar, guía al creyente en la sencillez, la humildad, el servicio y la paz. (P.A.) ∎

VIVIENDO NUESTRA FE

El papa Francisco advierte sobre actitudes mundanas que se filtran en los creyentes, hasta estresarnos por "dominar el espacio de la Iglesia". Así, nos sobrecargamos de tantos ministerios, más por funcionalismo empresarial que por verdadero servicio al pueblo de Dios. El papa advierte que eso es la fascinación del mundo, pues perdemos la paz y la alegría. Hay que discernir (*Evangelii Gaudium*, no. 79).

PARA REFLEXIONAR

1. ¿Conoce usted personas que "caminen ligeras" por la vida?

2. ¿Qué tan suave y ligero es para usted el seguimiento de Jesús?

3. ¿Cuáles son las cargas más pesadas de los miembros de nuestras comunidades? ¿Cómo podemos aligerarlos?

LECTURAS SEMANALES
julio 6–11

L Os 2:16, 17b–18, 21–22; Mt 9:18–26

M Os 8:4–7, 11–13; Mt 9:32–38

M Os 10:1–3, 7–8, 12; Mt 10:1–7

J Os 11:1–4, 8e–9; Mt 10:7–15

V Os 14:2–10; Mt 10:16–23

S Is 6:1–8; Mt 10:24–33

12 de julio de 2020 XV Domingo Ordinario

Primera lectura

Isaías 55:10–11

Esto dice el Señor: / "Como bajan del cielo la lluvia y la nieve / y no vuelven allá, sino después de empapar la tierra, / de fecundarla y hacerla germinar, / a fin de que dé semilla para sembrar y pan para comer, / así será la palabra que sale de mi boca: / no volverá a mí sin resultado, / sino que hará mi voluntad / y cumplirá su misión".

Salmo responsorial

Salmo 64:10abcd, 10e–11, 12–13, 14

R. La semilla cayó en tierra buena y dio fruto.

Tú cuidas de la tierra, la riegas y la enriqueces sin medida; la acequia de Dios va llena de agua, preparas los trigales. **R.**

Tú preparas la tierra de esta forma: riegas los surcos, igualas los terrones, tu llovizna los deja mullidos, bendices sus brotes. **R.**

Coronas el año con tus bienes, tus carriles rezuman abundancia; rezuman los pastos del páramo, y las colinas se orlan de alegría. **R.**

Las praderas se cubren de rebaños, y los valles se visten de mieses que aclaman y cantan. **R.**

Segunda lectura

Romanos 8:18–23

Hermanos: Considero que los sufrimientos de esta vida no se pueden comparar con la gloria que un día se manifestará en nosotros; porque toda la creación espera, con seguridad e impaciencia, la revelación de esa gloria de los hijos de Dios.

La creación está ahora sometida al desorden, no por su querer, sino por voluntad de aquel que la sometió. Pero dándole al mismo tiempo esta esperanza: que también ella misma va a ser liberada de la esclavitud de la corrupción, para compartir la gloriosa libertad de los hijos de Dios.

Sabemos, en efecto, que la creación entera gime hasta el presente y sufre dolores de parto; y no sólo ella, sino también nosotros, los que poseemos las primicias del Espíritu, gemimos interiormente, anhelando que se realice plenamente nuestra condición de hijos de Dios, la redención de nuestro cuerpo.

Evangelio

Mateo 13:1–9

Un día salió Jesús de la casa donde se hospedaba y se sentó a la orilla del mar. Se reunió en torno suyo tanta gente, que él se vio obligado a subir a una barca, donde se sentó, mientras la gente permanecía en la orilla. Entonces Jesús les habló de muchas cosas en parábolas y les dijo:

"Una vez salió un sembrador a sembrar, y al ir arrojando la semilla, unos granos cayeron a lo largo del camino; vinieron los pájaros y se los comieron. Otros granos cayeron en terreno pedregoso, que tenía poca tierra; ahí germinaron pronto, porque la tierra no era gruesa; pero cuando subió el sol, los brotes se marchitaron, y como no tenían raíces, se secaron. Otros cayeron entre espinos, y cuando los espinos crecieron, sofocaron las plantitas. Otros granos cayeron en tierra buena y dieron fruto: unos, ciento por uno; otros, sesenta; y otros, treinta. El que tenga oídos, que oiga".

Forma larga: *Mateo 13:1–23*

Tu semilla para esta tierra

HACE TIEMPO visité dos familias que habían emigrado del campo a la ciudad y consiguieron arreglarse en unos departamentos pequeños, con un patio central. Me sorprendí de sus cultivos en macetas, repletas de verduras en los balcones, y las tomateras acomodadas en las barandas. También en las azoteas compartían cajas de buena tierra entre los tendederos cosechaban fresas. Pensé qué vocación de sembradores, con un amor férreo por la vida.

El sembrador de la parábola de Jesús está a campo abierto y siembra al voleo, como se acostumbraba. Desborda optimismo y parece que tiene pasión por lo que hace. Todos sabemos que un sembrador calcula la semilla y tiene cuidado de no desperdiciarla. Porque los sembradores estudian su campo, saben que a la orilla del camino no se arrojan semillas, este sembrador es muy entusiasta. ¿Se trata de un sembrador ingenuo? No. Jesús quiere que se note su pasión por sembrar la Palabra del Reino porque se espera una cosecha excesiva también. Los evangelizadores no pueden ser calculadores y dar el anuncio a cuenta gotas. Los evangelizadores deben confiar en el poder de esa semilla y afrontar los fracasos de la siembra.

El mensaje de la Sagrada Escritura de esta fecha es que miremos la gracia de la fecundidad de la Palabra de Dios. Tanto la lluvia como la semilla caen gratuitamente sobre la tierra. No hay que temer la esterilidad, no se trata de semillas híbridas, no se trata de agua salada. Dios pone en juego un mensaje seguro y por eso, no debemos temer. Esta parábola está dirigida a los discípulos, llamados a asemejarse a los buenos sembradores.

A pesar de la sencillez de la parábola, no todo se entiende. Por eso, Jesús mismo la explica. Conviene que le pidamos con humildad por los que estamos envueltos en tareas pastorales, que nos explique una y otra vez el sentido profundo de cada enseñanza. La coherencia de nuestra vida con el mensaje recibido es un gran reto en todos los tiempos y para todas las personas. Pasar del entusiasmo momentáneo a la constancia es un gran desafío. Recibimos el Evangelio con sincera simpatía, pero después, nuestros múltiples intereses asfixian la atención. Jesús nos deja ver que la evangelización no es tarea fácil para el sembrador, pero que este debe contar con el inmenso poder contenido en la misma palabra; es palabra de Dios. (P.A.) ■

VIVIENDO NUESTRA FE

El Papa nos invita no solo a acoger la Palabra de Dios, sino a reconocer que Dios quiere decir con nuestra vida una palabra al mundo. Por eso, debemos preguntar lo que Dios quiere de nosotros, y perseguir eso que nos descubre su Espíritu Santo. El Papa insiste en que hay que dejarse transformar y renovar por el Espíritu de Dios para no frustrar nuestra misión; "el Señor la cumplirá también en medio de tus errores y malos momentos, con tal que no abandones el camino del amor y estés siempre abierto a su acción sobrenatural que purifica e ilumina" (*Gaudete et Exultate*, no. 24).

PARA REFLEXIONAR

1. ¿Dónde nota usted que hay más entusiasmo por acoger la Palabra de Dios?

2. ¿Se ha propuesto usted alguna vez ser auténtico sembrador de la Palabra? ¿Cómo es su experiencia evangelizadora?

3. ¿Qué acciones deliberadas de evangelización lleva a cabo nuestra comunidad de fe?

LECTURAS SEMANALES
julio 13–18

L Is 1:10–17; Mt 10:34 — 11:1

M Is 7:1–9; Mt 11:20–24

M Is 10:5–7, 13b–16; Mt 11:25–27

J Is 26:7–9, 12, 16–19; Mt 11:28–30

V Is 38:1–6, 21–22, 7–8; Mt 12:1–8

S Miq 2:1–5; Mt 12:14–21

19 de julio de 2020 XVI Domingo Ordinario

Primera lectura
Sabiduría 12:13, 16–19

No hay más Dios que tú, Señor, que cuidas de todas las cosas. / No hay nadie a quien tengas que rendirle cuentas / de la justicia de tus sentencias. / Tu poder es el fundamento de tu justicia, / y por ser el Señor de todos, / eres misericordioso con todos.

Tú muestras tu fuerza / a los que dudan de tu poder soberano / y castigas a quienes, conociéndolo, te desafían. / Siendo tú el dueño de la fuerza, / juzgas con misericordia y nos gobiernas con delicadeza, / porque tienes el poder y lo usas cuando quieres.

Con todo esto has enseñado a tu pueblo / que el justo debe ser humano, / y has llenado a tus hijos de una dulce esperanza, / ya que al pecador le das tiempo para que se arrepienta.

Salmo responsorial
Salmo 85:5–6, 9–10, 15–16a

R. Tú, Señor, eres bueno y clemente.

Tú, Señor, eres bueno y clemente, rico en misericordia con los que te invocan. Señor, escucha mi oración, atiende a la voz de mi súplica. **R.**

Todos los pueblos vendrán a postrarse en tu presencia, Señor, bendecirán tu nombre: "Grande eres tú y haces maravillas; tú eres el único Dios". **R.**

Pero tú, Señor, Dios clemente y misericordioso, lento a la cólera, rico en piedad y leal, mírame, ten compasión de mí. **R.**

Segunda lectura
Romanos 8:26–27

Hermanos: El Espíritu nos ayuda en nuestra debilidad, porque nosotros no sabemos pedir lo que nos conviene; pero el Espíritu mismo intercede por nosotros con gemidos que no pueden expresarse con palabras. Y Dios, que conoce profundamente los corazones, sabe lo que el Espíritu quiere decir, porque el Espíritu ruega conforme a la voluntad de Dios, por los que le pertenecen.

Evangelio
Mateo 13:24–30

En aquel tiempo, Jesús propuso esta parábola a la muchedumbre: "El Reino de los cielos se parece a un hombre que sembró buena semilla en su campo; pero mientras los trabajadores dormían, llegó un enemigo del dueño, sembró cizaña entre el trigo y se marchó. Cuando crecieron las plantas y se empezaba a formar la espiga, apareció también la cizaña.

Entonces los trabajadores fueron a decirle al amo: 'Señor, ¿qué no sembraste buena semilla en tu campo? ¿De dónde, pues, salió esta cizaña?' El amo les respondió: 'De seguro lo hizo un enemigo mío'. Ellos le dijeron: '¿Quieres que vayamos a arrancarla?' Pero él les contestó: 'No. No sea que al arrancar la cizaña, arranquen también el trigo. Dejen que crezcan juntos hasta el tiempo de la cosecha y, cuando llegue la cosecha, diré a los segadores: Arranquen primero la cizaña y átenla en gavillas para quemarla; y luego almacenen el trigo en mi granero'".

Forma larga: *Mateo 13:24–43*

---

22 de julio de 2020
Santa María Magdalena
Cant 3:1–4b o 2 Cor 5:14–17; Jn 20:1–2, 11–18

---

25 de julio de 2020
Santiago, apóstol
2 Cor 4:7–15; Mt 20:20–28

Con la fuerza de tu levadura

EL EVANGELIO de este domingo nos entrega tres parábolas sobre el Reino de Dios que tratan de su crecimiento y de su poder transformante. A veces el Reino crece en medio de fuerzas adversas como las semillas de trigo sembradas en un campo donde también abunda la cizaña. Es un crecimiento apretado, rodeado de tensiones, que debe esperar hasta la madurez, pero que, al final de cuentas, dejará en claro quién es quién. Aprendemos también que se trata de un crecimiento que no es el de las apariencias, porque no tiene que ver con el tamaño o la grandeza exterior, sino con la humildad y el poder interior, como la semillita de mostaza de la otra parábola. Otra de las comparaciones es con la levadura que se usa en la cocina. Es interesante que la levadura no se ofrece como comida, sino que se tiene que mezclar con otros elementos para que pueda rendir su capacidad multiplicadora. La levadura es silenciosa, requiere de paciente espera, pero sus resultados son siempre asombrosos.

Jesús insiste a sus discípulos que cuando el Reino de Dios está presente en una persona, le da tanta fuerza que la hace capaz de transformar su realidad, ya sea en la familia, en su trabajo, o en su ambiente social. Lo mismo sucede con los discípulos, pues no pueden dejar igual las situaciones, sino que las tienen que transformar. El problema es que los creyentes se multiplican sin convertirse nunca en verdaderos discípulos. Pueden ser muchos los registros de bautizados, pero si no impactan en sus sociedades, el Reino no se nota; es como si la levadura se hubiera diluido; perdió su fuerza, ya no sirve. A nosotros no debe darnos atemorizarnos si somos pocos para defender la vida, para apoyar a los migrantes y para luchar por los valores del Reino. Es la fuerza, la esencia de la palabra la que impulsa la experiencia del Reino.

Cuando en las sociedades estallan las crisis de valores, los pobres se multiplican, no hay compasión, se enfría la misericordia, crece la violencia, se manifiesta la mezquindad y reina la corrupción. Evocamos la necesidad de una fuerza que transforme desde dentro, entonces viene la nostalgia de valores que no germinaron. Más que nunca, hay que ser levadura y saberlo ser. Nos toca sostener la fe con la fuerza de la levadura. Cuando una cocinera sabe hacer un buen trabajo con la levadura, el aroma del pan horneado es apetitoso. Así queremos que sea el Reino para todos, que se nos antoje por los valores poderosos que trasforman toda la sociedad. (P.A.) ■

VIVIENDO NUESTRA FE

Hacer realidad el Reino es asunto de todos los discípulos de Cristo Jesús. El papa Francisco recuerda que el Concilio Vaticano II pidió a la jerarquía confiar en los laicos y acompañarlos. El laicado no solo colabora en la Iglesia porque "le delegan una responsabilidad", sino porque el mismo bautismo nos hace a todos discípulos misioneros del Señor para transformar la realidad (ver *Mensaje al Pontificio Consejo para los Laicos*, 17 de junio de 2016).

PARA REFLEXIONAR

1. ¿En qué escenarios adversos se puede notar la fuerza del Reino?

2. ¿Reconoce en usted la fuerza transformadora de la Palabra de Dios? ¿Cómo es?

3. ¿Cómo es levadura nuestro grupo o comunidad de fe? ¿Qué hace crecer en nuestra sociedad?

LECTURAS SEMANALES
julio 20–25

L Miq 6:1–4, 6-8; Mt 12:38–42

M Miq 7:14–15, 18–20; Mt 12:46–50

M *Santa María Magdalena*

J Jer 2:1–3, 7–8, 12–13; Mt 13:10–17

V Jer 3:14–17; Mt 13:18–23

S *Santiago, apóstol*

26 de julio de 2020 XVII Domingo Ordinario

Primera lectura

1 Reyes 3:5–13

En aquellos días, el Señor se le apareció al rey Salomón en sueños y le dijo: "Salomón, pídeme lo que quieras, y yo te lo daré".

Salomón le respondió: "Señor, tú trataste con misericordia a tu siervo David, mi padre, porque se portó contigo con lealtad, con justicia y rectitud de corazón. Más aún, también ahora lo sigues tratando con misericordia, porque has hecho que un hijo suyo lo suceda en el trono. Sí, tú quisiste, Señor y Dios mío, que yo, tu siervo, sucediera en el trono a mi padre, David. Pero yo no soy más que un muchacho y no sé cómo actuar. Soy tu siervo y me encuentro perdido en medio de este pueblo tuyo, tan numeroso, que es imposible contarlo. Por eso te pido que me concedas sabiduría de corazón, para que sepa gobernar a tu pueblo y distinguir entre el bien y el mal. Pues sin ella, ¿quién será capaz de gobernar a este pueblo tuyo tan grande?"

Al Señor le agradó que Salomón le hubiera pedido sabiduría y le dijo: "Por haberme pedido esto, y no una larga vida, ni riquezas, ni la muerte de tus enemigos, sino sabiduría para gobernar, yo te concedo lo que me has pedido. Te doy un corazón sabio y prudente, como no lo ha habido antes, ni lo habrá después de ti. Te voy a conceder, además, lo que no me has pedido: tanta gloria y riqueza, que no habrá rey que se pueda comparar contigo".

Salmo responsorial

Salmo 118:57 y 72, 76–77, 127–128, 129–130

R. Cuánto amo tu voluntad, Señor.

Mi porción es el Señor, he resuelto guardar tus palabras. Más estimo yo los preceptos de tu boca, que miles de monedas de oro y plata. **R.**

Que tu voluntad me consuele, según la promesa hecha a tu siervo; cuando me alcance tu compasión, viviré, y mis delicias serán tu voluntad. **R.**

Yo amo tus mandatos, más que el oro purísimo; por eso aprecio tus decretos, y detesto el camino de la mentira. **R.**

Tus preceptos son admirables, por eso los guarda mi alma; la explicación de tus palabras ilumina, da inteligencia a los ignorantes. **R.**

Segunda lectura

Romanos 8:28–30

Hermanos: Ya sabemos que todo contribuye para bien de los que aman a Dios, de aquellos que han sido llamados por él, según su designio salvador.

En efecto, a quienes conoce de antemano, los predestina para que reproduzcan en sí mismos la imagen de su propio Hijo, a fin de que él sea el primogénito entre muchos hermanos. A quienes predestina, los llama; a quienes llama, los justifica; y a quienes justifica, los glorifica.

Evangelio

Mateo 13:44–52

En aquel tiempo, Jesús dijo a sus discípulos: "El Reino de los cielos se parece a un tesoro escondido en un campo. El que lo encuentra lo vuelve a esconder y, lleno de alegría, va y vende cuanto tiene y compra aquel campo.

El Reino de los cielos se parece también a un comerciante en perlas finas que, al encontrar una perla muy valiosa, va y vende cuanto tiene y la compra.

También se parece el Reino de los cielos a la red que los pescadores echan en el mar y recoge toda clase de peces. Cuando se llena la red, los pescadores la sacan a la playa y se sientan a escoger los pescados; ponen los buenos en canastos y tiran los malos. Lo mismo sucederá al final de los tiempos: vendrán los ángeles, separarán a los malos de los buenos y los arrojarán al horno encendido. Allí será el llanto y la desesperación.

¿Han entendido todo esto?" Ellos le contestaron: "Sí". Entonces él les dijo: "Por eso, todo escriba instruido en las cosas del Reino de los cielos es semejante al padre de familia, que va sacando de su tesoro cosas nuevas y cosas antiguas".

Forma breve: *Mateo 13:44–46*

Entusiastas por tu Reino, Señor

EN LA ORACIÓN Colecta del día, pedimos a Dios su dirección para servirnos de los bienes pasajeros y poner el corazón en los bienes eternos.

Ciertamente, todos estamos interesados en tener bienes para subsistir y algo más; bienes para disfrutar y para compartir. Todos buscamos algo valioso en nuestra vida. Gina es una inmigrante que le gusta comprar en las ventas de garaje o *yard sales*. Me contó que en una ocasión encontró un abriguito nada barato, pero que le encantó. Volvió a su casa y le sacó dinero a la renta para comprárselo. Ya se arrepentía cuando se lo probó y se encontró en una de las bolsas una joyita cosida. Era un anillo bastante caro.

Las parábolas de este domingo nos enseñan sobre la sabiduría para invertir en lo que sí vale la pena. Jesús resalta el entusiasmo de dar con algo mayor a lo que andamos buscando, para estimularnos a discernir y actuar pronto, con eficiencia. El coleccionista de perlas ya tenía otras perlitas y seguro las valoraba, pero la que descubre no solo le lleva a deshacerse de las perlas, sino de todo. Cuando tenemos claro el valor del Reino, nuestra decisión no lamenta lo que se sacrifica, se hace con entusiasmo.

El entusiasmo es clave para entender por qué tantas personas son capaces de sacrificar todo por conseguir algo, pero se afanan por tesoros corrompidos, cosas pasajeras, como cargos importantes, títulos y reconocimientos que no son sino perlas de fantasía. ¿Es esto a lo que vale dedicar la vida completamente? Por eso, la petición del rey Salomón da la pauta: es necesaria la sabiduría que nos guíe en la vida, para no caer en espejismos y en decepción. Buscar lo duradero.

Jesús se refiere al tesoro del Reino que es Dios y su amistad. ¿Por qué no lo buscamos? ¿Por qué no vendemos lo de menos valor para conseguirlo? ¿Por qué no arriesgamos para hacernos de él?

En una parroquia semivacía comentaban los líderes con tristeza cuántas personas habían abandonado la comunidad. Dando una vuelta por el área, noté que había salones de yoga y de otras filosofías. Al parecer, allí acudían los que antes ocupaban las bancas de la iglesia. ¿Qué fueron a buscar? Hay hambre de Dios, pero somos incapaces de descubrir su valor. El asunto es que no se trata de buscar para quitarnos el estrés o mantenernos en forma, sino para valorar lo que vale la pena, lo duradero y no dejarlo nunca, nuestro Creador, el verdadero y único tesoro. (P.A.) ∎

VIVIENDO NUESTRA FE

Hay que soñar. El papa Francisco nos pide a todos atrevernos a soñar: "Necesitamos laicos con visión de futuro, no cerrados en las pequeñeces de la vida". Se lo he dicho a los jóvenes: necesitamos laicos con el sabor de la experiencia de la vida, que se atrevan a soñar. Hoy es el tiempo en que los jóvenes necesitan los sueños de los ancianos. ¡Empujémoslos para que sueñen! y como dice el profeta Joel, que "tengan sueños", esa capacidad de soñar, y nos den a todos, la fuerza de nuevas visiones apostólicas" (*Mensaje al dicasterio para los laicos*, del 16 de julio de 2016).

PARA REFLEXIONAR

1. ¿Conoce a usted a personas que hayan entregado todo por una causa

2. ¿Cuál es el tesoro más valioso que usted posee o busca?

3. ¿Qué valora usted de los ministerios de su parroquia? ¿Por qué?

LECTURAS SEMANALES
julio 27–agosto 1

L Jer 13:1–11; Mt 13:31–35

M Jer 14:17–22; Mt 13:36–43

M Jer 15:10, 16–21; Mt 13:44–46

J Jer 18:1–6; Mt 13:47–53

V Jer 26:1–9; Mt 13:54–58

S Jer 26:11–16, 24; Mt 14:1–12

2 de agosto de 2020 XVIII Domingo Ordinario

Primera lectura

Isaías 55:1–3

Esto dice el Señor: / "Todos ustedes, los que tienen sed, vengan por agua; / y los que no tienen dinero, / vengan, tomen trigo y coman; /tomen vino y leche sin pagar.

¿Por qué gastar el dinero en lo que no es pan / y el salario, en lo que no alimenta?

Escúchenme atentos y comerán bien, / saborearán platillos sustanciosos. / Préstenme atención, vengan a mí, / escúchenme y vivirán. / Sellaré con ustedes una alianza perpetua, / cumpliré las promesas que hice a David".

Salmo responsorial

Salmo 144:8–9, 15–16, 17–18

R. Abres tú la mano, Señor, y nos sacias de favores.

El Señor es clemente y misericordioso, lento a la cólera y rico en piedad; el Señor es bueno con todos, es cariñoso con todas sus criaturas. **R.**

Los ojos de todos te están aguardando, tú les das la comida a su tiempo; abres tú la mano, y sacias de favores a todo viviente. **R.**

El Señor es justo en todos sus caminos, es bondadoso en todas sus acciones; cerca está el Señor de los que lo invocan, de los que lo invocan sinceramente. **R.**

Segunda lectura

Romanos 8:35, 37–39

Hermanos: ¿Qué cosa podrá apartarnos del amor con que nos ama Cristo? ¿Las tribulaciones? ¿Las angustias? ¿La persecución? ¿El hambre? ¿La desnudez? ¿El peligro? ¿La espada?

Ciertamente de todo esto salimos más que victoriosos, gracias a aquel que nos ha amado; pues estoy convencido de que ni la muerte ni la vida, ni los ángeles ni los demonios, ni el presente ni el futuro, ni los poderes de este mundo, ni lo alto ni lo bajo, ni creatura alguna podrá apartarnos del amor que nos ha manifestado Dios en Cristo Jesús.

Evangelio

Mateo 14:13–21

En aquel tiempo, al enterarse Jesús de la muerte de Juan el Bautista, subió a una barca y se dirigió a un lugar apartado y solitario. Al saberlo la gente, lo siguió por tierra desde los pueblos. Cuando Jesús desembarcó, vio aquella muchedumbre, se compadeció de ella y curó a los enfermos.

Como ya se hacía tarde, se acercaron sus discípulos a decirle: "Estamos en despoblado y empieza a oscurecer. Despide a la gente para que vayan a los caseríos y compren algo de comer". Pero Jesús les replicó: "No hace falta que vayan. Denles ustedes de comer". Ellos le contestaron: "No tenemos aquí más que cinco panes y dos pescados". Él les dijo: "Tráiganmelos".

Luego mandó que la gente se sentara sobre el pasto. Tomó los cinco panes y los dos pescados, y mirando al cielo, pronunció una bendición, partió los panes y se los dio a los discípulos para que los distribuyeran a la gente. Todos comieron hasta saciarse, y con los pedazos que habían sobrado, se llenaron doce canastos. Los que comieron eran unos cinco mil hombres, sin contar a las mujeres y a los niños.

6 de agosto de 2020
Transfiguración del Señor
Dn 7:9–10, 13–14; 2 Pe 1:16–19; Mt 17:1–9

Dios es nuestro Padre providente

PUEDEN IMAGINARSE la alegría de aquella gente, al ver frente a ellos los canastos llenos de pan y pescados. ¡Vaya sorpresa! Después de unas horas de camino y llenos de cansancio, escucharon, "Siéntense porque aquí está la comida". Cuántas veces hemos oído que en los milagros vemos la acción generosa de Dios, y ¡es cierto! Pensamos en lo que Dios hace por nosotros.

Dios está atento a nosotros y por nosotros. Fíjense si no. Él es un Dios materno y paterno, cariñoso y cuidadoso, atento y generoso en el papá o la mamá que cuando reciben el cheque se dirigen contentos a comprar los alimentos que sustentarán a su familia. Es Dios providente obrando. En esa providencia, además del cuidado y responsabilidad que sienten los padres de familia por sus hijos e hijas, hay una gran alegría y satisfacción, porque se sienten protectores de la vida de los demás. La alegría y satisfacción de Dios no puede ser diferente a la de quien está en favor del sustento de la vida. La alegría de compartir, de crear y recrear en favor de sus criaturas es algo que nos podemos imaginar muy bien. Los milagros son signos del amor, de la justicia, de la generosidad de Dios. Jesús ve un pueblo hambriento y hace todo lo posible para que coman. Dios actúa y se alegra con lo que hace.

Igualmente, la alegría del pueblo refleja la alegría de Dios. Por eso, nos atrevemos a decir que Dios es defensor de los pobres, de los hambrientos, de los sedientos, de los sin plata. Nos alegramos por la generosidad de Dios y a esa sobreabundancia divina nos amarramos con toda nuestra fuerza y con toda nuestra fe, porque ni el hambre ni la sed, ni la tristeza, ni la falta de trabajo o papeles nos separarán de ese amor gratuito de Dios por nosotros.

Dice santa Catalina de Siena en oración a Jesús, "Oh pasión deleitable y dulcísima, oh riqueza del alma, refrigerio de los afligidos, comida de los que tienen hambre" (*Oraciones y Soliloquios*, "Valor de la Pasión"). Jesús es la generosidad de Dios para nosotros. Tienen hambre, coman, tienen sed, vengan al agua, hay de sobra. (M.T.M.) ∎

VIVIENDO NUESTRA FE

El derecho al agua potable es un derecho básico. El papa Francisco anota: "En realidad, el acceso al agua potable y segura es un derecho humano básico" (*Laudato Si'*, no. 30). El agua también es criatura, merece un cuidado y respeto porque Dios nos la ha dado para apaciguar nuestra sed y nos llama a gozar de este deleite, manjar de su alegría. La superabundancia misericordiosa del Dios de la Vida se preocupa de nuestras necesidades. Dios nos nutre, nos alimenta, nos protege, nos exige un cuidado radical por lo creado.

PARA REFLEXIONAR

1. ¿Conoce usted personas generosas? ¿Dónde se nota la generosidad de Dios?

2. ¿Qué experiencia de generosidad ha tenido usted recientemente?

3. ¿Para quién podemos ser imagen de la providencia generosa de Dios?

LECTURAS SEMANALES
agosto 3–8

L Jer 28:1–17; Mt 14:22–36

M Jer 30:1–2, 12–15, 18–22; Mt 14:22–36 o 15:1–2, 10–14

M Jer 31:1–7; Mt 15:21–28

J *Transfiguración del Señor*

V Nah 2:1, 3; 3:1–3, 6–7; Mt 16:24–28

S Heb 1:12 — 2:4; Mt 17:14–20

Primera lectura

1 Reyes 19:9a, 11–13a

Al llegar al monte de Dios, el Horeb, el profeta Elías entró en una cueva y permaneció allí. El Señor le dijo: "Sal de la cueva y quédate en el monte para ver al Señor, porque el Señor va a pasar".

Así lo hizo Elías y, al acercarse el Señor, vino primero un viento huracanado, que partía las montañas y resquebrajaba las rocas; pero el Señor no estaba en el viento. Se produjo después un terremoto; pero el Señor no estaba en el terremoto. Luego vino un fuego; pero el Señor no estaba en el fuego. Después del fuego se escuchó el murmullo de una brisa suave. Al oírlo, Elías se cubrió el rostro con el manto y salió a la entrada de la cueva.

Salmo responsorial

Salmo 84:9ab y 10, 11–12, 13–14

R. Muéstranos, Señor, tu misericordia y danos tu salvación.

Voy a escuchar lo que dice el Señor. Dios anuncia la paz a su pueblo y a sus amigos. La salvación está ya cerca de sus fieles, y la gloria habitará en nuestra tierra. **R.**

La misericordia y la fidelidad se encuentran, la justicia y la paz se besan; la fidelidad brota de la tierra, y la justicia mira desde el cielo. **R.**

El Señor nos dará la lluvia y nuestra tierra dará su fruto. La justicia marchará ante él, la salvación seguirá sus pasos. **R.**

Segunda lectura

Romanos 9:1–5

Hermanos: Les hablo con toda verdad en Cristo; no miento. Mi conciencia me atestigua, con la luz del Espíritu Santo, que tengo una infinita tristeza y un dolor incesante tortura mi corazón.

Hasta aceptaría verme separado de Cristo, si esto fuera para bien de mis hermanos, los de mi raza y de mi sangre, los israelitas, a quienes pertenecen la adopción filial, la gloria, la alianza, la ley, el culto y las promesas. Ellos son descendientes de los patriarcas; y de su raza, según la carne, nació Cristo, el cual está por encima de todo y es Dios bendito por los siglos de los siglos. Amén.

Evangelio

Mateo 14:22–33

En aquel tiempo, inmediatamente después de la multiplicación de los panes, Jesús hizo que sus discípulos subieran a la barca y se dirigieran a la otra orilla, mientras él despedía a la gente. Después de despedirla, subió al monte a solas para orar. Llegada la noche, estaba él solo allí.

Entretanto, la barca iba ya muy lejos de la costa y las olas la sacudían, porque el viento era contrario. A la madrugada, Jesús fue hacia ellos, caminando sobre el agua. Los discípulos, al verlo andar sobre el agua, se espantaron y decían: "¡Es un fantasma!" Y daban gritos de terror. Pero Jesús les dijo enseguida: "Tranquilícense y no teman. Soy yo".

Entonces le dijo Pedro: "Señor, si eres tú, mándame ir a ti caminando sobre el agua". Jesús le contestó: "Ven". Pedro bajó de la barca y comenzó a caminar sobre el agua hacia Jesús; pero al sentir la fuerza del viento, le entró miedo, comenzó a hundirse y gritó: "¡Sálvame Señor!" Inmediatamente Jesús le tendió la mano, lo sostuvo y le dijo: "Hombre de poca fe, ¿por qué dudaste?"

En cuanto subieron a la barca, el viento se calmó. Los que estaban en la barca se postraron ante Jesús, diciendo: "Verdaderamente tú eres el Hijo de Dios".

---

15 de agosto de 2020

Asunción de la Bienaventurada Virgen María

Vigilia: 1 Cro 15:3–4, 15–16; 16:1–2;
1 Cor 15:54b–57; Lc 11:27–28

Día: Ap 11:19a; 12:1–6a, 10ab; 1 Cor 15:20–27;
Lc 1:39–56

Dios está aquí

CUANDO CONCLUYE la proclamación de las lecturas primera y segunda de la misa, escuchamos anunciar: "Palabra de Dios". Entonces, la asamblea responde a una voz: "Te alabamos Señor". Lo hacemos siempre, de manera que esta alabanza se vuelve casi mecánica, como "pregunta-respuesta". Hay ocasiones, sin embargo, en que las lecturas nos incitan a una reflexión más cuidadosa y profunda sobre esto que es la "Palabra de Dios". Significa que Dios está allí con su palabra para nosotros. No siempre tenemos esto claro. En la lectura de Reyes del día de hoy, esa indicación de la presencia divina es muy clara para Elías. No es una palabra, sino algo más sutil, como una brisa suave. Elías lo supo y no le cupo duda al respecto: Dios estaba allí, presente en la brisa. Esa brisa tan suave y delicada le dio fuerzas a Elías para salir de su escondite y enfrentar la persecución.

También esa Palabra de Dios tocó profundamente a Pablo, y de tal manera, que está dispuesto a una aberración: separarse de Cristo con tal que los de su raza y de su sangre abracen esa Palabra. Ya no es una brisa ligera, sino una como llama ardiente, la presencia de Dios.

Jesús está tan centrado en las palabras de Dios, luego de una noche de oración, que esa misma palabra de su diálogo lo impulsa a caminar sobre las aguas, aunque sean tempestuosas, para llevarles paz también a sus discípulos. Les habla para darles seguridad.

Estas palabras de Dios son palabras de paz para los suyos; tan suaves como la brisa, que nos empuja también a salir de nuestros rincones, o bajar de nuestras montañas, o dejar nuestras cuevas, o nuestras seguridades, como al mismo Pedro. Es una *palabra* suave como la brisa, que penetra, que ahonda, que transforma. Así es la brisa suave que escuchamos y con la que entramos en diálogo.

La Palabra insiste: "Abre los oídos. Escucha. No te quedes en el Horeb". Sería más fácil quedarse en el Horeb; no requiere mucho y es refugio seguro. El miedo y la persecución empujan a esconderse. A Elías lo quieren matar los reyes. Pero el servicio profético reclama: ¡es hora de trabajar! La Palabra anima y empuja. De vez en cuando nos invita como a Pedro: "¡Ven!".

A pesar de las olas, del viento, de las dificultades con el idioma, y de los miedos, debemos responder: ¿Quién es ése, que tiene poder de hablar suave como la brisa y manda aquietarse a la tormenta? ¡Dios está aquí, con nosotros! (M.T.M.) ∎

VIVIENDO NUESTRA FE

El quehacer de nuestra Iglesia consiste en que cada persona, en su lengua y cultura propias, reciba la Palabra de Dios. El Concilio Vaticano II declara la fuerza transformadora de esa Palabra que anuncia la salvación, para que cada persona "oyendo crea, y creyendo espere, y esperando ame" (*Dei Verbum*, proemio). La escucha de la Palabra tiene que llevarnos a amar más cada vez.

PARA REFLEXIONAR

1. ¿Reconoce algún dicho o palabra que tenga fuerza para transformar? Dé un ejemplo.

2. ¿Qué le impide escuchar la Palabra de Dios? ¿Hay alguna palabra que no le guste escuchar?

3. ¿Cómo anuncia su grupo de fe la salvación de Dios a los que no acuden a la iglesia?

LECTURAS SEMANALES
agosto 10–15

L 2 Cor 9:6–10; Jn 12:24–26

M Ez 2:8 – 3:4; Mt 18:1–5, 10, 12–14

M Ez 9:1–7; 10:18–22; Mt 18:15–20

J Ez 12:1–12; Mt 18:21 – 19:1

V Ez 16:1–15, 60, 63 o 16:59–63; Mt 19:3–12

S *Asunción de la Bienaventurada Virgen María*

Primera lectura

Apocalipsis 11:19a; 12:1–6a, 10ab

Se abrió el templo de Dios en el cielo y dentro de él se vio el arca de la alianza. Apareció entonces en el cielo una figura prodigiosa: una mujer envuelta por el sol, con la luna bajo sus pies y con una corona de doce estrellas en la cabeza. Estaba encinta y a punto de dar a luz y gemía con los dolores del parto.

Pero apareció también en el cielo otra figura: un enorme dragón, color de fuego, con siete cabezas y diez cuernos, y una corona en cada una de sus siete cabezas. Con su cola barrió la tercera parte de las estrellas del cielo y las arrojó sobre la tierra. Después se detuvo delante de la mujer que iba a dar a luz, para devorar a su hijo, en cuanto éste naciera. La mujer dio a luz un hijo varón, destinado a gobernar todas las naciones con cetro de hierroñ y su hijo fue llevado hasta Dios y hasta su trono. Y la mujer huyó al desierto, a un lugar preparado a Dios.

Entonces oí en el cielo una voz poderosa, que decía: "Ha sonado la hora de la victoria de nuestro Dios, de su dominio y de su reinado, y del poder de su Mesías".

Salmo responsorial

Salmo 44:10, 11–12, 16

R. De pie a tu derecha está la reina, enjoyada con oro de Ofir.

Hijas de reyes salen a tu encuentro; de pie a tu derecha está la reina, enjoyada con oro de Ofir. **R.**

Escucha, hija, mira: inclina el oído, olvida tu pueblo y la casa paterna; prendado está el rey de tu belleza: póstrate ante él, que él es tu señor. **R.**

Las traen entre alegría y algazara, van entrando en el palacio real. **R.**

Segunda lectura

1 Corintios 15:20–27

Hermanos: Cristo resucitó, y resucitó como la primicia de todos los muertos. Porque si por un hombre vino la muerte, también por un hombre vendrá la resurrección de los muertos.

En efecto, así como en Adán todos mueren, así en Cristo todos volverán a la vida; pero cada uno en su orden: primero Cristo, como primicia; después, a la hora de su advenimiento, los que son de Cristo.

Enseguida será la consumación, cuando, después de haber aniquilado todos los poderes del mal, Cristo entregue el Reino de su Padre. Porque él tiene que reinar hasta que el Padre ponga bajo sus pies a todos sus enemigos. El último de los enemigos en ser aniquilado, será la muerte, porque todo lo ha sometido Dios bajo los pies de Cristo.

Evangelio

Lucas 1:39–56

En aquellos días, María se encaminó presurosa a un pueblo de las montañas de Judea, y entrando en la casa de Zacarías, saludó a Isabel. En cuanto ésta oyó el saludo de María, la creatura saltó en su seno.

Entonces Isabel quedó llena del Espíritu Santo, y levantando la voz, exclamó: "Bendita tú entre las mujeres y bendito el fruto de tu vientre. ¿Quién soy yo para que la madre de mi Señor venga a verme? Apenas llegó tu saludo a mis oídos, el niño saltó de gozo en mi seno. Dichosa tú, que has creído, porque se cumplirá cuanto te fue anunciado de parte del Señor".

Entonces dijo María: / "Mi alma glorifica al Señor / y *mi espíritu se llena de júbilo en Dios, mi salvador,* / porque *puso sus ojos en la humildad de su esclava.* /

Desde ahora me llamarán dichosa todas las generaciones, / porque ha hecho en mí grandes cosas el que todo lo puede. / *Santo es su nombre* / *y su misericordia llega de generación a generación* / *a los que temen.* /

Ha hecho sentir el poder de su brazo: / dispersó a los de corazón altanero, / *destronó a los potentados* / *y exaltó a los humildes.* / A los hambrientos los colmó de *bienes* / y a los ricos los despidió sin nada. /

Acordándose de su misericordia, / *vino en ayuda de Israel, su siervo,* / como lo había prometido a nuestros padres, / *a Abraham y a su descendencia,* / *para siempre".* /

María permaneció con Isabel unos tres meses, y luego regresó a su casa.

María, asunta al cielo

TODAS LAS LECTURAS de esta fiesta destacan la potestad de Cristo Jesús y al mismo tiempo la humildad de su Madre santísima. En las Sagradas Escrituras escogidas para la celebración del día, se nota el amor protector de Dios hacia una mujer vestida de sol. Esa mujer, aunque imagen del pueblo de Dios, los cristianos la han venido a identificar con María, la madre del Mesías y Redentor.

La celebración de la Asunción de María es la fiesta del amor e intimidad del Hijo con su madre. Durante toda su vida, Jesús siempre estuvo pendiente de su mamá; desde la Encarnación hasta la muerte en cruz, pues incluso agonizante él, se la confió al discípulo amado para que la cuidara y protegiera siempre. Hasta allá extendió él sus cuidados de hijo. Por eso podemos también decir que, una vez que Jesús venció la muerte con su resurrección y que fue llevado por su mismo poder a la derecha del Padre, la comunidad de fieles alcanzó la certeza de que Jesucristo quiso que su madre, una vez terminada la misión de su maternidad, fuera llevada en cuerpo y alma a gozar del Reino de los Cielos, sin que las secuelas de la muerte la tocaran. ¿Cómo fue posible tal evento?

Recordemos que la muerte es fruto del pecado en la humanidad, por eso es que todo ser humano creado tiene que morir para resucitar en el último día. Pero a la Virgen María, Dios la preservó desde su concepción de todo pecado. Con la Encarnación del Hijo, la unió a su divinidad y por eso al dar a luz, la llamamos Madre de Dios. Con la resurrección de Cristo, a su vez, la unió a su misterio de vida nueva, evitándole la corrupción corporal, y llevándola junto a sí. Todo esto, gracias a la redención que su propio Hijo alcanzó para toda la humanidad, ella, la nueva Eva, a la que llamamos Madre de los creyentes.

Estas ideas de la mariología las encontramos condensadas en el catecismo claramente: "Finalmente, la Virgen Inmaculada, preservada inmune de toda mancha de pecado original, terminado el curso de su vida en la tierra, fue asunta en cuerpo y alma a la gloria del cielo y enaltecida por Dios como Reina del universo, para ser conformada más plenamente a su Hijo, Señor de los señores y vencedor del pecado y de la muerte" (*Catecismo de la Iglesia Católica*, no. 966).

Jesucristo asciende al cielo por su mismo poder, su madre, en cambio, sube al cielo por el poder de su Hijo. Justamente esto significa asunción: ser llevado por el poder de Jesucristo, no por el suyo propio. Será ese mismo poder el que nos una a él con una fuerza indestructible. (J.S.) ∎

VIVIENDO NUESTRA FE

En el Magníficat, Dios llama a los discípulos de Cristo a renovar la conciencia de que no se pueden separar la verdad de la salvación de Dios de la manifestación de su amor por los pobres y los humildes, tal como lo vemos en Jesús. María "es la imagen más perfecta de la libertad y de la liberación de la humanidad y del cosmos" (CDSI, no. 59).

PARA REFLEXIONAR

1. ¿Qué cualidades de la Virgen María ve usted reflejadas en su medio familiar?

2. ¿Cómo percibe que está usted estrechamente unido a Dios?

3. ¿Qué hace la comunidad de fe para promover la dignidad humana?

16 de agosto de 2020 XX Domingo Ordinario

Primera lectura
Isaías 56:1, 6–7

Esto dice el Señor: / "Velen por los derechos de los demás, / practiquen la justicia, / porque mi salvación está a punto de llegar / y mi justicia a punto de manifestarse.

A los extranjeros que se han adherido al Señor / para servirlo, amarlo y darle culto, / a los que guardan el sábado sin profanarlo / y se mantienen fieles a mi alianza, / los conduciré a mi monte santo / y los llenaré de alegría en mi casa de oración. / Sus holocaustos y sacrificios serán gratos en mi altar, / porque mi casa será casa de oración / para todos los pueblos".

Salmo responsorial
Salmo 66:2–3, 5, 6 y 8

R. ¡Oh Dios, que te alaben los pueblos, que todos los pueblos te alaben!

El Señor tenga piedad y nos bendiga, ilumine su rostro sobre nosotros: conozca la tierra tus caminos, todos los pueblos tu salvación. **R.**

Que canten de alegría las naciones, porque riges la tierra con justicia, riges los pueblos con rectitud y gobiernas las naciones de la tierra. **R.**

¡Oh Dios, que te alaben los pueblos, que todos los pueblos te alaben! Que Dios nos bendiga; que le teman hasta los confines del orbe. **R.**

Segunda lectura
Romanos 11:13–15, 29–32

Hermanos: Tengo algo que decirles a ustedes, los que no son judíos, y trato de desempeñar lo mejor posible este ministerio. Pero esto lo hago también para ver si provoco los celos de los de mi raza y logro salvar a algunos de ellos. Pues, si su rechazo ha sido reconciliación para el mundo, ¿qué no será su reintegración, sino resurrección de entre los muertos? Porque Dios no se arrepiente de sus dones ni de su elección.

Así como ustedes antes eran rebeldes contra Dios y ahora han alcanzado su misericordia con ocasión de la rebeldía de los judíos, en la misma forma, los judíos, que ahora son los rebeldes y que fueron la ocasión de que ustedes alcanzaran la misericordia de Dios, también ellos la alcanzarán. En efecto, Dios ha permitido que todos cayéramos en la rebeldía, para manifestarnos a todos su misericordia.

Evangelio
Mateo 15:21–28

En aquel tiempo, Jesús se retiró a la comarca de Tiro y Sidón. Entonces una mujer cananea le salió al encuentro y se puso a gritar: "Señor, hijo de David, ten compasión de mí. Mi hija está terriblemente atormentada por un demonio". Jesús no le contestó una sola palabra; pero los discípulos se acercaron y le rogaban: "Atiéndela, porque viene gritando detrás de nosotros". Él les contestó: "Yo no he sido enviado sino a las ovejas descarriadas de la casa de Israel".

Ella se acercó entonces a Jesús, y postrada ante él, le dijo: "¡Señor, ayúdame!" Él le respondió: "No está bien quitarles el pan a los hijos para echárselo a los perritos". Pero ella replicó: "Es cierto, Señor; pero también los perritos se comen las migajas que caen de la mesa de sus amos". Entonces Jesús le respondió: "Mujer, ¡qué grande es tu fe! Que se cumpla lo que deseas". Y en aquel mismo instante quedó curada su hija.

Imagen de Dios

VELAR POR los demás, en el más genuino sentido cristiano de la expresión, quiere decir reconocer la imagen de Dios en el hermano y en la hermana. Más aún, Dios nos llama a amarlos, respetarlos, ayudarlos, servirlos. Desde pequeños se nos instruyó que hemos sido creados a imagen y semejanza de Dios. Ciertamente que es esa imagen divina, en los demás, la razón mayor por la que tenemos que respetarlos, porque precisamente esa imagen y semejanza es lo que nos refleja lo que somos, *seres humanos*, e igualmente nos asoma al espejo de Dios, porque también somos "iconos de Dios".

Cuando velamos por la vida de los hermanos y hermanas, reconocemos que hay algo digno, único, y especial de nuestra humanidad en nuestros hermanos y hermanas. El velar, el cuidar por el otro o la otra, es un tema que nunca se aprende del todo. Es un ejercicio continuo. Por ejemplo, Pablo reconoce que la cuestión de raza o de etnicidad no cuenta; lo que cuenta es la misericordia de Dios, y cómo se manifiesta en cada ser humano que es *imago Dei*, imagen de Dios. Pablo insiste en otro pasaje: "Ya no se distinguen judío y griego, esclavo y libre, varón y mujer, pues todos ustedes son uno en Cristo Jesús" (Gálatas 3:28). Sí, todos y cada uno somos imagen de Dios, entonces, ¿por qué insistimos en extremar las diferencias en todos los niveles u circunstancias en lugar de crecer en el amor?

La mujer siro-fenicia pertenecía a una cultura y una raza distinta a la de Jesús, varón judío. Agreguemos que ella, mujer y madre con su hija enferma, tiene una preocupación desesperada, y ve en aquel judío la oportunidad de salvación. Ella hará todo lo que esté en sus manos para que su hija se mejore, incluso aceptar el posible rechazo de un varón extranjero y de otra raza. Probablemente hablaron en arameo o en griego que eran los idiomas que se usaban en la zona. Pero se dio una comunicación más profunda, porque Jesús miraba con los ojos de Dios, al fondo del corazón, al fondo de su humanidad. Al ver su humanidad, Jesús vio una mujer rechazada, con otras costumbres, con otra religión, con otra cultura, pero con el derecho a la salud y a la vida plena por ser imagen de Dios, *imago Dei*. Es como si Dios tuviera "sus ojos vueltos siempre a nuestro corazón" (Tomás Merton, *Salmo 67*). (M.T.M.) ∎

VIVIENDO NUESTRA FE

La Iglesia promueve la dignidad de las personas mediante la predicación del Evangelio, la gracia de los sacramentos y la experiencia de la comunión fraterna (ver CDSI, 51). Esta dinámica se verifica en un horizonte de justicia y sociabilidad que se abre a Dios, en el que halla su referencia la realización de cada persona. La imagen de Dios es, necesariamente, de relación y comunión de vida.

PARA REFLEXIONAR

1. ¿Conoce usted personas que velan por las que no son de su raza o cultura?

2. ¿Ha tenido usted la experiencia de ayudar o cuidar a alguien de otro entorno cultural?

3. ¿Fomenta su comunidad de fe las experiencias de comunión fraternal? ¿Qué hace?

LECTURAS SEMANALES
agosto 17–22

L Ez 24:15–24; Mt 19:16–22

M Ez 28:1–10; Mt 19:23–30

M Ez 34:1–11; Mt 20:1–16

J Ez 36:23–28; Mt 22:1–14

V Ez 37:1–14; Mt 22:34–40

S Ez 43:1–7ab; Mt 23:1–12

23 de agosto de 2020 XXI Domingo Ordinario

Primera lectura

Isaías 22:19–23

Esto dice el Señor a Sebná, mayordomo de palacio: / "Te echaré de tu puesto / y te destituiré de tu cargo. / Aquel mismo día llamaré a mi siervo, / a Eleacín, el hijo de Elcías; / le vestiré tu túnica, / le ceñiré tu banda / y le traspasaré tus poderes.

Será un padre para los habitantes de Jerusalén / y para la casa de Judá. / Pondré la llave del palacio de David sobre su hombro. / Lo que él abra, nadie lo cerrará; / lo que él cierre, nadie lo abrirá. / Lo fijaré como un clavo en muro firme / y será un trono de gloria para la casa de su padre".

Salmo responsorial

Salmo 137:1a y 1c–2ab, 2cd–3, 6 y 8bc

R. Señor, tu misericordia es eterna, no abandones la obra de tus manos.

Te doy gracias, Señor, de todo corazón; delante de los ángeles tañeré para ti. Me postraré hacia tu santuario, daré gracias a tu nombre. **R.**

Por tu misericordia y tu lealtad, porque tu promesa supera a tu fama. Cuando te invoqué me escuchaste, acreciste el valor en mi alma. **R.**

El Señor es sublime, se fija en el humilde y de lejos conoce al soberbio. Señor, tu misericordia es eterna, no abandones la obra de tus manos. **R.**

Segunda lectura

Romanos 11:33–36

¡Qué inmensa y rica es la sabiduría y la ciencia de Dios! ¡Qué impenetrables son sus designios e incomprensibles sus caminos! *¿Quién ha conocido jamás el pensamiento del Señor o ha llegado a ser su consejero? ¿Quién ha podido darle algo primero, para que Dios se lo tenga que pagar?* En efecto, todo proviene de Dios, todo ha sido hecho por él y todo está orientado hacia él. A él la gloria por los siglos de los siglos. Amén.

Evangelio

Mateo 16:13–20

En aquel tiempo, cuando llegó Jesús a la región de Cesarea de Filipo, hizo esta pregunta a sus discípulos: "¿Quién dice la gente que es el Hijo del hombre?" Ellos le respondieron: "Unos dicen que eres Juan el Bautista; otros, que Elías; otros, que Jeremías o alguno de los profetas".

Luego les preguntó: "Y ustedes, ¿quién dicen que soy yo?" Simón Pedro tomó la palabra y le dijo: "Tú eres el Mesías, el Hijo de Dios vivo".

Jesús le dijo entonces: "¡Dichoso tú, Simón, hijo de Juan, porque esto no te lo ha revelado ningún hombre, sino mi Padre, que está en los cielos! Y yo te digo a ti que tú eres Pedro y sobre esta piedra edificaré mi Iglesia. Los poderes del infierno no prevalecerán sobre ella. Yo te daré las llaves del Reino de los cielos; todo lo que ates en la tierra quedará atado en el cielo, y todo lo que desates en la tierra quedará desatado en el cielo".

Y les ordenó a sus discípulos que no dijeran a nadie que él era el Mesías.

---

24 de agosto de 2020
San Bartolomé, apóstol
Ap 21:9b–14; Jn 1:45–51

Las llaves del Reino

PEDRO RECONOCIÓ delate de todos que Jesús es el Hijo de Dios. Se trata de la confesión del portavoz de los discípulos en los alrededores de Cesarea de Filipo, antes Panias, que era la capital del reino de Herodes Filipo. Situada al pie del Hermón, gozaba de buena provisión de aguas, y era una ciudad de estilo griego, en cuyos caminos podían encontrarse gentes de otras regiones del mundo. Jesús pregunta a sus discípulos por su parecer sobre él.

En este evangelio, Pedro lo articula de tal manera que se convierte en punto de referencia y convergencia para todos los creyentes. La profesión de Pedro es clave en nuestra identidad católica porque habla del liderazgo que Pedro tendrá, pues Jesús le va a entregar "las llaves del reino". Al completamente inimaginable para aquel apóstol. Pero recordemos que la imagen de las llaves aparece ya en la lectura de Isaías.

Nos sorprende la confesión de Pedro, pero ¿qué lo hace distinto a Sebná? Cierto, Pedro es un rudo pescador que va a recibir un encargo que tiene que ver con cosas celestiales, el otro era un educado administrador de palacio, pero que, por su mal manejo de las cosas, quedará reprobado por Dios. ¿Acaso Dios quitará también las llaves del Reino de las manos de Pedro? Pablo exclama en la segunda lectura: "¡Qué impenetrables son sus designios e incomprensibles sus caminos!". ¿Cómo es posible que Jesús confíe tal autoridad a un hombre que más tarde lo va a negar? ¡Qué cosa! Y ¿qué se puede decir de nosotros y de nuestras debilidades? Dejemos que hable la misericordia de Dios, que da llaves a quienes no parecen tan aptos para recibir estos cargos. Quizá no sea la "aptitud" lo único que cuenta. Como dice el Salmo: "El Señor se complace en los humildes y rechaza a los engreídos".

Los caminos del Dios de la vida nos pueden parecer poco claros, pero es él quien nos guía. Comparte las llaves del Reino con Pedro, para que abra y cierre. Nos pide que confiemos en esa piedra para no apartarnos de la fe. (M.T.M.) ■

VIVIENDO NUESTRA FE

Del ministerio petrino, *Lumen Gentium*, no. 22, dice: "[El Romano Pontífice] tiene sobre la Iglesia, en virtud de su cargo de vicario de Cristo y pastor de toda la Iglesia, plena, suprema y universal potestad que puede siempre ejercer libremente". No se entiende esa potestad como la de un monarca absolutista o rey. El mismo número explicita que el papa la ejerce en vínculo con los demás obispos de la Iglesia con quienes conforma el Colegio Apostólico, expresión de la universalidad del Pueblo de Dios. En este Colegio, los obispos "gozan de potestad propia para bien de sus propios fieles".

PARA REFLEXIONAR

1. ¿Qué líderes conoce usted que ejercen la autoridad para servir?

2. ¿Cuándo ha sido la fe y la vida de la Iglesia de ayuda o soporte para usted o los suyos?

3. ¿Qué tan dialogal o comunicativa es la presencia de su grupo de fe en el entorno parroquial?

30 de agosto de 2020   XXII Domingo Ordinario

Primera lectura

Jeremías 20:7–9

Me sedujiste, Señor, y me dejé seducir; / fuiste más fuerte que yo y me venciste. / He sido el hazmerreír de todos; / día tras día se burlan de mí. / Desde que comencé a hablar, / he tenido que anunciar a gritos violencia y destrucción. / Por anunciar la palabra del Señor, / me he convertido en objeto de oprobio y de burla todo el día. / He llegado a decirme: "Ya no me acordaré del Señor / ni hablaré más en su nombre". / Pero había en mí como un fuego ardiente, / encerrado en mis huesos; / yo me esforzaba por contenerlo y no podía.

Salmo responsorial

Salmo 62:2, 3–4, 5–6, 8–9

R. Mi alma está sedienta de ti, Señor, Dios mío.

Oh Dios, tú eres mi Dios, por ti madrugo, mi alma está sedienta de ti; mi carne tiene ansia de ti, como tierra reseca, agostada, sin agua. **R.**

¡Cómo te contemplaba en el santuario viendo tu fuerza y tu gloria! Tu gracia vale más que la vida, te alabarán mis labios. **R.**

Toda mi vida te bendeciré y alzaré las manos invocándote. Me saciaré como de enjundia y de manteca y mis labios te alabarán jubilosos. **R.**

Porque fuiste mi auxilio, y a la sombra de tus alas canto con júbilo, mi alma está unida a ti, y tu diestra me sostiene. **R.**

Segunda lectura

Romanos 12:1–2

Hermanos: Por la misericordia que Dios les ha manifestado, los exhorto a que se ofrezcan ustedes mismos como una ofrenda viva, santa y agradable a Dios, porque en esto consiste el verdadero culto. No se dejen transformar por los criterios de este mundo, sino dejen que una nueva manera de pensar los transforme internamente, para que sepan distinguir cuál es la voluntad de Dios, es decir, lo que es bueno, lo que le agrada, lo perfecto.

Evangelio

Mateo 16:21–27

En aquel tiempo, comenzó Jesús a anunciar a sus discípulos que tenía que ir a Jerusalén para padecer allí mucho de parte de los ancianos, de los sumos sacerdotes y de los escribas; que tenía que ser condenado a muerte y resucitar al tercer día.

Pedro se lo llevó aparte y trató de disuadirlo, diciéndole: "No lo permita Dios, Señor. Eso no te puede suceder a ti". Pero Jesús se volvió a Pedro y le dijo: "¡Apártate de mí, Satanás, y no intentes hacerme tropezar en mi camino, porque tu modo de pensar no es el de Dios, sino el de los hombres!"

Luego Jesús dijo a sus discípulos: "El que quiera venir conmigo, que renuncie a sí mismo, que tome su cruz y me siga. Pues el que quiera salvar su vida, la perderá; pero el que pierda su vida por mí, la encontrará. ¿De qué le sirve a uno ganar el mundo entero, si pierde su vida? ¿Y qué podrá dar uno a cambio para recobrarla?

Porque el Hijo del hombre ha de venir rodeado de la gloria de su Padre, en compañía de sus ángeles, y entonces le dará a cada uno lo que merecen sus obras".

Tengo sed del Dios de vida

CUALQUIERA QUE sea el camino que escojamos para seguir a Jesús, en el andar tendremos sed. Más que física, será una sed espiritual, de amar y saberse amado. Esa sed nos impulsará a seguir a Jesús. Su amor nos cautivará con fuerza cada vez mayor, como el agua al sediento. Lo escuchamos hoy del Salmo Responsorial: "De ti está sedienta mi alma".

Con esas palabras se establece un diálogo bello, siempre inacabado, siempre nuevo que brota entre el agua y la sed; no hay punto final. Es un diálogo de fidelidad mutua, entre la necesidad y el consuelo. Estar sediento y beber el agua es como se camina y se hace camino discipular. De otra manera no se puede. ¿Y por qué? Pues porque las dos vienen de la boca de Jesús: "El que tenga sed, que venga a mí" (Juan 7:37). O más directamente: "El que quiera venir conmigo que renuncie a sí mismo". Jesús nos llama para darnos vida, el agua que sacia nuestra sed de Dios, sed del infinito amor. Él es esa agua que nos consuela y transforma internamente para hacernos ofrenda viva y agradable a Dios, hasta el punto de negarse a sí mismo, para que él sea todo. Volverse polvo, tierra sedienta de vida, para que pueda dar vida. Agua y amor que nos vence, nos sacia, nos llena: Dios, Dueño de nuestra sed constante.

Abandonar el mundo de la satisfacción para volvernos tan sedientos de Dios que lo único que nos importe sea esa agua suya. ¿Y luego? Dejar que esa agua llegue a otros. ¿Será que podemos ser agua para los demás?

La vida cristiana es ofrenda, una entrega de sí mismo: "Pero había en mi un fuego ardiente encerrado en mis huesos. Yo me esforzaba por contenerlo y no podía". ¿Qué entregamos? Implica un conocimiento personal, conocernos como Dios nos conoce. Ponernos en su presencia, atentos a sus palabras. ¿Qué quieres de mí? "¡Hágase tu voluntad!". (M.T.M.) ■

VIVIENDO NUESTRA FE

El agua limpia es un bien al que toda persona tiene derecho, porque representa el derecho a la vida saludable. El papa Francisco, además de denunciar la privatización mercantilista del agua y la falta de conciencia ciudadana en su uso, anota: "En realidad, *el acceso al agua potable y segura es un derecho humano básico, fundamental y universal, porque determina la sobrevivencia de las personas, y por lo tanto es condición para el ejercicio de los demás derechos humanos* (*Laudato Si'*, no. 27, cursiva original).

PARA REFLEXIONAR

1. ¿Conoce lugares o comunidades que padezcan escasez de agua potable?

2. ¿Cuál es el bien que usted más aprecia y que usted tiene a disposición?

3. ¿Cómo promueve su parroquia o comunidad de fe el desarrollo sustentable?

6 de septiembre de 2020 XXIII Domingo Ordinario

Primera lectura

Ezequiel 33:7–9

Esto dice el Señor: / "A ti, hijo de hombre, / te he constituido centinela para la casa de Israel. / Cuando escuches una palabra de mi boca, / tú se la comunicarás de mi parte.

Si yo pronuncio sentencia de muerte contra un hombre, / porque es malvado, / y tú no lo amonestas para que se aparte del mal camino, / el malvado morirá por su culpa, / pero yo te pediré a ti cuentas de su vida.

En cambio, si tú lo amonestas / para que deje su mal camino / y él no lo deja, / morirá por su culpa, / pero tú habrás salvado tu vida".

Salmo responsorial

Salmo 94:1–2, 6–7, 8–9

R. Ojalá escuchen hoy su voz: "No endurezcan su corazón".

Vengan, aclamemos al Señor, demos vítores a la Roca que nos salva; entremos a su presencia dándole gracias, aclamándolo con cantos. **R.**

Entren, postrémonos por tierra, bendiciendo al Señor, creador nuestro. Porque él es nuestro Dios y nosotros su pueblo, el rebaño que él guía. **R.**

Ojalá escuchen hoy su voz: "No endurezcan el corazón como en Meribá, como el día de Masá en el desierto, cuando los padres de ustedes me pusieron a prueba y me tentaron, aunque habían visto mis obras". **R.**

Segunda lectura

Romanos 13:8–10

Hermanos: No tengan con nadie otra deuda que la del amor mutuo, porque el que ama al prójimo, ha cumplido ya toda la ley. En efecto, los mandamientos que ordenan: "No cometerás adulterio, no robarás, no matarás, no darás falso testimonio, no codiciarás" y todos los otros, se resumen en éste: "Amarás a tu prójimo como a ti mismo", pues quien ama a su prójimo no le causa daño a nadie. Así pues, cumplir perfectamente la ley consiste en amar.

Evangelio

Mateo 18:15–20

En aquel tiempo, Jesús dijo a sus discípulos: "Si tu hermano comete un pecado, ve y amonéstalo a solas. Si te escucha, habrás salvado a tu hermano. Si no te hace caso, hazte acompañar de una o dos personas, para que todo lo que se diga conste por boca de dos o tres testigos. Pero si ni así te hace caso, díselo a la comunidad; y si ni a la comunidad le hace caso, apártate de él como de un pagano o de un publicano.

"Yo les aseguro que todo lo que aten en la tierra quedará atado en el cielo, y todo lo que desaten en la tierra quedará desatado en el cielo.

"Yo les aseguro también que si dos de ustedes se ponen de acuerdo para pedir algo, sea lo que fuere, mi Padre celestial se lo concederá; pues donde dos o tres se reúnen en mi nombre, ahí estoy yo en medio de ellos".

---

8 de septiembre de 2020
Natividad de la Bienaventurada
Virgen María

*Miq 5:1–4a o Rom 8:28–30;
Mt 1:1–16, 18–23 o 1:18–23*

Centinela profético

CUÁNTAS VECES hemos escuchado en la Iglesia, que el pueblo hispano-latino es voz profética. El canto de Rosa María Zarate dice: "Profetiza pueblo mío, profetiza una vez más". Estamos viviendo un tiempo de gracia en la Iglesia, aquí en los Estados Unidos. A nosotros, el pueblo hispano o latino, se nos invita a ser centinelas, de nuestros hermanos y hermanas. Centinelas con una conciencia más clara y profunda de qué tipo de comunidad somos cuando nos reunimos en el nombre de Jesús.

Voz profética es ser centinela para la casa de Israel, como escuchamos en la lectura de Ezequiel. La casa de Israel es el pueblo, es la comunidad, y al final de cuentas, todos nosotros. Tenemos una responsabilidad con los demás. Si pecan, nosotros pecamos. Si hacen bien, nosotros hacemos bien. Es un sentido profundo de lo que quiere decir comunidad, el pueblo que Dios escoge y ama como a la niña de sus ojos. Somos el pueblo de Dios, con una responsabilidad enorme hacia los demás. La responsabilidad es una exigencia.

En estos tiempos, ser centinela de la casa de Israel es invitar al pueblo a ser una comunidad responsable, crítica, desafiante: "Donde hay dos o tres se reúnen en mi nombre, ahí estoy yo en medio de ellos". Dos o tres no es gran número. Esto me hace recordar el proverbio africano que el padre José Marins cita con frecuencia: "Gente pequeña, en lugares pequeños, haciendo cosas pequeñas, hacen grandes cambios". Dos o tres reunidos en nombre de Jesús. ¡Estos conseguirán un cambio grande! Hay que poner avisos de empleo en nuestras comunidades: "Se requieren centinelas". A los candidatos hay que pedir "que conozcan las Sagradas Escrituras, que amen la comunidad y que tengan sentido profético de la historia". Sí, es un trabajo para todo católico.

Pensemos por un momento, ¿cómo sería si, como dice el apóstol, la única deuda que tuviéramos fuera la del amor mutuo? El trabajo de centinela sería más fácil entonces. Pero para llegar allí necesitamos caminar todavía. Ser centinela nos demanda vivir atentos a la Palabra de Dios y a lo que sucede en la historia cada día. Amemos profundamente a los demás, para que correspondan con la misma moneda. Amemos con el amor de Jesús. (M.T.M.) ∎

VIVIENDO NUESTRA FE

El *Documento de Aparecida* traza una ruta para ser discípulos de Cristo en comunión: "Para la Nueva Evangelización y para llegar a que los bautizados vivan como auténticos discípulos y misioneros de Cristo, tenemos un medio privilegiado en las pequeñas comunidades eclesiales" (no. 307). La experiencia de esas comunidades pequeñas es el fermento que la Iglesia requiere para renovarse en la fidelidad al Evangelio.

PARA REFLEXIONAR

1. ¿Conoce usted grupos o pequeñas comunidades que se reúnan en el nombre de Jesús?

2. ¿Cómo ha ejercitado usted su tarea de centinela profético?

3. ¿Piensa usted que su comunidad parroquial vive su vocación profética?

LECTURAS SEMANALES
septiembre 7–12

L 1 Cor 5:1–8; Lc 6:6–11

M *Natividad de la B. Virgen María*

M 1 Cor 7:25–31; Lc 6:20–26

J 1 Cor 8:1b–7, 11–13; Lc 6:27–38

V 1 Cor 9:16–19, 22b–27

S 1 Cor 10:14–22; Lc 6:43–49

13 de septiembre de 2020 XXIV Domingo Ordinario

Primera lectura

Eclesiástico o Sirácida 27:30–28:7

Cosas abominables son el rencor y la cólera;
sin embargo, el pecador se aferra a ellas.
El Señor se vengará del vengativo
y llevará rigurosa cuenta de sus pecados.

Perdona la ofensa a tu prójimo,
y así, cuando pidas perdón,
se te perdonarán tus pecados.
Si un hombre le guarda rencor a otro,
¿le puede acaso pedir la salud al Señor?

El que no tiene compasión de un semejante,
¿cómo pide perdón de sus pecados?
Cuando el hombre que guarda rencor
pide a Dios el perdón de sus pecados,
¿hallará quien interceda por él?

Piensa en tu fin y deja de odiar,
piensa en la corrupción del sepulcro
y guarda los mandamientos.

Ten presentes los mandamientos
y no guardes rencor a tu prójimo.
Recuerda la alianza del Altísimo
y pasa por alto las ofensas.

Salmo responsorial

Salmo 103 (102):1–2, 3–4, 9–10, 11–12

R. El Señor es compasivo y misericordioso.

Segunda lectura

Romanos 14:7–9

Hermanos: Ninguno de nosotros vive para sí mismo,
ni muere para sí mismo. Si vivimos, para el Señor
vivimos; y si morimos, para el Señor morimos.

Por lo tanto, ya sea que estemos vivos o que
hayamos muerto, somos del Señor. Porque Cristo
murió y resucitó para ser Señor de vivos y muertos.

Evangelio

Mateo 18:21–35

En aquel tiempo, Pedro se acercó a Jesús y le preguntó:
"Si mi hermano me ofende, ¿cuántas veces tengo que
perdonarlo? ¿Hasta siete veces?" Jesús le contestó: "No
sólo hasta siete, sino hasta setenta veces siete".

Entonces Jesús les dijo: "El Reino de los cielos es
semejante a un rey que quiso ajustar cuentas con sus
servidores. El primero que le presentaron le debía
muchos millones. Como no tenía con qué pagar, el
señor mandó que lo vendieran a él, a su mujer, a sus
hijos y todas sus posesiones, para saldar la deuda. El
servidor, arrojándose a sus pies, le suplicaba, diciendo:
'Ten paciencia conmigo y te lo pagaré todo'. El rey
tuvo lástima de aquel servidor, lo soltó y hasta le
perdonó la deuda.

Pero, apenas había salido aquel servidor, se
encontró con uno de sus compañeros, que le debía
poco dinero. Entonces lo agarró por el cuello y casi lo
estrangulaba, mientras le decía: 'Págame lo que me
debes'. El compañero se le arrodilló y le rogaba: 'Ten
paciencia conmigo y te lo pagaré todo'. Pero el otro no
quiso escucharlo, sino que fue y lo metió en la cárcel
hasta que le pagara la deuda.

Al ver lo ocurrido, sus compañeros se llenaron
de indignación y fueron a contar al rey lo sucedido.
Entonces el señor lo llamó y le dijo: 'Siervo malvado.
Te perdoné toda aquella deuda porque me lo supli-
caste. ¿No debías tú también haber tenido compasión
de tu compañero, como yo tuve compasión de ti?' Y
el señor, encolerizado, lo entregó a los verdugos para
que no lo soltaran hasta que pagara lo que debía.

Pues lo mismo hará mi Padre celestial con
ustedes, si cada cual no perdona de corazón a
su hermano".

---

14 de septiembre de 2020
Exaltación de la Santa Cruz
*Nm 21:4b–9; Flp 2:6–11;
Jn 3:13–17*

¿Perdonar siempre?

¡POBRE PEDRO! Hace unas semanas escuchamos, con razón, que es la "piedra". Ahora, con cierta ingenuidad, él pregunta a Jesús si debe perdonar a su hermano siete veces, un número perfecto para el pueblo de Israel, pues Pedro se cree muy generoso. Pero a Jesús no le basta la generosidad popular. Exige misericordia, exhorta compasión, pide amor y perdón perfectos.

El gran teólogo protestante, Karl Barth, hace un comentario muy certero acerca del perdón en el Padrenuestro. Se pregunta, ¿cómo es posible que nosotros no perdonamos a nuestros hermanos y hermanas las cositas, si llegamos ante Dios en bancarrota? Pues sí. Resulta que nos parecemos más al esclavo de aquella parábola, al que su dueño le perdona toda la deuda, porque prácticamente se encuentra en bancarrota, pero que exige una cantidad pequeña de su propio colega de trabajo.

Perdonar cuesta. No debemos negar que hay gente que pudo ofendernos, y que nos hizo quizá alguna injusticia. ¿Hemos sufrido a manos de mucho "patrones" en el trabajo? O tal vez habremos sufrido, incluso en nuestras propias familias, abusos y violencia. ¿Perdonar?

Jesús no pide un "perdón barato". Con mucha frecuencia tomamos el perdón, como si así fuera, barato, a sabiendas de que siempre cuesta. Perdonar es un proceso. No es como dice el dicho popular, perdonar y olvidar. No siempre podemos, y quizá ni debamos, olvidar el abuso o la injusticia sufrida. El perdón cristiano va mucho más allá. Es siete veces setenta: un perdón perfecto multiplicado a la perfección infinita.

Porque Dios así lo quiso, nos creó a su imagen y semejanza. Nuestro Dios, rico en misericordia, puso en nosotros toda la capacidad para ejercitar perfectamente la misericordia. Que la creatura quiera reflejar a su Creador suena a natural, sería su naturaleza. Ser misericordiosos, perdonar tan profundamente tanto lo personal como lo comunitario nos llevará necesariamente a conocer quién es Dios y quiénes somos nosotros, obra de su misericordia. (M.T.M.) ∎

VIVIENDO NUESTRA FE

En *Dives in misericordia*, Juan Pablo II anota que la justicia es la meta del perdón; perdonar no quiere decir ser indulgente con el mal. Por eso puntualiza: "La reparación del mal o del escándalo, el resarcimiento por la injuria, la satisfacción del ultraje son condición del perdón" (§ 14). Son palabras que hay meditar profundamente.

PARA REFLEXIONAR

1. ¿Quién es ejemplar en cuanto a pedir perdón? ¿Es igual pedir perdón que disculparse?

2. ¿Cuál ha sido para usted la experiencia más rica de ser perdonado?

3. ¿Necesitan perdón y reconciliación su barrio, comunidad o grupo de fe? ¿Por qué?

20 de septiembre de 2020 XXV Domingo Ordinario

Primera lectura

Isaías 55:6–9

Busquen al Señor mientras lo pueden encontrar, / invóquenlo mientras está cerca; / que el malvado abandone su camino, / y el criminal, sus planes; / que regrese al Señor, y él tendrá piedad; / a nuestro Dios, que es rico en perdón.

Mis pensamientos no son los pensamientos de ustedes, / sus caminos no son mis caminos, dice el Señor. / Porque así como aventajan los cielos a la tierra, / así aventajan mis caminos a los de ustedes / y mis pensamientos a sus pensamientos.

Salmo responsorial

Salmo 144:2–3, 8–9, 17–18

R. Cerca está el Señor de los que lo invocan.

Día tras día te bendeciré y alabaré tu nombre por siempre jamás. Grande es el Señor y merece toda alabanza, es incalculable su grandeza. **R.**

El Señor es clemente y misericordioso, lento a la cólera y rico en piedad; el Señor es bueno con todos, es cariñoso con todas sus criaturas. **R.**

El Señor es justo en todos sus caminos, es bondadoso en todas sus acciones; cerca está el Señor de los que lo invocan, de los que lo invocan sinceramente. **R.**

Segunda lectura

Filipenses 1:20c–24, 27a

Hermanos: Ya sea por mi vida, ya sea por mi muerte, Cristo será glorificado en mí. Porque para mí, la vida es Cristo, y la muerte, una ganancia. Pero si el continuar viviendo en este mundo me permite trabajar todavía con fruto, no sabría yo qué elegir.

Me hacen fuerza ambas cosas: por una parte, el deseo de morir y estar con Cristo, lo cual, ciertamente, es con mucho lo mejor; y por la otra, el de permanecer en vida, porque esto es necesario para el bien de ustedes. Por lo que a ustedes toca, lleven una vida digna del Evangelio de Cristo.

Evangelio

Mateo 20:1–16

En aquel tiempo, Jesús dijo a sus discípulos esta parábola: "El Reino de los cielos es semejante a un propietario que, al amanecer, salió a contratar trabajadores para su viña. Después de quedar con ellos en pagarles un denario por día, los mandó a su viña. Salió otra vez a media mañana, vio a unos que estaban ociosos en la plaza y les dijo: 'Vayan también ustedes a mi viña y les pagaré lo que sea justo'. Salió de nuevo a medio día y a media tarde e hizo lo mismo.

Por último, salió también al caer la tarde y encontró todavía otros que estaban en la plaza y les dijo: '¿Por qué han estado aquí todo el día sin trabajar?' Ellos le respondieron: 'Porque nadie nos ha contratado'. Él les dijo: 'Vayan también ustedes a mi viña'.

Al atardecer, el dueño de la viña le dijo a su administrador: 'Llama a los trabajadores y págales su jornal, comenzando por los últimos hasta que llegues a los primeros'. Se acercaron, pues, los que habían llegado al caer la tarde y recibieron un denario cada uno.

Cuando les llegó su turno a los primeros, creyeron que recibirían más; pero también ellos recibieron un denario cada uno. Al recibirlo, comenzaron a reclamarle al propietario, diciéndole: 'Esos que llegaron al último sólo trabajaron una hora, y sin embargo, les pagas lo mismo que a nosotros, que soportamos el peso del día y del calor'.

Pero él respondió a uno de ellos: 'Amigo, yo no te hago ninguna injusticia. ¿Acaso no quedamos en que te pagaría un denario? Toma, pues, lo tuyo y vete. Yo quiero darle al que llegó al último lo mismo que a ti. ¿Qué no puedo hacer con lo mío lo que yo quiero? ¿O vas a tenerme rencor porque yo soy bueno?'

De igual manera, los últimos serán los primeros, y los primeros, los últimos".

---

21 de septiembre de 2020
San Mateo, apóstol y evangelista
Ef 4:1–7, 11–13; Mt 9:9–13

Tus caminos provocan alegría

EN LA PRISIÓN federal de Victorville conocí a José, un hombre ya mayor que llamaba la atención por un liderazgo de servicio poco común. Cuando hacemos una visita pastoral nunca preguntamos las razones por las que un prisionero tiene cadena perpetua, pero, observando su conducta, era evidente que José había tenido una conversión con un profundo encuentro con Cristo. El buen impacto de José partía de cómo él escuchaba y aconsejaba a sus compañeros, siempre amable en responder, muchos lo buscaban para caminar en círculos en su compañía. José proclamaba la Palabra de Dios y ofrecía la formación del catecumenado en la cárcel, pero también se preocupaba cuando estaban enfermos o deprimidos. Un joven recientemente ingresado a esa sección me preguntó que, si él se portaba bien de ahí en adelante, se iría al cielo, igual que José. Parecía difícil darle una explicación sobre las recompensas, y pensé que igual ocurrió a los oyentes de la parábola del evangelio de hoy.

En la Liturgia de las Horas, que es la oración continua de la Iglesia, hay un himno de vísperas que hace alusión a ese "atardecer" en el que rendiremos cuentas: "Amo de las viñas, paga los trabajos de tus viñadores, que, a jornal de gloria, no hay trabajo grande". Nuestro mundo tiene el criterio de "hora trabajada, hora pagada". Jesús no dijo esta parábola para referirse a la justicia laboral, sino para hablar de quién es su Padre. El enfoque es un Dios que sale cinco veces a buscar trabajadores, que está preocupado de que hay trabajadores en la plaza sin ocupar sus dones y él los invita. Es a la hora de comparar cuánto reciben los otros, que salen a la luz las críticas y las murmuraciones.

¿Cuál es nuestro salario prometido? Dios es dueño de la viña, pero no invita como cualquier contratista. Su paga siempre excede la especulación. Trabajar su viña significa que nos comprometemos a plantar los valores del Reino de Dios, a transformar el mundo con su Evangelio, y a transparentar su bondad ilimitada en nuestras actitudes y valores.

Dios puede hacer con sus dones lo que él quiera; él actúa desde una libertad inmensa, marcada por su bondad y amor. ¿Podemos tener una idea equivocada de Dios? Más de lo que imaginamos. El dueño de la viña aclara: "¿Te vas a enojar porque yo sea bueno?". Dejemos a Dios actuar libremente, él quiere salvarnos a todos, no puede ofrecer la salvación con la justicia que tenemos los humanos. ■

VIVIENDO NUESTRA FE

El 27 de abril de 2019, en un complejo acerero de Génova, el papa Francisco reconocía los miedos que habitan el mundo obrero: el de no encontrar trabajo por el avance las tecnologías, la inseguridad social, el paro, etcétera. El mundo del trabajo es una prioridad humana. Siempre hay simpatía entre la Iglesia y el trabajo. El trabajador no trabaja solo por la paga; trabaja porque el trabajo da honor y dignidad. El trabajo nos permite hacer realidad el Reino de Dios en la historia. En esto insiste el *Compendio de la doctrina social de la Iglesia* (ver no. 263)

PARA REFLEXIONAR

1. ¿Conoce a personas desempleadas? ¿Cómo sobreviven sus familias?

2. ¿Qué le satisface a usted del trabajo que desarrolla? ¿Qué de él le parece injusto?

3. ¿Cómo promueve el empleo digno y justo su grupo o comunidad de fe?

27 de septiembre de 2020   XXVI Domingo Ordinario

Primera lectura

Ezequiel 18:25–28

Esto dice el Señor: "Si ustedes dicen: 'No es justo el proceder del Señor', escucha, casa de Israel: ¿Conque es injusto mi proceder? ¿No es más bien el proceder de ustedes el injusto?

Cuando el justo se aparta de su justicia, comete la maldad y muere; muere por la maldad que cometió. Cuando el pecador se arrepiente del mal que hizo y practica la rectitud y la justicia, él mismo salva su vida. Si recapacita y se aparta de los delitos cometidos, ciertamente vivirá y no morirá".

Salmo responsorial

Salmo 24:4–5, 6–7, 8–9

R. Recuerda, Señor, que tu misericordia es eterna.

Señor, enséñame tus caminos, instrúyeme en tus sendas, haz que camine con lealtad; enséñame, porque tú eres mi Dios y Salvador, y todo el día te estoy esperando. **R.**

Recuerda, Señor, que tu ternura y tu misericordia son eternas; no te acuerdes de los pecados ni de las maldades de mi juventud; acuérdate de mí con misericordia, por tu bondad, Señor. **R.**

El Señor es bueno y es recto, y enseña el camino a los pecadores; hace caminar a los humildes con rectitud, enseña su camino a los humildes. **R.**

Segunda lectura

Filipenses 2:1–11

Hermanos: Si alguna fuerza tiene una advertencia en nombre de Cristo, si de algo sirve una exhortación nacida del amor, si nos une el mismo Espíritu y si ustedes me profesan un afecto entrañable, llénenme de alegría teniendo todos una misma manera de pensar, un mismo amor, unas mismas aspiraciones y una sola alma. Nada hagan por espíritu de rivalidad ni presunción; antes bien, por humildad, cada uno considere a los demás como superiores a sí mismo y no busque su propio interés, sino el del prójimo. Tengan los mismos sentimientos que tuvo Cristo Jesús.

Cristo, siendo Dios, / no consideró que debía aferrarse / a las prerrogativas de su condición divina, / sino que, por el contrario, se anonadó a sí mismo, / tomando la condición de siervo, / y se hizo semejante a los hombres. / Así, hecho uno de ellos, / se humilló a sí mismo / y por obediencia aceptó incluso la muerte / y una muerte de cruz.

Por eso Dios lo exaltó sobre todas las cosas / y le otorgó el nombre que está sobre todo nombre, / para que al nombre de Jesús todos doblen la rodilla / en el cielo, en la tierra y en los abismos, / y todos reconozcan públicamente que Jesucristo es el Señor, / para gloria de Dios Padre.

Forma breve: Filipenses 2:1–5

Evangelio

Mateo 21:28–32

En aquel tiempo, Jesús dijo a los sumos sacerdotes y a los ancianos del pueblo: "¿Qué opinan de esto? Un hombre que tenía dos hijos fue a ver al primero y le ordenó: 'Hijo, ve a trabajar hoy en la viña'. Él le contestó: 'Ya voy, señor', pero no fue. El padre se dirigió al segundo y le dijo lo mismo. Este le respondió: 'No quiero ir', pero se arrepintió y fue. ¿Cuál de los dos hizo la voluntad del padre?" Ellos le respondieron: "El segundo".

Entonces Jesús les dijo: "Yo les aseguro que los publicanos y las prostitutas se les han adelantado en el camino del Reino de Dios. Porque vino a ustedes Juan, predicó el camino de la justicia y no le creyeron; en cambio, los publicanos y las prostitutas, sí le creyeron; ustedes, ni siquiera después de haber visto, se han arrepentido ni han creído en él".

---

29 de septiembre de 2020
Miguel, Gabriel y Rafael, arcángeles
Dn 7:9–10, 13–14 o Ap 12:7–12a; Jn 1:47–51

De palabra y de obra: "Sí, Señor"

QUIENES HEMOS trabajado con adolescentes hemos topado con estos modos de su proceder frente al deber: dicen *sí* pero no cuándo, o dicen *no* pero terminan cumpliendo. ¿Cierto? Pero el Evangelio no habla de una conducta adolescente o propia de la rebeldía, sino de una actitud de los que viven conforme a la apariencia, en una doble plataforma entre lo que saben que hay que hacer, pero descuidan su cumplimiento.

El ejemplo de Jesús va directo a sus oyentes: Los guías religiosos y maestros de la ley deberían ser los primeros en discernir el mensaje profético de Juan Bautista y convertirse al Señor. No fue así; sucedió lo contrario. Fue la gente ignorante y pecadora, que vivía ajena a los preceptos, la que había rechazado la oferta de Dios, pero que cuando escuchó a Juan se motivó y se convirtió. En este sentido, los pecadores se "adelantaron" a los demás.

Decir sí por la conveniencia de crearnos una imagen de gente confiable, aunque nuestra voluntad esté lejos de cumplir ese sí, es lo contrario a Jesús, según el texto de Filipenses.

El Cristo anunciado a las primeras comunidades está fundamentado en la reflexión de que Jesús fue el Hijo que se entregó absolutamente a la voluntad del Padre. Es hijo obediente no solo en venir a la historia humana y tomar parte de ella, sino que, dentro de esa historia, venir a jugar el rol más humilde y hasta un abajamiento radical al dar el gran sí de la entrega de su vida. Dijo sí y lo cumplió al extremo. La comunidad de creyentes vio en esa determinación para "hacerse nada" de Jesús, el sí perfecto: la entrega de la vida en obediencia absoluta al Padre. Sí definitivo, sin asegunes. A esto nos llama.

La parábola de los dos hijos debió tener tremendo impacto en sus oyentes. Los personajes importantes de aquel tiempo, alimentados por el sistema religioso, amparados en un frío cumplimiento, siempre lejanos a la compasión y a la misericordia, reciben la comparación que los deja inferiores ante quienes ellos más despreciaban, los publicanos y las prostitutas, que se les adelantan en su sí a Dios. Si el Padre nos invita a trabajar, no bastan las palabras ni expresar disponibilidad ante el llamado. Lo que importa es el trabajo que realicemos, las acciones que llevamos a cabo hablarán de nuestra obediencia a la voluntad de Dios. (P.A.) ■

VIVIENDO NUESTRA FE

El *Compendio de la doctrina social de la Iglesia* recuerda que el Evangelio hay que escucharlo y ponerlo en práctica. No hay esfera de la vida que haya que sustraer a su influencia. Dios exige coherencia total. A la Iglesia le compete "hacer resonar la palabra liberadora del Evangelio en el complejo mundo de la producción, del trabajo, de la empresa, de la finanza, del comercio, de la política, de la jurisprudencia, de la cultura, de las comunicaciones sociales, en el que el hombre vive" (CDSI, no. 70).

PARA REFLEXIONAR

1. Recuerde a las personas coherentes con el Evangelio que usted haya encontrado.

2. ¿Alguna vez ha dicho "sí" o "no" solo por apariencia?

3. ¿Cómo lleva el Evangelio su comunidad de fe a lugares o espacios no religiosos?

LECTURAS SEMANALES
septiembre 28–octubre 3

L Job 1:6–22; Lc 9:46–50

M *Miguel, Gabriel y Rafael, arcángeles*

M Job 9:1–12, 14–16; Lc 9:57–62

J Job 19:21–27; Lc 10:1–12

V Job 38:1, 12–21; 40:3–5; Mt 18:1–5, 10

S Job 42:1–3, 5–6, 12–17; Lc 10:17–24

4 de octubre de 2020   XXVII Domingo Ordinario

Primera lectura

Isaías 5:1–7

Voy a cantar, en nombre de mi amado, / una canción a su viña. / Mi amado tenía una viña / en una ladera fértil. / Removió la tierra, quitó las piedras / y plantó en ella vides selectas; / edificó en medio una torre / y excavó un lagar. / Él esperaba que su viña diera buenas uvas, / pero la viña dio uvas agrias.

Ahora bien, habitantes de Jerusalén / y gente de Judá, yo les ruego, / sean jueces entre mi viña y yo. / ¿Qué más pude hacer por mi viña, / que yo no lo hiciera? / ¿Por qué cuando yo esperaba que diera uvas buenas, / las dio agrias?

Ahora voy a darles a conocer lo que haré con mi viña; / le quitaré su cerca y será destrozada. / Derribaré su tapia y será pisoteada. / La convertiré en un erial, / nadie la podará ni le quitará los cardos, / crecerán en ella los abrojos y las espinas, / mandaré a las nubes que no lluevan sobre ella.

Pues bien, la viña del Señor de los ejércitos / es la casa de Israel, / y los hombres de Judá son su plantación preferida. / El Señor esperaba de ellos que obraran rectamente / y ellos, en cambio, cometieron iniquidades; / él esperaba justicia / y sólo se oyen reclamaciones.

Salmo responsorial

Salmo 79:9 y 12, 13–14, 15–16, 19–20

R. La viña del Señor es el pueblo de Israel.

Sacaste, Señor, una vid de Egipto, expulsaste a los gentiles, y la trasplantaste. Extendió sus sarmientos hasta el mar y sus brotes hasta el Gran Río. **R.**

¿Por qué has derribado su cerca, para que la saqueen los viandantes, la pisoteen los jabalíes y se la coman las alimañas? **R.**

Dios de los Ejércitos, vuélvete, mira desde el cielo, fíjate, ven a visitar tu viña, la cepa que tu diestra plantó y que tú hiciste vigorosa. **R.**

No nos alejaremos de ti; danos vida, para que invoquemos tu nombre. Señor Dios de los Ejércitos, restáuranos, que brille tu rostro y nos salve. **R.**

Segunda lectura

Filipenses 4:6–9

Hermanos: No se inquieten por nada; más bien presenten en toda ocasión sus peticiones a Dios en la oración y la súplica, llenos de gratitud. Y que la paz de Dios, que sobrepasa toda inteligencia, custodie sus corazones y sus pensamientos en Cristo Jesús.

Por lo demás, hermanos, aprecien todo lo que es verdadero y noble, cuanto hay de justo y puro, todo lo que es amable y honroso, todo lo que sea virtud y merezca elogio. Pongan por obra cuanto han aprendido y recibido de mí, todo lo que yo he dicho y me han visto hacer; y el Dios de la paz estará con ustedes.

Evangelio

Mateo 21:33–43

En aquel tiempo, Jesús dijo a los sumos sacerdotes y a los ancianos del pueblo esta parábola: "Había una vez un propietario que plantó un viñedo, lo rodeó con una cerca, cavó un lagar en él, construyó una torre para el vigilante y luego lo alquiló a unos viñadores y se fue de viaje.

Llegado el tiempo de la vendimia, envió a sus criados para pedir su parte de los frutos a los viñadores; pero éstos se apoderaron de los criados, golpearon a uno, mataron a otro y a otro más lo apedrearon. Envió de nuevo a otros criados, en mayor número que los primeros, y los trataron del mismo modo.

Por último, les mandó a su propio hijo, pensando: 'A mi hijo lo respetarán'. Pero cuando los viñadores lo vieron, se dijeron unos a otros: 'Este es el heredero. Vamos a matarlo y nos quedaremos con su herencia'. Le echaron mano, lo sacaron del viñedo y lo mataron.

Ahora, díganme: cuando vuelva el dueño del viñedo, ¿qué hará con esos viñadores?" Ellos le respondieron: "Dará muerte terrible a esos desalmados y arrendará el viñedo a otros viñadores, que le entreguen los frutos a su tiempo".

Entonces Jesús les dijo: "¿No han leído nunca en la Escritura: *La piedra que desecharon los constructores, es ahora la piedra angular. Esto es obra del Señor y es un prodigio admirable*?

Por esta razón les digo a ustedes que les será quitado el Reino de Dios y se le dará a un pueblo que produzca sus frutos".

El respeto al trabajador

QUIZÁS CONOZCO el nombre de quien escribió esta meditación (se encuentra en un pequeño párrafo al comienzo del libro), pero no sé quién coordinó este proyecto. Alguien más elaboró el papel en el que estoy leyendo esta meditación, y otro más imprimió el libro. Tampoco sé quién lo metió en la caja, ni quien lo transportó hasta la tienda donde lo compré. Solo sé que lo tengo en mis manos y lo utilizo para meditar la Palabra de Dios. Este libro es obra de muchas personas desconocidas a las que puedo agradecer su esfuerzo. Normalmente pensamos que basta con comprarlo, pero en realidad no. Este libro es algo más que un objeto de consumo: es mi instrumento para conectarme con Dios y con la Iglesia de un modo especial.

Esto mismo podía decirse de la camisa que llevo puesta o del autobús en el que voy de paseo. Todos los días usamos utensilios, objetos, ropa, vehículos, etcétera. que no hemos hecho nosotros mismos. Ni sabemos cómo hacerlos. Así que, por ejemplo, este libro que tengo en mis manos es fruto del talento y del esfuerzo de alguien que sabe hacer lo que yo no sé. Del mismo modo, yo doy al otro el fruto de mi trabajo. Así es como nos enriquecemos los unos a los otros.

Este domingo meditamos los relatos sobre "la viña" desde este punto de vista. Las lecturas nos hablan del profundo daño que la envidia y el egoísmo pueden causar. Si la viña da fruto es porque alguien la trabaja. No se cultiva sola, no hace crecer uvas de modo automático, ni se limpia por arte de magia. Es fruto del esfuerzo grupal de quienes dan lo mejor de sí para que la viña dé buen fruto.

Este domingo deberíamos honrar a los trabajadores; reconocer con admiración los talentos de quienes hacen cosas que yo no sé hacer y que necesito para vivir; aplaudir el arte y la capacidad de quien pone sus talentos al servicio del prójimo. Las cosas no se hacen con dinero, sino con amor, con tesón, con fantasía y ciencia.

Por desgracia, encontraremos también a quienes envidian y roban para quedarse con la viña (llegando incluso a matar al heredero). Envidiaron la viña y lograron quedarse con ella, sí, pero para arruinarla. Porque sabemos bien que esos ladrones y asesinos no pudieron dar buen fruto. (J.L.C.) ∎

VIVIENDO NUESTRA FE

Dios creó al hombre a su imagen y semejanza. El hombre trabajador es imagen del Dios creador. Por eso, el trabajo (la capacidad de trabajar y el resultado de la labor) tiene una dignidad que nace de Dios mismo. Cuando el hombre trabaja actúa como imagen de Dios que crea. La fatiga, a veces pesada, acompaña al trabajo humano, pero no cambia el hecho de que este es el camino por el que el hombre realiza su vocación de ser imagen de Dios (ver Juan Pablo II, *Laborem Exercens*, no. 9).

PARA REFLEXIONAR

1. ¿Cuál es el artesano o trabajador que más admira?

2. ¿Cuál de los talentos y capacidades que usted posee le acerca más a Dios?

3. ¿Qué hace su comunidad de fe para valorar el trabajo de los demás?

LECTURAS SEMANALES
octubre 5–10

L Gal 1:6–12; Lc 10:25–37

M Gal 1:13–24; Lc 10:38–42

M Gal 2:1–2, 7–14; Lc 11:1–4

J Gal 3:1–5; Lc 11:5–13

V Gal 3:7–14; Lc 11:15–26

S Gal 3:22–29; Lc 11:27–28

11 de octubre de 2020 XXVIII Domingo Ordinario

Primera lectura
Isaías 25:6–10a

En aquel día, el Señor del universo / preparará sobre este monte / un festín con platillos suculentos / para todos los pueblos; / un banquete con vinos exquisitos / y manjares sustanciosos. / Él arrancará en este monte / el velo que cubre el rostro de todos los pueblos, / el paño que oscurece a todas las naciones. / Destruirá la muerte para siempre; / el Señor Dios enjugará las lágrimas de todos los rostros / y borrará de toda la tierra la afrenta de su pueblo. / Así lo ha dicho el Señor.

En aquel día se dirá: / "Aquí está nuestro Dios, / de quien esperábamos que nos salvara; / alegrémonos y gocemos con la salvación que nos trae, / porque la mano del Señor reposará en este monte".

Salmo responsorial
Salmo 22:1–3a, 3b–4, 5, 6

R. Habitaré en la casa del Señor, por años sin término.

El Señor es mi pastor, nada me falta: en verdes praderas me hace recostar, me conduce hacia fuentes tranquilas y repara mis fuerzas. **R.**

Me guía por el sendero justo por el honor de su nombre. Aunque camine por cañadas oscuras, nada temo, porque tú vas conmigo: tu vara y tu cayado me sosiegan. **R.**

Preparas una mesa ante mí enfrente de mis enemigos; me unges la cabeza con perfume, y mi copa rebosa. **R.**

Tu bondad y tu misericordia me acompañan todos los días de mi vida, y habitaré en la casa del Señor por años sin término. **R.**

Segunda lectura
Filipenses 4:12–14, 19–20

Hermanos: Yo sé lo que es vivir en pobreza y también lo que es tener de sobra. Estoy acostumbrado a todo: lo mismo a comer bien que a pasar hambre; lo mismo a la abundancia que a la escasez. Todo lo puedo unido a aquel que me da fuerza. Sin embargo, han hecho ustedes bien en socorrerme cuando me vi en dificultades.

Mi Dios, por su parte, con su infinita riqueza, remediará con esplendidez todas las necesidades de ustedes, por medio de Cristo Jesús. Gloria a Dios, nuestro Padre, por los siglos de los siglos. Amén.

Evangelio
Mateo 22:1–14

En aquel tiempo, volvió Jesús a hablar en parábolas a los sumos sacerdotes y a los ancianos del pueblo, diciendo: "El Reino de los cielos es semejante a un rey que preparó un banquete de bodas para su hijo. Mandó a sus criados que llamaran a los invitados, pero éstos no quisieron ir.

Envió de nuevo a otros criados que les dijeran: 'Tengo preparado el banquete; he hecho matar mis terneras y los otros animales gordos; todo está listo. Vengan a la boda'. Pero los invitados no hicieron caso. Uno se fue a su campo, otro a su negocio y los demás se les echaron encima a los criados, los insultaron y los mataron.

Entonces el rey se llenó de cólera y mandó sus tropas, que dieron muerte a aquellos asesinos y prendieron fuego a la ciudad.

Luego les dijo a sus criados: 'La boda está preparada; pero los que habían sido invitados no fueron dignos. Salgan, pues, a los cruces de los caminos y conviden al banquete de bodas a todos los que encuentren'. Los criados salieron a los caminos y reunieron a todos los que encontraron, malos y buenos, y la sala del banquete se llenó de convidados.

Cuando el rey entró a saludar a los convidados vio entre ellos a un hombre que no iba vestido con traje de fiesta y le preguntó: 'Amigo, ¿cómo has entrado aquí sin traje de fiesta?' Aquel hombre se quedó callado. Entonces el rey dijo a los criados: 'Átenlo de pies y manos y arrójenlo fuera, a las tinieblas. Allí será el llanto y la desesperación. Porque muchos son los llamados y pocos los escogidos'".

Forma breve: *Mateo 22:1–10*

¡Dios trabaja!

CUANDO JESÚS cuenta una parábola para explicar el Reino de Dios ("El Reino de Dios se parece a…"), nunca dice que Dios es un rey perezoso que estaba recostado en su trono, ni que Dios es como un jefe que se la pasa dando órdenes. En los ejemplos de Jesús, Dios es representado como un rey, un padre o un señor, pero siempre laborioso, siempre haciendo cosas por el bien de sus hijos. Resulta evidente desde las primeras páginas de la Biblia (será conveniente volver a leer el relato de la creación en los dos primeros capítulos del libro del Génesis), que "trabajar" forma parte del modo de ser de Dios. Dios es creador y, a continuación, se convierte en sostenedor de esa creación. Más adelante, después del pecado de Adán y Eva, sigue su tarea como edificador de un plan de salvación que implica acompañar a los seres humanos en sus procesos, ser guía, modelo, compañero, maestro, doctor y más. Definitivamente, ¡Dios trabaja!

Sin embargo, nosotros andamos como locos deseando que nos toque la lotería "para no tener que trabajar". La pereza se apodera de los hombres y se convierte en un gran enemigo espiritual. En el ejemplo del evangelio de hoy, los invitados ni siquiera quisieron ir a la boda. No se les pedía hacer nada, solo participar de la fiesta. Ni de eso fueron capaces. Las excusas no son motivaciones; son excusas. Así no se puede recibir el regalo de Dios.

¡Qué diferente la actitud de estos convidados con la de los que presenta Isaías en su profecía de la Primera Lectura! Allí, los miembros del pueblo de Dios reconocen la acción salvadora de Dios y se disponen a gozar del Reino. Para ello, aceptan el don de Dios, se dejan amar por él y colaboran con la redención al responder al llamado de Dios. No ponen excusas, no mienten para disimular su pereza.

En esta misma línea, san Pablo ofrece su propio ejemplo. El abandonó su vida anterior para convertirse al Señor y dedicarse a la tarea que Dios le encomendó. No le preocupó ni la pobreza ni la abundancia, no le asustó el hambre o la cárcel, ni se dejó seducir por los halagos o la abundancia. Venció la tentación de la pereza poniendo en su corazón una sola frase: "Todo lo puedo en aquel que me conforta" (Filipenses 4:13). (J.L.C.) ■

VIVIENDO NUESTRA FE

El trabajo es condición fundamental de la existencia del hombre en la tierra. El mandato de "someter la tierra" (Génesis 1:28) nos convierte en colaboradores de Dios, ya que desarrollamos nuestras capacidades para que la creación misma pueda engrandecerse. Por el trabajo, el hombre se realiza como persona y, al mismo tiempo, se une cada vez más al Creador, puesto que la tierra solo podrá dar buenos frutos cuando la acción del hombre se coloca en la línea del plan original del Creador (ver Juan Pablo II, *Laborem Exercens*, no. 4).

PARA REFLEXIONAR

1. ¿A qué personas conoce usted que son ejemplares cuando trabajan?

2. ¿De qué obra se siente usted más orgulloso?

3. ¿Cómo promueve su grupo o comunidad de fe los derechos laborales?

LECTURAS SEMANALES
octubre 12–17

L Gal 4:22–24, 26–27, 31 — 5:1; Lc 11:29–32

M Gal 5:1–6; Lc 11:37–41

M Gal 5:18–25; Lc 11:42–46

J Ef 1:1–10; Lc 11:47–54

V Ef 1:11–14; Lc 12:1–7

S Ef 1:15–23; Lc 12:8–12

18 de octubre de 2020   XXIX Domingo Ordinario

Primera lectura

Isaías 45:1, 4–6

Así habló el Señor a Ciro, su ungido, / a quien ha tomado de la mano / para someter ante él a las naciones / y desbaratar la potencia de los reyes, / para abrir ante él los portones / y que no quede nada cerrado: / "Por amor a Jacob, mi siervo, y a Israel, mi escogido, / te llamé por tu nombre y te di un título de honor, / aunque tú no me conocieras. / Yo soy el Señor y no hay otro; / fuera de mí no hay Dios. / Te hago poderoso, aunque tú no me conoces, / para que todos sepan, de oriente a occidente, / que no hay otro Dios fuera de mí. / Yo soy el Señor y no hay otro".

Salmo responsorial

Salmo 95:1 y 3, 4–5, 7–8, 9–10a y c

R. Aclamen la gloria y el poder del Señor.

Canten al Señor un cántico nuevo, canten al Señor, toda la tierra. Cuenten a los pueblos su gloria, sus maravillas a todas las naciones. **R.**

Porque es grande el Señor, y muy digno de alabanza, más temible que todos los dioses. Pues los dioses de los gentiles son apariencia, mientras que el Señor ha hecho el cielo. **R.**

Familias de los pueblos, aclamen al Señor, aclamen la gloria y el poder del Señor, aclamen la gloria del nombre del Señor, entren en sus atrios trayéndole ofrendas. **R.**

Póstrense ante el Señor en el atrio sagrado, tiemble en su presencia la tierra toda. Digan a los pueblos: "el Señor es rey", él gobierna a los pueblos rectamente. **R.**

Segunda lectura

1 Tesalonicenses 1:1–5b

Pablo, Silvano y Timoteo deseamos la gracia y la paz a la comunidad cristiana de los tesalonicenses, congregada por Dios Padre y por Jesucristo, el Señor.

En todo momento damos gracias a Dios por ustedes y los tenemos presentes en nuestras oraciones. Ante Dios, nuestro Padre, recordamos sin cesar las obras que manifiestan la fe de ustedes, los trabajos fatigosos que ha emprendido su amor y la perseverancia que les da su esperanza en Jesucristo, nuestro Señor.

Nunca perdemos de vista, hermanos muy amados de Dios, que él es quien los ha elegido. En efecto, nuestra predicación del evangelio entre ustedes no se llevó a cabo sólo con palabras, sino también con la fuerza del Espíritu Santo, que produjo en ustedes abundantes frutos.

Evangelio

Mateo 22:15–21

En aquel tiempo, se reunieron los fariseos para ver la manera de hacer caer a Jesús, con preguntas insidiosas, en algo de que pudieran acusarlo.

Le enviaron, pues, a algunos de sus secuaces, junto con algunos del partido de Herodes, para que le dijeran: "Maestro, sabemos que eres sincero y enseñas con verdad el camino de Dios, y que nada te arredra, porque no buscas el favor de nadie. Dinos, pues, qué piensas: ¿Es lícito o no pagar el tributo al César?"

Conociendo Jesús la malicia de sus intenciones, les contestó: "Hipócritas, ¿por qué tratan de sorprenderme? Enséñenme la moneda del tributo". Ellos le presentaron una moneda. Jesús les preguntó: "¿De quién es esta imagen y esta inscripción?" Le respondieron: "Del César". Y Jesús concluyó: "Den, pues, al César lo que es del César, y a Dios lo que es de Dios".

Trabajar a su lado

JESÚS NUNCA dudó en recibir a quien se acercaba a él. No importaba que fuera un sabio fariseo o una pecadora, un pescador o un sacerdote. A todos recibía y a todos trataba por igual. Sin duda, esa es una de las características personales de Jesús de Nazaret que llamaron la atención en su tiempo y que seguimos apreciando siglos después. Permitir que el otro se acerque a él, establecer un diálogo, dejarse tocar, etcétera., son detalles de cercanía que siguen llamando nuestra atención. Son muy pocas las personas "famosas" que se comportan así. La diferencia entre Jesús y los demás es la consideración que el Señor tenía (tiene) de los demás. No somos "su público", sus fans, sus admiradores; para Jesús somos sus hermanos y por eso desea tenernos cerca, como miembros que somos de la gran familia de Dios, hijos de su mismo Padre.

A través de Jesús (Dios hecho hombre), nos damos cuenta del comportamiento de Dios desde los primeros pasos de la creación. Siempre cercano al hombre, siempre invitándole a compartir el sueño de construir el Reino de Dios, de poner en marcha, esta vez juntos, el Paraíso. La Biblia está llena de miles y miles de momentos en los que Dios da un paso adelante contando con hombres y mujeres para mejorar las cosas. Tanto es así que la relación entre Dios y su pueblo pasó a la historia como la alianza.

Una alianza es el acuerdo en el que las dos partes dan todo lo que tienen, aunque no sea equiparable. Si uno tiene cinco, pone cinco; si el otro tiene ocho, pone ocho. Cinco y ocho no son lo mismo, pero son el ciento por ciento de lo que cada uno tiene y ambos ponen ese ciento por ciento al servicio de la alianza.

De esta misma manera trabaja Dios con nosotros. Llama a Ciro "aunque no me conoces" (Isaías 45:5), escucha a los fariseos y les invita a compartir el proyecto, en vez de enturbiar la situación con sus preguntas insidiosas (Mateo 22:18). ¿Por qué será que nos cuesta tanto aceptar que hay cosas que son del César y cosas que son de Dios (Mateo 22:21)? El día que lo descubramos, nos convertiremos en colaboradores del Señor en su gran misión de convertir el mundo en el paraíso que él proyecta. (J.L.C.) ■

VIVIENDO NUESTRA FE

Uno de los mayores conflictos en el mundo del trabajo es poner el desequilibrio entre trabajo y capital. El dinero no puede ser más poderoso que el esfuerzo humano. Cuando Dios nos crea trabajadores, el trabajo adquiere una dignidad que está por encima de cualquier cosa material. Es como si lo producido se humanizara. Por eso, se necesita generar la conciencia de trabajar "en algo propio", no solo por un salario. De no ser así, el proceso económico termina dañando al hombre mismo (ver Juan Pablo II, *Laborem Exercens*, no. 15).

PARA REFLEXIONAR

1. ¿Conoce usted las condiciones laborales de otros países desarrollados?

2. ¿Cómo beneficia el trabajo al trabajador? ¿Cómo se beneficia usted de trabajar?

3. ¿Qué hace su comunidad de fe para promover la creación de empleos y el salario justo?

Primera lectura

Éxodo 22:20–26

Esto dice el Señor a su pueblo: "No hagas sufrir ni oprimas al extranjero, porque ustedes fueron extranjeros en Egipto. No explotes a las viudas ni a los huérfanos, porque si los explotas y ellos claman a mí, ciertamente oiré yo su clamor; mi ira se encenderá, te mataré a espada, tus mujeres quedarán viudas y tus hijos, huérfanos.

Cuando prestes dinero a uno de mi pueblo, al pobre que está contigo, no te portes con él como usurero, cargándole intereses.

Si tomas en prenda el manto de tu prójimo, devuélveselo antes de que se ponga el sol, porque no tiene otra cosa con qué cubrirse; su manto es su único cobertor y si no se lo devuelves, ¿cómo va a dormir? Cuando él clame a mí, yo lo escucharé, porque soy misericordioso".

Salmo responsorial

Salmo 17:2–3a, 3bc–4, 47 y 51ab

R. Yo te amo, Señor, tú eres mi fortaleza.

Yo te amo, Señor, tú eres mi fortaleza, Señor, mi roca, mi alcázar, mi libertador. **R.**

Dios mío, peña mía, refugio mío, escudo mío, mi fuerza salvadora, mi baluarte. Invoco al Señor de mi alabanza y quedo libre de mis enemigos. **R.**

Viva el Señor, bendita sea mi Roca, sea ensalzado mi Dios y Salvador. Tú diste gran victoria a tu rey, tuviste misericordia de tu ungido. **R.**

Segunda lectura

1 Tesalonicenses 1:5c–10

Hermanos: Bien saben cómo hemos actuado entre ustedes para su bien. Ustedes, por su parte, se hicieron imitadores nuestros y del Señor, pues en medio de muchas tribulaciones y con la alegría que da el Espíritu Santo, han aceptado la palabra de Dios en tal forma, que han llegado a ser ejemplo para todos los creyentes de Macedonia y Acaya, porque de ustedes partió y se ha difundido la palabra del Señor: y su fe en Dios ha llegado a ser conocida, no sólo en Macedonia y Acaya, sino en todas partes; de tal manera, que nosotros ya no teníamos necesidad de decir nada.

Porque ellos mismos cuentan de qué manera tan favorable nos acogieron ustedes y cómo, abandonando los ídolos, se convirtieron al Dios vivo y verdadero para servirlo, esperando que venga desde el cielo su Hijo, Jesús, a quien él resucitó de entre los muertos, y es quien nos libra del castigo venidero.

Evangelio

Mateo 22:34–40

En aquel tiempo, habiéndose enterado los fariseos de que Jesús había dejado callados a los saduceos, se acercaron a él. Uno de ellos, que era doctor de la ley, le preguntó para ponerlo a prueba: "Maestro, ¿cuál es el mandamiento más grande de la ley?"

Jesús le respondió: *"Amarás al Señor, tu Dios, con todo tu corazón, con toda tu alma y con toda tu mente.* Este es el más grande y el primero de los mandamientos. Y el segundo es semejante a éste: *Amarás a tu prójimo como a ti mismo.* En estos dos mandamientos se fundan toda la ley y los profetas".

---

28 de octubre de 2020
Santos Simón y Judas, apóstoles
Ef 2:19–22; Lc 6:12–16

Un poco de misericordia, por favor

DESGRACIADAMENTE, el mundo del trabajo está plagado de dramáticas historias de abusos, explotación e, incluso, esclavitud. El designio maravilloso de Dios de hacernos a su imagen y semejanza (Génesis 1:26) y fructíferos trabajadores como él (Génesis 1:27), lo hemos ensuciado con actitudes graves y vergonzosas. Con eso de que Dios dijo que habríamos de ganarnos el pan con el sudor de nuestra frente (Génesis 3:17), a lo largo de los siglos se han justificado todo tipo de atropellos contra los trabajadores y sus sudores. Así fue y así es. Pero ¿hasta cuándo? ¡Es una vergüenza que nos llamemos hijos de Dios y maltratemos a los trabajadores!

La Sagrada Escritura está plagada de ejemplos en los que Dios nos educa sobre cómo han de ser las relaciones humanas. Como estamos dedicando estas últimas semanas del año litúrgico a meditar sobre el trabajo en clave teológica y bíblica, llega el momento de aplicar el mandato de Jesús al mundo del trabajo.

Dios podría establecer las normas diciendo: "Así lo digo yo y mi palabra es la ley", pero no lo hace. Dios establece líneas de acción y comportamiento y es el primero en seguirlas. Su principio de "ser misericordioso" lo aplica él mismo, predicando con el ejemplo. No solo *ordena* o *enseña* a ser misericordiosos, sino que nos *contagia* con su misericordia.

Llama la atención que en muchas ocasiones el punto de partida de la reflexión divina no sea Dios mismo, su voluntad o su mandato, sino la experiencia del hombre. La primera lectura hoy usa ese método: "porque ustedes fueron forasteros" (Éxodo 22:21). La misericordia nace de Dios y se encarna en aquellos que han experimentado el dolor de la necesidad. En vez de pagar "ojo por ojo y diente por diente", respondemos a las ofensas y adversidades de la vida esforzándonos porque los demás, incluso los ofensores, no tengan que pasar lo mismo que nosotros pasamos. Por eso, Cristo es la misericordia de Dios por nosotros.

En la segunda lectura, san Pablo habla desde otro punto de vista: ya no es invitar a actuar como Dios, sino reconocer a los que aceptaron ese modo de obrar y se convirtieron. Sus testimonios (el de Pablo y el de los tesalonicenses) hablan por sí solos, de cómo el sistema de Dios funciona de verdad y transforma la vida de todos para mejorarla.

Cuando le preguntan a Jesús por el mandamiento principal, elige el del amor. Amar a Dios y a los demás. Amar en todo y sobre todo. Así nos preparamos a la venida del Señor. Normalmente el mandato lo asociamos con otros aspectos de la vida, hoy cabe extenderlo al mundo del trabajo. (J.L.C.) ∎

VIVIENDO NUESTRA FE

Si el trabajo es una obligación, es también fuente de derechos para el trabajador. Los derechos laborales deben ser enmarcados entre los derechos cuasi naturales del hombre, proclamados por distintos organismos internacionales y garantizados cada vez más por los estados para sus ciudadanos. El respeto de este vasto conjunto de derechos del hombre constituye la condición fundamental para la paz del mundo actual (ver Juan Pablo II, *Laborem Exercens*, no. 16).

PARA REFLEXIONAR

1. ¿Quiénes son las personas más misericordiosas que usted ha conocido?

2. ¿Cuándo ha experimentado usted la misericordia de Dios? Dé ejemplos concretos.

3. ¿Cómo extiende su comunidad parroquial la bondad de Dios a los desempleados?

LECTURAS SEMANALES
octubre 26–31

L Ef 4:32 — 5:8; Lc 13:10–17

M Ef 5:21–33 (480) o 5:2a, 25–32; Lc 13:18–21

M *Simón y Judas, apóstoles*

J Ef 6:10–20; Lc 13:31–35

V Flp 1:1–11; Lc 14:1–6

S Flp 1:18b–26; Lc 14:1, 7–11

1 de noviembre de 2020 Todos los Santos

Primera lectura

Apocalipsis 7:2–4, 9–14

Yo, Juan, vi a un ángel que venía del oriente. Traía consigo el sello de Dios vivo y gritaba con voz poderosa a los cuatro ángeles encargados de hacer daño a la tierra y al mar. Les dijo: "¡No hagan daño a la tierra, ni al mar, ni a los árboles, hasta que terminemos de marcar con el sello la frente de los servidores de nuestro Dios!" Y pude oír el número de los que habían sido marcados: eran ciento cuarenta y cuatro mil, procedentes de todas las tribus de Israel.

Vi luego una muchedumbre tan grande, que nadie podía contarla. Eran individuos de todas las naciones y razas, de todos los pueblos y lenguas. Todos estaban de pie, delante del trono del Cordero; iban vestidos con una túnica blanca; llevaban palmas en las manos y exclamaban con voz poderosa: "La salvación viene de nuestro Dios, que está sentado en el trono, y del Cordero".

Y todos los ángeles que estaban alrededor del trono, de los ancianos y de los cuatro seres vivientes, cayeron rostro en tierra delante del trono y adoraron a Dios, diciendo: "Amén. La alabanza, la gloria, la sabiduría, la acción de gracias, el honor, el poder y la fuerza, se le deben para siempre a nuestro Dios".

Entonces uno de los ancianos me preguntó: "¿Quiénes son y de dónde han venido los que llevan la túnica blanca?" Yo le respondí: "Señor mío, tú eres quien lo sabe". Entonces él me dijo: "Son los que han pasado por la gran persecución y han lavado y blanqueado su túnica con la sangre del Cordero".

Salmo responsorial

Salmo 23:1–2, 3–4a, 5–6

R. Ésta es la raza de los que buscan tu rostro, Señor.

Del Señor es la tierra y cuanto la llena, el orbe y todos sus habitantes: él la fundó sobre los mares, él la afianzó sobre los ríos. **R.**

¿Quién puede subir al monte del Señor? ¿Quién puede estar en el recinto Sacro? El hombre de manos inocentes y puro de corazón. **R.**

Ése recibirá la bendición del Señor, le hará justicia el Dios de salvación. Éste es el grupo que busca al Señor, que viene a tu presencia, Dios de Jacob. **R.**

Segunda lectura

1 Juan 3:1–3

Queridos hijos: Miren cúanto amor nos ha tenido el Padre, pues no sólo nos llamamos hijos de Dios, sino que lo somos. Si el mundo no nos reconoce, es porque tampoco lo ha reconocido a él.

Hermanos míos, ahora somos hijos de Dios, pero aún no se ha manifestado cómo seremos al fin. Y ya sabemos que, cuando él se manifieste, vamos a ser semejantes a él, porque lo veremos tal cual es.

Todo el que tenga puesta en Dios esta esperanza, se purifica a sí mismo para ser tan puro como él.

Evangelio

Mateo 5:1–12a

En aquel tiempo, cuando Jesús vio a la muchedumbre, subió al monte y se sentó. Entonces se le acercaron sus discípulos. Enseguida comenzó a enseñarles, hablándoles así:

"Dichosos los pobres de espíritu,
porque de ellos es el Reino de los cielos.
Dichosos los que lloran,
porque serán consolados.
Dichosos los sufridos,
porque heredarám la tierra.
Dichosos los que tienen hambre y sed de justicia,
porque serán saciados.
Dichosos los misericordiosos,
porque obtendrán misericordia.
Dichosos los limpios de corazón,
porque verán a Dios.
Dichosos los que trabajan por la paz,
porque se les llamará hijos de Dios.
Dichosos los perseguidos por causa de la justicia,
porque de ellos es el Reino de los cielos.

Dichosos serán ustedes, cuando los injurien, los persigan y digan cosas falsas de ustedes por causa mía. Alégrense y salten de contento, porque su premio será grande en los cielos".

Las Bienaventuranzas, vías de santidad

EN EL EVANGELIO de hoy, Mateo nos presenta uno de los discursos más hermosos y profundo de Jesús, las bienaventuranzas. Muchas veces pensamos que las señales de la santidad se refieren solamente a aquellas experiencias místicas o sobrenaturales. Sin embargo, por la lectura del evangelio de hoy podemos darnos cuenta de que son muchas las formas de poder emitir ese olor a santidad, sobre todo en vida.

Cada vez que uno de nosotros lucha por mantener ese espíritu pobre, entendiéndose esto como la actitud de humildad para reconocer la presencia de Dios en todo aquello que nos enseñan su bondad, tanto en el actuar como en sus enseñanzas, así como en toda la creación, eso es vivir en santidad. Cuando lloramos porque nos duele ver la injusticia sociopolítica, cultural, económica, religiosa, o porque padecemos una enfermedad o necesidades, por ser fieles al evangelio, eso es vivir en santidad. Cada vez que practicamos nuestra paciencia en el hogar, la familia, nuestra comunidad de fe, con nuestros superiores o súbditos, compañeros de trabajo, con nuestros pastores y diferentes sistemas que nos rodean, con la gracia de Dios, eso es vivir en santidad. Cuando vemos las injusticias cometidas, sobre todo con los más pobres, marginados, vulnerables, y luchamos con todo nuestro ser para que llegue a ellos la misericordia, manifestada en la justicia, y el Reino de Dios, eso es vivir en santidad. El arzobispo Óscar Romero, sumándose a esta lucha, decía: "Queremos un pueblo santo, queremos un gobierno que de veras comprenda a los pobres, queremos una política que de veras camine en el bienestar de nuestro pueblo y de nuestros pobres" *(homilía del 17 de febrero de 1980)*.

Cada vez que practicamos la compasión con aquellos que se equivocan, que andan extraviados, aquellos que nos ofenden, eso es vivir en santidad. Cada vez que vivimos en paz interior y luchamos por promover esa paz del corazón en todos nuestros ambientes, eso es vivir en santidad. Cuando somos perseguidos por defender el bien común, especialmente cuando los intereses de los más poderosos se quieren imponer sobre los derechos de los más vulnerables, eso es vivir en santidad. Cuando nos levantan falsos testimonios, cuando nos insultan por defender la causa del Evangelio, cuando sufrimos persecución, incluso dentro de la misma Iglesia, eso se llama vivir en santidad. Cualquier circunstancia que se aplique en tu vivencia diaria de fe de las arribas mencionadas, es la señal divina de que vives en santidad. (J.S.) ■

VIVIENDO NUESTRA FE

Se cuenta que, durante un tiempo, al Santo Cura de Ars, san Juan María Vianney, un sacerdote francés, después de exponer el Santísimo, le llamó la atención que un campesino pasaba cada mañana, camino al trabajo, a orar ante Jesús Sacramentado, y se marchaba. Intrigado, un día el cura lo esperó a la salida de la iglesia. Entonces le preguntó qué venía hacer. El campesino le dijo: "Vengo a visitarlo a él". El cura replicó: "Pero si tú nunca dices nada". El campesino dijo: "No es necesario. Él me mira y yo le miro". Eso es la santidad, vivir sabiendo que Dios tiene puesta en nosotros su mirada tierna y amorosa todo el tiempo.

PARA REFLEXIONAR

1. ¿Quiénes son las personas que viven en santidad junto a mí?

2. ¿Cuál es el fruto más confortante que la gracia de Dios ha producido en usted?

3. ¿Cuál es la bienaventuranza que mejor distingue a su comunidad o grupo de fe?

LECTURAS SEMANALES
noviembre 2–7

L *Todos los Fieles Difuntos*
M Flp 2:5–11; Lc 14:15–24
M Flp 2:12–18; Lc 14:25–33
J Flp 3:3–8a; Lc 15:1–10
V Flp 3:17 — 4:1; Lc 16:1–8
S Flp 4:10–19; Lc 16:9–15

2 de noviembre de 2020

Primera lectura

Job 19:1, 23–27a

En aquellos días, Job tomó la palabra y dijo: /
"Ojalá que mis palabras se escribieran; / ojalá que se
grabaran en láminas de bronce / o con punzón de
hierro se esculpieran / en la roca para siempre.

Yo sé bien que mi defensor está vivo / y que al
final se levantará a favor de humillado; / de nuevo
me revestiré de mi piel / y con mi carne veré a mi
Dios; / yo mismo lo veré y no otro, / mis propios
ojos lo contemplarán. / Esta es la firme esperanza
que tengo".

Salmo responsorial

Salmo 25 (24), 6–7bc. 17–18. 20–21

R. (1) A ti, Señor, levanto mi alma.
O bien:
R. (1) A ti, Señor, levanto mi alma.

Recuerda, Señor, que tu ternura y tu
misericordia son eternas; / acuérdate de mí
con misericordia, por tu bondad, Señor. **R.**

Ensancha mi corazón oprimido y sácame de
mis tribulaciones. / Mira mis trabajos y mis
penas y perdona todos mis pecados. **R.**

Guarda mi vida y líbrame, no quede
yo defraudado de haber acudido a ti. /
La inocencia y la rectitud me protegerán,
porque espero en ti. **R.**

Segunda lectura

Filipenses 3: 20–21

Hermanos: Nosotros somos ciudadanos del cielo, /
de donde esperamos que venga nuestro salvador, /
Jesucristo. / Él transformará nuestro cuerpo
miserable / en un cuerpo glorioso, semejante al
suyo, / en virtud del poder que tiene para someter
a su dominio todas las cosas.

Evangelio

Marcos 15:33–39;16:1–6

Al llegar el mediodía, / toda aquella tierra se quedó
en tinieblas hasta las tres de la tarde. / Y a las tres, Jesús
gritó con voz potente / *"Eloí, Eloí, ¿lemá sabactaní?"* /
(que significa: Dios mío, Dios mío, ¿por qué me has
abandonado?). / Algunos de los presentes, al oírlo
decían: / "Miren, está llamando a Elías". / Uno corrió
a empapar una esponja en vinagre, / la sujetó a un
carrizo / y se la acercó para que la bebiera,
diciendo: / "Vamos a ver si viene Elías a bajarlo". /
Pero Jesús, dando un fuerte grito, expiró.

Entonces el velo del templo se rasgó en dos, de
arriba abajo. / El oficial romano que estaba frente a
Jesús, / al ver cómo había expirado dijo: / "De veras
este hombre era Hijo de Dios".

Transcurrido el sábado, / María Magdalena,
María (la madre de Santiago) y Salomé, / compraron
perfumes para ir a embalsamar a Jesús. / Muy de
madrugada, el primer día de la semana, / a la salida
del sol, se dirigieron al sepulcro. / Por el camino se
decían unas a otras: / "¿Quién nos quitará la piedra
de la entrada del sepulcro?" / Al llegar, vieron que la
piedra ya estaba quitada, / a pesar de ser muy grande.

Entraron en el sepulcro y vieron a un joven, /
vestido con una túnica blanca, sentado en el lado
derecho, / y se llenaron de miedo. / Pero él les dijo: /
"No se espanten. / Buscan a Jesús de Nazaret, el que
fue crucificado. / No está aquí; ha resucitado. / Miren
el sitio donde lo habían puesto".

Fiesta de los fieles difuntos

HOY ES un día muy especial, ya que nos unimos espiritualmente, de una forma más íntima, a nuestros seres queridos que nos han precedido ante la presencia de nuestro Padre celestial. Celebrar este día la fiesta de los fieles difuntos, es celebrar realmente la vida; no la que tenemos en nuestro tiempo y espacio, sino la vida eterna, y en esto se basa nuestra fe y la esperanza, que los que han muerto, han trascendido y están gozando de un mejor estado, y que tarde o temprano nosotros también les seguiremos. Todos los que creemos en la resurrección, tenemos la convicción de que muy pronto acompañaremos a nuestros seres queridos cuando emprendamos nuestro viaje sin retorno, cuando demos ese paso hacia la eternidad.

Cuando hablamos de la muerte, nos encontramos ante un enigma muy complejo de entender y explicar; necesitamos que la fe en la resurrección de Jesucristo nos ilumine, para poder entender el verdadero sentido que la muerte debe tener para nosotros como cristianos. Cuando contemplamos la muerte de Jesucristo en la cruz, nos damos cuenta de que es un paso necesario para llegar a resucitar con él. De ahí que el Evangelio de Marcos, el que hoy estamos meditando, se le haya añadido estos pasajes que nos hablan de la resurrección de Cristo, pues su muerte sin la resurrección, no tiene ningún sentido. Es la resurrección de Jesucristo la que nos anima a tener esperanza, la que nos ilusiona a poder realizar este tránsito hacia la eternidad de una forma confiada. Es precisamente esta confianza la que hoy nos mueve a celebrar con nuestros seres queridos, celebramos la vida. Tanto la temporal para nosotros peregrinos todavía en esta tierra, como también la eterna, la de aquellos que se nos han adelantado en este viaje sin retorno, ya que juntos albergamos esta esperanza, la cual es movida por el amor. Sí, el amor es el que nos une de una manera especial, tanto a la Iglesia militante, a la purgante y a la triunfante. Celebremos con gozo y alegría este día; no la muerte, sino la vida. El *Catecismo de la Iglesia Católica* nos alienta a ello: "El cristiano que une su propia muerte a la de Jesús ve la muerte como una ida hacia él y la entrada en la vida eterna" (*Catecismo de la Iglesia Católica*, no. 1020). (J.S.) ∎

VIVIENDO NUESTRA FE

Me encantó la película *Coco*. Aprendí que la cultura mexicana tiene un sentido de comunión con sus difuntos muy especial: son parte de la familia, guardan sus fotos, hablan con ellos y les ofrecen comida, bebida, música y compañía. Algo así es la comunión de los santos en nuestra fe católica. Los santos son nuestros familiares en la fe, y con ellos compartimos todos los bienes o gracias que Dios concede a sus fieles (ver *Catecismo de la Iglesia Católica*, no. 948).

PARA REFLEXIONAR

1. ¿Qué experiencia tiene usted de la muerte?

2. ¿Cómo es su relación con sus antepasados difuntos? ¿Cuál es su legado?

3. ¿Cómo celebran en tu familia o comunidad de fe el día de los fieles difuntos?

8 de noviembre de 2020 XXXII Domingo Ordinario

Primera lectura

Sabiduría 6:12–16

Radiante e incorruptible es la sabiduría;
con facilidad la contemplan quienes la aman
y ella se deja encontrar por quienes la buscan
y se anticipa a darse a conocer a los que la desean.
El que madruga por ella no se fatigará,
porque la hallará sentada a su puerta.
Darle la primacía en los pensamientos
es prudencia consumada;
quien por ella se desvela
pronto se verá libre de preocupaciones.

A los que son dignos de ella,
ella misma sale a buscarlos por los caminos;
se les aparece benévola
y colabora con ellos en todos sus proyectos.

Salmo responsorial

Salmo 63 (62): 2, 3–4, 5–6, 7–8

R. Mi alma está sedienta de ti, Señor, Dios mío.

Oh Dios, tú eres mi Dios, por ti madrugo, mi
alma está sedienta de ti; mi carne tiene ansia de
ti, como tierra reseca, agostada, sin agua. **R.**

¡Cómo te contemplaba en el santuario viendo tu
fuerza y tu gloria! Tu gracia vale más que la vida,
te alabarán mis labios. **R.**

Toda mi vida te bendeciré y alzaré las manos
invocándote. Me saciaré como de enjundia y de
manteca, y mis labios te alabarán jubilosos. **R.**

En el lecho me acuerdo de ti y velando medito
en ti, porque fuiste mi auxilio, y a la sombra de
tus alas canto con júbilo. **R.**

Segunda lectura

1 Tesalonicenses 4:13–18

Hermanos: No queremos que ignoren lo que pasa con
los difuntos, para que no vivan tristes, como los que
no tienen esperanza. Pues, si creemos que Jesús murió
y resucitó, de igual manera debemos creer que, a los
que murieron en Jesús, Dios los llevará con él.

Lo que les decimos, como palabra del Señor,
es esto: que nosotros, los que quedemos vivos para
cuando venga el Señor, no tendremos ninguna
ventaja sobre los que ya murieron.

Cuando Dios mande que suenen las trompetas,
se oirá la voz de un arcángel y el Señor mismo bajará
del cielo. Entonces, los que murieron en Cristo
resucitarán primero; después nosotros, los que quedemos vivos, seremos arrebatados, juntamente con ellos
entre nubes, por el aire, para ir al encuentro del Señor,
y así estaremos siempre con él.

Consuélense, pues, unos a otros con estas palabras.

Forma breve: 1 Tesalonicenses 4:13–14

Evangelio

Mateo 25:1–13

En aquel tiempo, Jesús dijo a sus discípulos esta
parábola: "El Reino de los cielos es semejante a diez
jóvenes, que tomando sus lámparas, salieron al
encuentro del esposo. Cinco de ellas eran descuidadas y cinco, previsoras. Las descuidadas llevaron
sus lámparas, pero no llevaron aceite para llenarlas
de nuevo; las previsoras, en cambio, llevaron cada
una un frasco de aceite junto con su lámpara.
Como el esposo tardaba, les entró sueño a todas
y se durmieron.

A medianoche se oyó un grito: '¡Ya viene el
esposo! ¡Salgan a su encuentro!' Se levantaron entonces todas aquellas jóvenes y se pusieron a preparar
sus lámparas, y las descuidadas dijeron a las previsoras: Dennos un poco de su aceite, porque nuestras
lámparas se están apagando'. Las previsoras les
contestaron: 'No, porque no va a alcanzar para
ustedes y para nosotras. Vayan mejor a donde
lo venden y cómprenlo'.

Mientras aquéllas iban a comprarlo, llegó el
esposo, y las que estaban listas entraron con él al
banquete de bodas y se cerró la puerta. Más tarde
llegaron las otras jóvenes y dijeron: 'Señor, señor,
ábrenos'. Pero él les respondió: 'Yo les aseguro que
no las conozco'.

Estén pues, preparados, porque no saben ni el día
ni la hora''.

---

9 de noviembre de 2020

Dedicación de la
Basílica de Letrán

*Ez 47:1–2, 8–9, 12; 1 Cor 3:9c–11, 16–17;
Jn 2:13–22*

Comprometerse en la tarea

LAS CELEBRACIONES de Todos los Santos y de Todos los Fieles Difuntos han sido un momento de especial intensidad espiritual porque nos unen de un modo muy peculiar a aquellos que "nos han precedido en el signo de la fe y duermen el sueño de la paz" (ver el Canon Romano). Hemos recordado y honrado a los cristianos que fueron antes que nosotros y que vivieron sus virtudes heroicamente. Esto, en primer lugar, supone confesar que sí se puede vivir el Evangelio en la vida diaria, que el proyecto cristiano es válido y realizable, y que muchos lo han hecho ya. Por eso están en el cielo.

Por eso, este domingo las lecturas nos dicen que la cosa empieza desde aquí abajo, desde la cotidianidad de vivir en familia e ir a trabajar, desde el amor y el pan de cada día. El verdadero sabio sabe lo que es la sabiduría y no se separa de ella. Cada domingo (o usted quizás cada día) los cristianos nos acercamos a la Palabra de Dios para conocer la sabiduría, aprenderla, recordarla y vivirla. El secreto está en hacer la obra completa, los cuatro pasos. A sabio (y a santo) se llega solo escuchando, porque ya sabemos que hay cosas que nos entran por un oído y nos sale por el otro.

La parábola de las vírgenes sabias es muy educativa. Nos propone un ejemplo habitual en la época de Jesús y que los que escuchaban entendían bien. La historia nos cuenta que algunas compañeras de la novia esperaban al prometido como se debía. Es decir, sabían que vendría, aprendieron lo que haría falta, recordaron preparar provisiones de aceite para la espera y esperaron pacientemente. Pero su espera fue activa, porque estaban preparadas y atentas a la llegada del novio. Nuestra vida cristiana es exactamente igual. Jesús se hace presente en cada acontecimiento y en cada ámbito de la vida. Hay que estar preparado para identificar dónde y cuándo se nos manifiesta el Señor. Viene a nuestro encuentro.

La parábola también ofrece un lado triste: desgraciadamente hay otras acompañantes vírgenes que son necias. Ellas también escucharon, pero ni aprendieron ni recordaron, y cuando les tocó vivir su momento, no estaban preparadas. Nos preparamos a la venida del Señor. Por eso, cada domingo hay que pisar tierra y tomar conciencia de que ser cristiano no es automático; hay que trabajar duro con el propio ser y con la vida para ser un verdadero discípulo de Cristo, y acompañarlo al banquete de bodas. (J.L.C.) ∎

VIVIENDO NUESTRA FE

El trabajo implica fatiga. Es preciso actuar, esforzarse, poner lo mejor de uno mismo; es el sello de la cruz. Solo con él realizaremos la misión del Reino de Dios. La teología del trabajo se nutre de la obediencia de Cristo, que se palpa en su misterio pascual. El trabajo es expresión también de nuestra fe cristiana (ver Juan Pablo II, *Laborem Exercens*, no. 27).

PARA REFLEXIONAR

1. ¿Conoce usted personas previsoras, que aguardan activamente algo? ¿Quiénes son?

2. ¿Cómo se prepara usted para la venida del Señor?

3. ¿Cómo se prepara su grupo de fe para la venida del Señor?

15 de noviembre de 2020 XXXIII Domingo Ordinario

Primera lectura

Proverbios 31:10–13, 19–20, 30–31

Dichoso el hombre que encuentra una mujer hacendosa: / muy superior a las perlas es su valor.

Su marido confía en ella / y, con su ayuda, él se enriquecerá; / todos los días de su vida / le procurará bienes y no males.

Adquiere lana y lino / y los trabaja con sus hábiles manos.

Sabe manejar la rueca y con sus dedos mueve el huso; / abre sus manos al pobre y las tiende al desvalido.

Son engañosos los encantos y vana la hermosura; / merece alabanza la mujer que teme al Señor.

Es digna de gozar del fruto de sus trabajos / y de ser alabada por todos.

Salmo responsorial

Salmo 127:1–2, 3, 4–5

R. Dichoso el que teme al Señor.

¡Dichoso el que teme al Señor, y sigue sus caminos! Comerás del fruto de tu trabajo, serás dichoso, te irá bien. **R.**

Tu mujer, como parra fecunda, en medio de tu casa; tus hijos, como renuevos de olivo, alrededor de tu mesa. **R.**

Ésta es la bendición del hombre que teme al Señor. Que el Señor te bendiga desde Sión, que veas la prosperidad de Jerusalén, todos los días de tu vida. **R.**

Segunda lectura

1 Tesalonicenses 5:1–6

Hermanos: Por lo que se refiere al tiempo y a las circunstancias de la venida del Señor, no necesitan que les escribamos nada, puesto que ustedes saben perfectamente que el día del Señor llegará como un ladrón en la noche. Cuando la gente esté diciendo: "¡Qué paz y qué seguridad tenemos!", de repente vendrá sobre ellos la catástrofe, como de repente le vienen a la mujer encinta los dolores del parto, y no podrán escapar.

Pero a ustedes, hermanos, ese día no los tomará por sorpresa, como un ladrón, porque ustedes no viven en tinieblas, sino que son hijos de la luz y del día, no de la noche y las tinieblas.

Por lo tanto, no vivamos dormidos, como los malos; antes bien, mantengámonos despiertos y vivamos sobriamente.

Evangelio

Mateo 25:14–15, 19–21

En aquel tiempo, Jesús dijo a sus discípulos esta parábola: "El Reino de los cielos se parece también a un hombre que iba a salir de viaje a tierras lejanas; llamó a sus servidores de confianza y les encargó sus bienes. A uno le dio cinco talentos; a otro, dos; y a un tercero, uno, según la capacidad de cada uno, y luego se fue.

Después de mucho tiempo regresó aquel hombre y llamó a cuentas a sus servidores. Se acercó el que había recibido cinco talentos y le presentó otros cinco, diciendo: 'Señor, cinco talentos me dejaste; aquí tienes otros cinco, que con ellos he ganado'. Su señor le dijo: 'Te felicito, siervo bueno y fiel. Puesto que has sido fiel en cosas de poco valor te confiaré cosas de mucho valor. Entra a tomar parte en la alegría de tu señor'".

Forma larga: Mateo 25:14–30

Ser capaces

VOLVEMOS HOY a meditar sobre el mundo del trabajo. Hemos hablado de que Dios trabaja, que nosotros somos por naturaleza trabajadores, de que Dios nos comparte la tarea de trabajar junto a él y que algunos ya lo hicieron. Hoy, avanzamos en esa reflexión al contemplar que Dios nos dio capacidades para realizar la tarea.

La parábola del hombre que viajaba al extranjero y encargó a sus empleados mantener las cosas funcionando, nos sirve para entender la dinámica de las cosas divinas con respecto a nosotros y la misión.

La parábola nos presenta varios personajes que, simbólicamente, pueden representar la realidad. Dios sería el patrón; nosotros, los empleados. Dios, como el propietario, cuenta con todos sus empleados. Les entrega su propiedad y la comparte con ellos. Les da una misión y una responsabilidad. Les invita a comportarse como si fueran los propietarios; les confía su hacienda, lo que tiene, lo que le da el lugar que ocupa en la sociedad.

En el lugar del patrón, Dios podría actuar de dos maneras diferentes. La primera sería dar a cada persona o empleado una tarea diferente y específica. Entonces, delegaría una porción de la misión global a cada uno. Para que esa persona llevara a término lo encomendado, entrenaría a cada uno con lo necesario para realizar la tarea determinada. La segunda opción sería darle a la persona una serie de talentos o capacidades para que los ponga en funcionamiento. En este caso, Dios no entrega una misión concreta, sino que capacita a la persona para que "descubra" cuál es su misión, qué parte de la tarea (la construcción del Reino de Dios) desea asumir como propia y llevarla a cabo. La capacitación en este caso no sería solamente técnica (saber cómo hacer las cosas), sino infundir la sensibilidad necesaria para que el individuo sea capaz de identificar las necesidades, de percibir las carencias que hay que subsanar y desarrollar el modo de llevar la obra a plenitud. Una misión llena de iniciativa y creatividad personales.

Según leemos en el evangelio de hoy, esta es la opción que adopta Jesús al explicar cómo funciona el Reino. Dios nos constituye en colaboradores de la obra salvífica. Pero nos sitúa dentro del proyecto, compartiéndonos no solo la tarea a realizar, sino la capacidad de sentir con el prójimo, de hacernos uno con el otro, de tener una sola alma y un solo corazón con los demás. (J.L.C.) ■

VIVIENDO NUESTRA FE

Muchos entre nosotros nos vimos obligados a emigrar para sobrevivir trabajando. La Iglesia aboga por los derechos de los trabajadores migrantes, pues su trabajo contribuye al bien común. La emigración por motivos de trabajo no puede convertirse de ninguna manera en ocasión de explotación financiera o social: "La jerarquía de valores, el sentido profundo del trabajo mismo, exige que el capital esté en función del trabajo y no el trabajo en función del capital" (Juan Pablo II, *Laborem Exercens*, no. 23).

PARA REFLEXIONAR

1. ¿Conoce usted personas que vivan y actúen movidas por una misión?

2. ¿Cuál es el objetivo de su vida cristiana? ¿Cómo relaciona su trabajo con su fe, esperanza y caridad cristianas?

3. ¿Cómo se articula su grupo o comunidad de fe en el plan pastoral de su parroquia? ¿Cuál es su función y su objetivo?

LECTURAS SEMANALES
noviembre 16–21

L Ap 1:1–4; 2:1–5; Lc 18:35–43

M Ap 3:1–6, 14–22; Lc 19:1–10

M Ap 4:1–11; Lc 19:11–28

J Ap 5:1–10; Lc 19:41–44

V Ap 10:8–11; Lc 19:45–48

S Ap 11:4–12; Lc 20:27–40

22 de noviembre de 2020

Primera lectura

Ezequiel 34:11–12, 15–17

Esto dice el Señor Dios: "Yo mismo iré a buscar a mis ovejas y velaré por ellas. Así como un pastor vela por su rebaño cuando las ovejas se encuentran dispersas, así velaré yo por mis ovejas e iré por ellas a todos los lugares por donde se dispersaron un día de niebla y oscuridad.

"Yo mismo apacentaré a mis ovejas, yo mismo las haré reposar, dice el Señor Dios. Buscaré a la oveja perdida y haré volver a la descarriada; curaré a la herida, robusteceré a la débil, y a la que está gorda y fuerte, la cuidaré. Yo las apacentaré con justicia.

"En cuanto a ti, rebaño mío, he aquí que yo voy a juzgar entre oveja y oveja, entre carneros y machos cabríos".

Salmo responsorial

Salmo 22:1–2a, 2b–3, 5, 6

R. El Señor es mi pastor, nada me falta.

El Señor es mi pastor, nada me falta: en verdes praderas me hace recostar. **R.**

Me conduce hacia fuentes tranquilas y repara mis fuerzas. Me guía por el sendero justo por el honor de su nombre. **R.**

Preparas una mesa ante mí enfrente de mis enemigos; me unges la cabeza con perfume, y mi copa rebosa. **R.**

Tu bondad y tu misericordia me acompañan todos los días de mi vida, y habitaré en la casa del Señor por años sin término. **R.**

Segunda lectura

1 Corintios 15:20–26, 28

Hermanos: Cristo resucitó, y resucitó como la primicia de todos los muertos. Porque si por un hombre vino la muerte, también por un hombre vendrá la resurrección de los muertos.

En efecto, así como en Adán todos mueren, así en Cristo todos volverán a la vida; pero cada uno en su orden: primero Cristo, como primicia; después, a la hora de su advenimiento, los que son de Cristo.

Enseguida será la consumación, cuando, después de haber aniquilado todos los poderes del mal, Cristo entregue el Reino a su Padre. Porque él tiene que reinar hasta que el Padre ponga bajo sus pies a todos sus enemigos. El último de los enemigos en ser aniquilado, será la muerte. Al final, cuando todo se le haya sometido, Cristo mismo se someterá al Padre, y así Dios será todo en todas las cosas.

Evangelio

Mateo 25:31–46

En aquel tiempo, Jesús dijo a sus discípulos: "Cuando venga el Hijo del hombre, rodeado de su gloria, acompañado de todos sus ángeles, se sentará en su trono de gloria. Entonces serán congregadas ante él todas las naciones, y él apartará a los unos de los otros, como aparta el pastor a las ovejas de los cabritos, y pondrá a las ovejas a su derecha y a los cabritos a su izquierda.

Entonces dirá el rey a los de su derecha: 'Vengan, benditos de mi Padre; tomen posesión del Reino preparado para ustedes desde la creación del mundo; porque estuve hambriento y me dieron de comer, sediento y me dieron de beber, era forastero y me hospedaron, estuve desnudo y me vistieron, enfermo y me visitaron, encarcelado y fueron a verme'. Los justos le contestarán entonces: 'Señor, ¿cuándo te vimos hambriento y te dimos de comer, sediento y te dimos de beber? ¿Cuándo te vimos de forastero y te hospedamos, o desnudo y te vestimos? ¿Cuándo te vimos enfermo o encarcelado y te fuimos a ver?' Y el rey les dirá: 'Yo les aseguro que, cuando lo hicieron con el más insignificante de mis hermanos, conmigo lo hicieron'.

Entonces dirá también a los de la izquierda: 'Apártense de mí, malditos; vayan al fuego eterno, preparado para el diablo y sus ángeles; porque estuve hambriento y no me dieron de comer, sediento y no me dieron de beber, era forastero y no me hospedaron, estuve desnudo y no me vistieron, enfermo y encarcelado y no me visitaron'.

Entonces ellos le responderán: 'Señor, ¿cuándo te vimos hambriento o sediento, de forastero o desnudo, enfermo o encarcelado y no te asistimos?' Y él les replicará: 'Yo les aseguro que, cuando no lo hicieron con uno de aquellos más insignificantes, tampoco lo hicieron conmigo'. Entonces irán éstos al castigo eterno y los justos a la vida eterna".

Finis coronat opus

TERMINAMOS EL AÑO litúrgico hoy. Por eso titulamos esta meditación con la famosa alocución latina *finis coronat opus* ("el fin corona la obra"). Esta frase tiene varios significados, que nos ayudarán a reflexionar sobre la gran solemnidad de Jesucristo Rey del Universo.

En primer lugar, "el fin corona la obra" indica que lo que se empezó se llevó adelante hasta acabarlo. Por muy ardua que fuera la tarea, superando todo tipo de situaciones y dificultades, Jesús de Nazaret cumplió con su misión y por ello hoy es coronado como Rey del Universo. Su corona implica la culminación de la obra. No es solo un premio; es el reconocimiento por parte de Dios de la realización de la misión encomendada. Celebramos, por lo tanto, dos cosas: que Dios hecho hombre cumplió a cabalidad su trabajo y que ha sido recompensado como se merece.

En segundo lugar, "el fin corona la obra" es una invitación a continuar adelante con la misión hasta que llegue a su fin. Hay un llamado de Dios, hay una misión encomendada y debe haber un compromiso serio y estable con Dios (el dador de la misión) y con el pueblo (los beneficiarios de la misión). Quien acepta una vocación inspirada por el Señor, necesita contagiarse de su fidelidad y de su amor sin límites, con fidelidad alcanzará la meta. Podemos sentirnos orgullosos de los logros alcanzados, pero ¿cuándo podremos decir que hemos cumplido con nuestras tareas de manera definitiva? ¿Cuándo diremos *finis coronat opus*? Para Jesús, ¿fue suficiente curar enfermos? ¿O curar enfermos y resucitar muertos? ¿Qué tal si le añadimos predicar el Reino? Imaginemos cuántas cosas hizo Jesús antes de coronar la obra.

El tercer sentido de "el fin corona la obra" señala que el final alcanzado está en conexión fiel al origen. Que de principio a fin hubo una línea de continuidad que nos lleva a decir que la finalidad con la que se empezó fue la misma con la que se concluyó y que la obra terminada es la que se deseaba desde el inicio. En el caso del Señor, Jesús comenzó lo que Dios le encargó y eso mismo fue lo que Jesús culminó. El Hijo, siendo Dios y hombre, siempre estuvo realizando la obra del Padre.

Es día también para pensar no solo en él, sino en nosotros mismos y plantearnos seriamente si nuestra vida está siendo fiel al proyecto divino para cada uno de nosotros. (J.L.C.) ∎

VIVIENDO NUESTRA FE

A través del trabajo el hombre participa en la obra de Dios mismo. Jesucristo lo ha puesto de relieve de modo especial, puesto que no solamente lo anunciaba, sino que, ante todo, cumplía con la tarea confiada a él. Esto lo dice explícitamente en el evangelio de san Juan (5:17). Ocuparse de las obras de su Padre era su trabajo. De este modo nosotros mismo asumimos nuestra labor como colaboración en la obra divina (ver Juan Pablo II, *Laborem Exercens*, no. 26).

PARA REFLEXIONAR

1. Elabore una lista de las cosas que hizo Jesús antes de "coronar la obra".

2. ¿Cuál es su experiencia personal de una "misión cumplida"? ¿Cómo se benefició con ella?

3. ¿Qué objetivos o metas tiene su grupo o comunidad de fe?

LECTURAS SEMANALES
noviembre 23–28

L Ap 14:1–3, 4b–5; Lc 21:1–4

M Ap 14:14–19; Lc 21:5–11

M Ap 15:1–4; Lc 21:12–19

J Ap 18:1–2, 21–23; 19:1–3, 9a; Lc 21:20–28

V Ap 20:1–4, 11 — 21:2; Lc 21:29–33

S Ap 22:1–7; Lc 21:34–36